为了人与书的相遇

八百万种走法

[美] 劳伦斯·布洛克 —— 著
兰尼 —— 译

Step by Step — A Pedestrian Memoir

GUANGXI NORMAL UNIVERSITY PRESS
广西师范大学出版社

STEP BY STEP: A Pedestrian Memoir by Lawrence Block

Published in the United States by HarperCollins Publishers, New York, NY

图书在版编目(CIP)数据

八百万种走法 / (美) 布洛克著；兰尼译. -- 桂林:
广西师范大学出版社, 2016.7

ISBN 978-7-5495-8185-6

Ⅰ. ①八… Ⅱ. ①布… ②兰… Ⅲ. ①布洛克，L. –
回忆录 Ⅳ. ①K837.125.6

中国版本图书馆CIP数据核字(2016)第102806号

广西师范大学出版社出版发行
桂林市中华路22号　邮政编码：541001
网址：www.bbtpress.com

出 版 人：张艺兵
责任编辑：雷　韵
装帧设计：尚燕平
内文制作：龚碧函　马志方
全国新华书店经销
发行热线：010-64284815
山东泰安新华印务有限责任公司

开本：1230mm × 880mm　1/32
印张：10.625　字数：266千字
2016年7月第1版　2016年7月第1次印刷
定价：42.00元

目 录

献给那些同我漫步的朋友们。不管是真实的还是假想的，不管是陪我绕着不知名小湖环步，还是历经长途冲向终点的人们。特别献给琳恩——我的挚爱。

同时感谢洛奇和我的小狗。

你必须前进。我无法前进。但最终我会前进。

——塞缪尔·贝克特[1]《无名氏》

1 Samuel Beckett（1906—1989），爱尔兰、法国作家，荒诞派戏剧的代表人物。创作领域包括戏剧、小说和诗歌，尤以戏剧成就最高。代表作《等待戈多》。

如果我没记错的话……

作为一名职业写手四十年，除了四本指导作家创作的书外，我其余所有作品都是虚构的小说。（我也曾以笔名写过一些浅显的心理学案件分析，称为“非虚构类”文章。但事实上，它们也是我杜撰出来的，是些“披着羊皮的”小说。）

因此这本书是我新的开始，这里所写的每一件事都是真实发生过的。在我看来，写回忆录并不需要想象，虽然有不少作家通过想象使笔下的“现实”更加美好。但如果我要想象，我就干脆坐下来写小说了。对我而言，回忆录仅限于作者的记忆。

显然我这样的观点并不能得到所有人的认同。当我就某篇充满想象力的回忆录表达轻蔑之情时（事实上奥普拉·温弗里[1]也表达了同样的看法），我的女儿艾米就无法理解为何如此小题大做。“他可能是编造了一点儿，”她说，“但是我认为这样才更生动有趣。”

好吧。那希特勒呢？不管你如何评价他，他可是个顶级的舞蹈家。

因此我坚守着自己的记忆，避免做任何美化事实的修饰。我父

1　Oprah Winfrey（1954— ），美国著名脱口秀女主持人。

亲时常为了把故事讲得精彩而不断地夸大其词，这让我很恼火。于是我走向了另一个极端——坚持赤裸裸的真相。

尽我所能地坚持着。

记忆，如同狡猾的亚拿尼亚[1]。我无法苟同这样的事情：一段抑制已久的记忆，几十年后在一名杰出催眠师的帮助下开启，进而引起一桩儿童性骚扰的诉讼案。我发现即便是有意识的记忆，也会是个积极配合你的“证人”，迫不及待告诉你想听的结果。所以对于那些挣扎在意识边缘的记忆，你又能相信多少？（顺便说下，同一个治疗师能从一个又一个客户身上不断挖掘这类记忆，简直不可思议啊！）

我的记忆，有时蛊惑人心，有时玩忽职守。我不愿全盘信任它，却不得不这样做，因为我得写下好久之前的事情，除了它我还能去问谁呢？

比方说，我现在要讲个关于 1949 年我和两个朋友——杰瑞 · 卡普和瑞特 · 高德伯格散步的事情。我记得很清楚，是这两个人陪的我。

这事我无法去问瑞特，他十几年前因为癌症离开了人世。我可以问杰瑞，我们现在仍是朋友。但他还记得吗？就算他记得，他的记忆难道就比我的可靠吗？

那天谁陪我漫步到市区真的那么重要吗？

举个我们与记忆抗争的例子。1960 年，我与其他五个朋友每周齐聚小赌几把扑克。我们中绝大部分是作家，靠写廉价的垃圾货维持生计，同时历练写作技艺。某天突然一人提议：何不把写作和扑克这两种活动一起进行，娱乐工作两不误。

比方说，我们六个聚到某一人家中，其中五人打牌，第六人跑去别的房间写小说。当他写完第一章后，再回来打牌，换个人继续

1　Ananias，圣经中的人物，因欺骗圣灵而死。

去写下一章。

这么轮番来。

两轮牌局后就能有十二章。如果进展顺利，第二天一早我们就能把整本书写好。接着就把这书给我们的经纪人，同时也是扑克爱好者——亨利·莫里逊，让他把书兜售给出版社，接着我们平分收益。这将是史上第一个人人获利的扑克游戏！

准没错的。

于是我们一行人——梅尔·福克斯、唐·维斯雷克、戴夫·福利、哈尔·德雷斯纳、伯恩·冯和我，就真的聚在了梅尔家里。洗牌、发牌声响起，然后其中一个人按规定去楼上坐到了打字机旁。

我不记得是谁第一个上去写了，但是我记得哈尔、唐、戴夫和我是前四个写的。我们都心不在焉地匆匆完成自己的章节，迫不及待要回来打牌。接着轮到伯恩·冯了，他提议自己一口气写完两章就回家，因为他不太喜欢通宵打牌。

我们都表示赞同，于是他上楼“工作”。不一会儿他就下楼了，用超音速写完了两个章节。我们都祝他晚安——理论上应该说早安了。就在伯恩回家时，我们的主人梅尔爬上楼接着干活儿。

几小时后，梅尔步履蹒跚地下楼，于是我们才发现了问题。伯恩为了防止自己在扑克桌或者打字机旁睡着，事先吸了一大把安非他命[1]。这对于他完成“作业”的速度大有好处，但药物也使得他大脑思维混乱，写的两章东西简直不知所云——语法乱七八糟，拼写错误百出，行文杂乱无章，整个故事变得毫无意义。

时间顷刻静止了。

如果是哈尔、唐、戴夫或者是我接着伯恩写的话，问题也许会

1　一种中枢兴奋药，能够暂时减轻疲劳感并增加人的攻击性。

小些。我们四个都是情色描写的老手，伯恩写的这玩意儿只配糊糊鸟笼，我们绝对会把他这部分扔了，然后重写。

可梅尔还是个新手，他从没想过要去质疑像伯恩这样的老将。所以他尝试着往下写，努力让故事的发展更合理，这显然不太现实。最终他磨蹭了半天还是绝望地下了楼，一副饱受打击的样子。

这时天也亮了，我们灰心丧气地把筹码套现后，便各自回了家。这事就此告一段落。

几年后的某天，我们中的五个再次相聚（戴夫 · 福利缺席了，白血病夺走了他年轻的生命），刨掘出这份被我们称作《肉欲之欢》的陈年旧稿，炮轰伯恩写的那段烂文字，同时调侃梅尔充满英雄气节的续写精神。接着，唐、哈尔和我轮流把书（或者称它为"书一样厚度的稿子"）的剩下部分写完。我们把书稿给了亨利，让他去给我们的出版商比尔 · 汉姆林。我们把赚到的 1000 或者 1200 美元都给了戴夫的遗孀——桑迪 · 福利。我们还得知亨利的老板司各特 · 梅瑞狄斯在这笔买卖中没有收佣金，这简直是整个事件中最神奇的一部分。

如今，我已完全不记得《肉欲之欢》里的情节和人物。这本书应该是出版了的，只是我从来没见过此书。不知道它问世后的书名，也不晓得作者冠了谁的名字。如果有机会现在读一读——当然最好不要——我很怀疑自己是否还能想起点什么。

这类措辞不当又毫无文学价值的书，理应在人们的记忆中消失殆尽，可《肉欲之欢》却传奇般鲜活地活在我脑海里。比起那些报酬丰厚的畅销书，《肉欲之欢》的价值体现在书本之外的趣闻轶事。我曾无数次把这件有趣的事情分享给别人，唐和哈尔也是这样。

不料，有个家伙更厉害。他也是司各特 · 梅瑞狄斯手下的经纪人，就像亨利一样。他曾是我们每周牌局的常客，但当时我们都不知道他常替汉姆林写匿名文章赚外快。（他本该把这事好好保密的，避免暴露这么明显的利益冲突。）

我不想说出他的名字来让他难堪，他人不坏，是个有文采的经纪人。总的来说，也算是个好人。

但我不得不说，他绝对是个讲故事的高手。他能热情洋溢地把《肉欲之欢》里的每个细节说得头头是道。他自称是那次聚会的一员，去梅尔·福克斯位于皇后区的家里与我们一同厮杀扑克，畅写小说。

可是，你瞧，他当时并不在场。况且他也不可能在场，我们谁也不知道这狗日的居然还是个作家！天呐！

他仅仅是觉得把自己放到故事中会更精彩吗？还是验证了 OJ[1] 理论里的一条——捏造的故事说太多次，自己也开始相信这是真的了？我不知道，也不在乎。我只确定他那会儿没和我们在一起。至于他本人，到了这个份上，去和没去又有什么分别呢？

啊，好吧。

我一直在尽量避免使用过多的“如果我没记错的话”，“据我最清楚的回忆是”或者“就我所知”这样的句子。希望读者们能把这些短句作为我每个小故事的序文。

因此，下面写的事情都是真实的，至少我这么认为。

还有一件事得告诉大家，即使你们已经发现了。

这本书将是自我放纵的。

---

1 Orenthal James Simpson，因名字简写 OJ 而得到“果汁先生”的昵称，是美国收入最高的美式足球运动员。1994 年卷入杀妻案，最后因起诉证据存有漏洞，让他无罪释放。

在我看来理应如此。一本回忆录难道不该是自我放任的吗？人们写回忆录，总假想着自己的经历和观察能让其他人感兴趣。可这种假设是毫无根据的，因此大多数的回忆录也只是私人内部出版，或者压根不出版。

就我而言，能完成这本书的唯一动力，就是能自我放纵，让它想多任性就多任性。实际上，以下都是我作为一位步行者的经历；如果这本书本身就是个步行者，那它绝对是个悠哉的漫步者，边走边选择下一条路，而非急匆匆要跨越终点。

回忆往事是场历险。你的记忆就像一座大房子，里面有好多房间；走进其中一间，一扇隐秘的门便会弹开，引诱你再度经历一段尘封已久的过往。事实就是如此，你刚踏进一扇门，另一扇门也随之打开了……

第一部

PART 1

1

天气预报说整个周日都会下雨。

马拉松有点像足球比赛，天气不太能左右比赛的进行，除非是夸张的恶劣天气才会让其取消，比如龙卷风。但那时是 2007 年的 2 月，嘉年华[1]后的第一个周末，离龙卷风光顾还有几个月。所以要是下雨，我们就只能做马拉松选手雨天该做的事情——淋湿全身。

我倒不介意淋湿。小时候我妈就保证过：我是绝对不会溶化的。照目前的情况看，她说对了。可就在一年前，我对这事表示了怀疑。

2006 年 2 月的最后一个周末，我在休斯敦参加一场二十四小时马拉松赛。我们在熊溪公园沿着两英里长的沥青小径绕圈。比赛早上七点开始，一个小时不到就开始下雨，并且在接下来的八个钟头里没停过。有时雨点很小，有时却大雨倾盆。雨点不算什么，真正让选手抓狂的是地上的积水。这条路排水不佳，好多地方的水都积到脚踝处了。这减慢了我的速度，缩小了我的步幅，弄脏了我的脚，并毁了我的气质。更确切地说，这场雨迫使我十八小时后退出了比赛，一共跑了 64.25 英里。刷新了我上次二十四小时比赛的纪录，但仅仅提升了一英里。如果那次没下雨，我不知道自己能跑多远，但再跑几圈应该没问题。

所以我不希望新奥尔良的这场比赛也下雨。但不管晴天还是雨天，我都会出现在赛场。反正我不会溶化。

1　Mardi Gras，忏悔星期二，四旬斋前的最后一天。原为天主教徒在复活节之前的斋戒仪式，现为美国最盛大的嘉年华会，每年都在新奥尔良庆祝。

我的妻子，琳恩，周五和我一起飞到新奥尔良。

（注意：她的名字前后都有逗号。显然没有逗号的句子看上去更顺畅，但它们的存在是有原因的。它们显示出琳恩是我唯一的妻子。之前提到我的女儿艾米，就没用两个逗号把她夹起来，因为她是我三个女儿中的一个。如果她是我唯一的女儿，我也会用两个逗号。如果我没给琳恩加这两个逗号，你就完全有权利怀疑我犯了重婚罪。这种语言的细节问题往往使那些能熟练运用的人自我感觉良好，就好比虚拟语气。我很想少用一个逗号，但为了不让大家认为我还有其他夫人，还是麻烦一下吧。夫人一个就足够了。）

琳恩很少陪我参加马拉松比赛，毕竟她拥有自己的生活。然而新奥尔良在她心中位置特殊，那是她的出生地。去年我们就来这里参加了狂欢节马拉松，并且决定明年再来。只是这次她周四就会返回纽约，而我将在这里待一个月，完成手头的一本书。这本书折腾了我一年多，想到它我就很头痛。不过远不及马拉松来得疼。

三周前我参加了位于加利福尼亚州亨廷顿海滩的太平洋岸马拉松。那天天气非常棒，我没有跑得很快，而是沿着美丽的海边赛道漫游。然而在大约十六英里处，我突然感到一阵剧痛从跖球[1]处传来。疼痛使我想停下脚步，但这是个往返赛道，想回酒店的话也得继续往前走。于是我忍着剧痛，努力保持原来的速度。又前进了四五英里时，疼痛感突然消失了。我不知道它怎么会消失，就像我不知道它为什么出现一样。最终我完成了比赛，得到了奖牌，吃了八到十个橙子和其他能搜刮到的食物。接着回到旅馆冲了个澡，把脚抬高仔细端详起来。

1　脚掌下面近拇趾根的球形部分。

它们看上去不怎么样。在比赛中给我添了不少麻烦的右脚，依我看那块疼痛的地方没什么问题。但小脚趾受了伤，外面的皮连同指甲像手套一样翻了下来。倒是没那么痛，我确信没有这层皮或指甲，我依旧能活下去。

反正我已拥有它们六十八年了。

几天后我作为嘉宾出席了《深夜脱口秀》(*The Late Late Show*)。我只想在节目中谈谈漫步，但克雷格 · 弗格森不断将话题扯到写书上。他想知道我最近在忙些什么，可事实上我什么也没写。

2 月的第一周，我做了些参加新奥尔良比赛的准备，剩下的三周我回了纽约。2006 年，也就是去年，主办方将比赛移到了嘉年华之前，那次我创造了个人体育史上的最高成就。仅用了 5 小时 17 分就完成了比赛，是同等距离赛事中的最好成绩。(1981 年我可能跑得更快，那年我跑了五次马拉松，但其中三次都没跑完。我在 1981 年新泽西海滨马拉松仅用时 4 小时 53 分钟，但那年我才四十三岁。2005 年重新参赛时，我已经六十六岁了。所以这个 5 小时 17 分是自那以后的最好成绩。)

我视其为个人赛事的新纪录，并赢得了一些东西——竞走评审组（拥有这种小组的马拉松赛事还为数不多）给我颁发了一枚徽章，因为我是当天第二个撞线的男选手。之前在莫比尔比赛中我也是男选手中的第二名，但那次获奖不值一提，因为总共只有两名男选手。新奥尔良那场比赛则有七八个男选手，得了第一的佛罗里达小伙子只比我快了二十四分钟。

这些都已为往事，如今 5 小时 17 分对我而言遥不可及，尤其是下雨天。更糟糕的是，我可能会遭遇亨廷顿海滩比赛时的突发脚痛，因为之前训练时已感到阵阵刺痛。

周六天气不错，最棒的是我遇到了格伦·米泽。我是通过“漫步网”留言板上他发的帖子认识他的。在我的强烈推荐下，这次他和卡罗住在了“仙童之家”，我和琳恩也常常去那家，它位于下花园区的普利塔尼亚街。这次的马拉松赛会两次经过，分别在十五英里处和二十四英里处。下午，格伦来房间找我，我们俩一见如故。当时没能把我们的对话录下来，但事后我把这段美好的回忆写到了留言板上：

“哦，我已经完全没有人形了，除非发生奇迹，才能把我变回原来的样子。自从上次比赛后，我再也没出去跑过步。”

“那你也比我厉害啊，老兄，我上次比赛就没跑步，是被一群老头儿扛过终点线的。”

“我昨天倒是出去蹓跶了几分钟，拄着拐棍。”

“我还有个铝制助行器呢。”

“我早上打算用它来着，但我试着从轮椅上爬起来时居然摔倒了。”

“你的轮椅是手推的还是电动的？”

格伦是个比我年轻、速度更快的竞走选手，然而最近备受莫名伤痛的困扰，不得不将竞走变成夹杂数次中场休息的“漫慢走”——慢慢地漫步——他发明的词。不过他还是打算像个赛跑选手那样完成比赛，而不想仅仅得个选手的虚名。好在我的心脏还能承受这样的消息。

我们也谈论了天气，预报一开始说周日整天都会下雨，现在改成周六晚上开始下，开赛一小时左右会停。我们都认为，不管晴天还是雨天，我们都会出现在赛场上（我想格伦的老妈也悄悄告诉过他，他是不会溶化的），只是晴天更好。一下午就这么过去了。

我和琳恩去了一个街区外的圣查尔斯大道吃晚饭，我在一家披萨连锁店点了份意大利面，以示对传统的尊重。我不知道如今还有没有人注意摄取碳水化合物了，也许它对保持好的比赛状态没什么用，但人人都知道，马拉松比赛前你最好吃点意面。况且这并不需要做很大的牺牲，毕竟只是吃意面，又不是吃蜘蛛。为什么不这么做呢？

如果有人发现并强力推荐：马拉松比赛前一晚吃点儿蜘蛛有利于提高比赛成绩，那么，这些意大利酱料里现在一定爬满了蛛形生物……

晚上确实下起了雨，但是不大，而且清晨时分就停了。我起得很早，吃了块能量棒，穿好衣服，别上我那两个参赛号码。（竞走选手的背上会多别一个号码，这样能让裁判一眼就认出谁是竞走者。）格伦在门外等我，琳恩把我们俩送到比赛的起点——也是终点——超级圆顶体育场[1]。

格伦一开场就健步如飞地“漫慢走”起来，很快便消失在人群中；而我则以热身的速度轻松地跑着，就这么快乐地过了前三英里。

接着，我的脚痛了起来——右脚的那块地方，和加利福尼亚比赛时一样。虽然不至于痛到难以忍受、无法行走，只是不痛的话该多好。我当下断言：去年的 5 小时 17 分已离我远去。但是没关系，我应该能在像样的时间内跑完全程。

赛道一直往西，穿过法国角到达市立公园，选手们在那儿掉头并原路返回超级圆顶体育场。因此市立公园是那些“半程马拉松”选手的终点，是我们这些“全程马拉松”选手的中点。在跑了八九英里后，我感到跑完全程二十六英里似乎有点力不从心。我决定跑过中点后，在 13.1 英里处停下来，结束今天的比赛。

这样的想法越来越强烈。很多场比赛途中，我都有过不顾一切

1 Superdome，路易斯安那超级圆顶体育馆，世界上最大的室内体育场，建于 1975 年。

弃权的念头，“我玩这个已经太老了”这句话就像熟悉的老歌在耳边回荡。但事实上，我从未放弃过，至少之前从没放弃过。回想我四十出头时，有时一年参加四十场比赛，都没在终点线前停下脚步。这是我决心的印证，而不是炫耀的工具。好几次我有充分的理由放弃比赛，但还是坚持到了最后。

（二十四小时马拉松则有些不同，我稍后再说。）

然而，就像自杀的念头陪伴人们熬过糟糕的夜晚一样，想要退出的念头时刻伴随着我前行的脚步。我不断告诉自己要在中点处退出，但当那群“半程马拉松”选手左转冲向终点线时，我一个急速右转，混在了跑全程的家伙们中。

赛道穿过花园区，在奥杜邦公园绕一圈，然后直通超级圆顶体育场。普利塔尼亚街是比赛的主干道，十五英里和二十四英里的里程桩都在那里。而我住的“仙童之家”也在这条街上，即便退出，我也得走回旅馆。

我幻想着自己走到仙童之家，然后回房间躺下，接着取消 6 月下旬的安克雷奇马拉松计划，然后这辈子都不再参加这种鬼活动了。

琳恩站在“仙童之家”门口，我告诉她我的腿有点疼，不过情况没那么糟，我还能再坚持一会儿。我走完了普利塔尼亚街，接着到拿破仑大道走了个来回，再回到普利塔尼亚街时，我大概已走了 17.5 英里。突然右脚痉挛了一下，随之而来的疼痛是我之前从未经历过的。我的脚像被坦克碾过一般，相较之下，跖球处传来的伤痛就不值一提了。这种痛楚无法形容，但我还在设法坚持，结果每跨一步就如同脚下有烈焰燃烧。

忽然之间，我只能可怜兮兮、一瘸一拐地慢慢前行。我停了一两分钟，想想接下来该怎么办。如果这事发生在半小时前我在“仙童之家”门口，那答案再明显不过了，我肯定停下来。但我已经又走了两英里，如今两个选项都要走——要么往前走，要么往后走。

还有个可能，疼痛可能会像之前那样突然消失。于是，我继续一瘸一拐地走着，给病痛一次机会。

奇迹没有发生。正当我挣扎着慢慢前行时，格伦出现了。他已经在奥杜邦公园绕了一圈并准备往回走，因为喝了点儿所谓的运动饮料，弄得他的胃很不舒服。他说自己感觉糟透了，并问我打算怎么办。出于某些原因，我告诉他打算再坚持一会儿，事实上我也这么做了。事后他告诉我，如果当时我说要退出，那他很乐意同我一起退出比赛，再一块儿走回“仙童之家”。

我花了整整一小时跑完接下来的两英里。让我坚持下来的理由是：要是我退出后没往回走几步脚就不痛了，那也太让人恼火了。所以我继续一瘸一拐地走着，并试图忽略那些问我“你还好吧？！”（我当然不好啦，你个白痴，如果我一切都好，就能好好走路了！）或问我“需要电解质补充片吗？”（谢谢，这药片对我的脚有什么帮助吗？）的家伙们。到达奥杜邦公园，绕着这 1.5 英里的地方转圈时，我看清了自己的处境——继续太痛，停下太蠢。

这简直成了我的咒语。“我继续不下去了，”我对自己说，“但现在退出简直太蠢了。”“我继续不下去了，可退出太蠢了。”“我继续不下去了，可退出太蠢了。”……

正绕着公园跑时，脚突然没那么痛了，我终于不用一瘸一拐了，但也还不至于从容赛跑。但我争回了点时间，在跑到二十一英里里程桩的时候，我感觉自己应该能完成这场比赛。问题在于我能否在比赛规定的七小时内完成，我不在乎这七小时内的每分每秒，不在乎我是否最后一个到达终点，我在乎的是能完成比赛。

疼痛消失了。我实在搞不清这是怎么一回事，但应该不会是超能量的介入。我迟迟无法决定下一步该怎么办，于是一次次纵容这个上了年纪的运动员苦苦坚持自己的愚蠢行径。我绞尽脑汁得出的结论是：神经系统发觉我对疼痛熟视无睹，就懒得再发出同样的信号了。“这个笨蛋明明意识到停下来是最好的选择，但他蠢到没法让自己这么做，就像他的喃喃自语。我何苦花时间管他呢？”

抛开这种拟人的假想，我不确定事实是否真是这样。痛苦，如同其他东西一样，有它存在的意义。在这件事情上，它是为了警告机体——这个男人正在伤害自己身体的一部分。这样的信息传达出来，充满报复意味，然而信息却被主体无情忽略，那么就没必要再发同样的信息，传送行动取消。

我试着和一个朋友探讨这套理论，但他直摇头并给我灌输内啡肽[1]的各种知识。他告诉我，这种由大脑分泌的内啡肽，在缓解疼痛方面比吗啡好太多了！好吧，那什么东西才能刺激大脑产生大量的内啡肽呢？运动？我已经运动了好几个小时，最先得到的却是疼痛。我还是坚持自己的理论，就算加上内啡肽也解释得通。大脑感受到信息被忽略，就批量生产内啡肽作为取消传送的方式。一定就是这样！

没有了疼痛，我就能加快脚步。到达仙童之家时，我已经能自如地慢走了；而最后的两英里，我开始用正常的速度竞走。当我筋疲力尽时，终点线出现在眼前。最终我净用时 6 小时 34 分钟 25 秒完成了赛事。这比我上一年在这里的成绩慢了 1 小时 17 分钟，并以半小时的“优势”荣获我马拉松赛史上的最慢成绩，但对我而言却是非凡的成就。

“说实话，我真不晓得是什么鬼东西让我坚持到最后的，”我在赛后的报告里这么说，“除了悲观和固执僵持的那个阶段，我感激那

1　Endorphins，体内产生的一种生物化学合成物激素，能与吗啡受体结合，产生跟吗啡、鸦片剂一样的欣快感，有镇痛作用。

个让我坚持下来的东西。”

冲过终点后，他们在我脖子上挂了块奖牌。体育场里还有很多剩余的食品饮料，最重要的是，琳恩也在那儿。她肯定是在我跑过她站的二十四英里处后，直接来了超级圆顶体育场。随后她开车带我回了仙童之家，我立马坐到椅子上把脚抬了起来。

我花了点时间坐定才开始脱袜子，因为很害怕看到脱完的场景。虽然一点也不痛，但很多血从袜子里渗了出来，看来之前我还没意识到问题的严重性。最终，我还是把袜子扒了下来，受伤的脚趾看上去不太好，但也算不上很糟，很难想象之前怎么会疼得如此厉害。

我在脚趾上绑了绷带，和琳恩休息了会儿。那天我们没在外面吃晚饭，琳恩出去买了披萨回来。不过第二天我就能自如地走动，到了第三天，也就是星期二，琳恩自己开车去机场，还掉之前租的车，搭飞机回了纽约。而我，把自己安顿在书桌旁，打开手提电脑，开始写那本新书。

事情进展得很顺利。周三或者周四，我走了一个街区到圣查尔斯大道的一个健身馆，办了张一个月的会员卡。每周我都会去几次，在跑步机上跑一个多小时，并做些简单的力量型训练。天气自始至终都很好，早晨很凉爽，傍晚会暖和些，我本可以在圣查尔斯大道的中间隔离带走走，那本来是电车行驶的地方，但“卡特里娜”飓风让它们暂时歇菜了。不过那太有挑战性，对于我，跑步机就足够了。

我本打算花五个星期来写书，结果只用了三周多就完成了。（就像刚才说的，事情进展得相当顺利。）第四周剩下的时间我都待在室外，花了一天在法国角转悠，一天在杂志街溜达，另外一天沿着普利塔尼亚街走了很长的路，然后到附近一个剧院看了场电影。我沿着之前的赛道悠闲地散步，走了有两英里，虽然我今年和去年各有两场比赛经过这里，但这儿的一切仿佛是第一次才见到。我以为自己已经非常熟悉周围的环境了，但事实上我只关注了比赛却忽略了美景。（比赛和训练时我不戴眼镜，我只在要看东西时才戴它。）普利塔尼亚是条迷人的街道，能有时间好好欣赏街边的槲树和典雅的房屋，我感到快乐极了。

我花了和之前买机票差不多的价钱改签了机票，提前一周飞回了纽约。琳恩念了我的新作《杀手亡命》——关于职业杀手凯勒的第四本书，她念得特别动听。我的代理商和编辑都觉得不错，只花了一个小时做了少量修改。这下，书算是搞定了，我的下一场比赛——安克雷奇马拉松要到6月21号才开始，而且到时参不参加全看我的心情。

生活真是太美妙了！我决定，这将是我提前签合同写的最后一本书。今后我只在想写的时候才写，等写完了再提交出版。这样我就不会再处于“欠别人一本书”的状态，我想这已经很接近我梦寐以求的正式退休了。

每周我都会好几次穿上跑鞋出门，沿着哈德逊河跑步。过去几年里，河边被重新改造了不少，是个训练的好去处。所以我总会上那儿跑上一两个小时，然后回家看书或者坐到电视机前。

我回到纽约是3月底，还有几个超长距离马拉松赛即将开始。之前我考虑参加俄亥俄州的二十四小时“玉米地带”马拉松，那个赛道长四分之一英里，每过四或六小时，具体哪个我记不得了，选手们就要在顺时针跑和逆时针跑之间切换，这么做只是为了让比赛不至于太无聊。

（其实我觉得这么做的原因是防止选手们变成长短腿。我认识的很多人都觉得在玉米地里赛跑简直无聊透顶，但我不这么想。之前我四次经过普利塔尼亚街都没在意沿街的华丽房屋，赛途的景色好坏对我而言毫无区别。有很多人能在跑步机上跑一百英里——一口气跑下来——可这听上去并不给人无趣的感觉。人们会觉得这很难，却不无聊。）

玉米地带赛在5月的第一个周末开赛，之前我确实想过要参赛，但在新奥尔良比赛后才开始认真考虑起来。在它之后一个月是明尼苏达州的FANS二十四小时赛。（FANS是个首字母缩略词，它确实比全称“和谐家庭网络系统”[1]顺口得多，每年他们都为比赛集资。）FANS比赛看着也不错。不过我想了下，决定还是不要把自己折腾得这么厉害。本来每周只要出去散散步然后读读书看看电视，我何苦把这等舒坦变成抑郁呢？！

我有些得了临床抑郁症的朋友，我知道自己的抑郁离那程度还差太远。他们没办法下床，脑子里只有自杀的念头；可又连自杀的力气都没有，只能苟延残喘地活着。我的沮丧远远轻于这种症状，以至于我都不想用这个词来形容自己。但是又找不到更合适的词，沮丧就是沮丧。

对，沮丧，我陷入了思考人生意义的漩涡。我打开之前注册的步行者网站，查看了留言板里的两则消息；我每过几天就会登录这个网站，每次都会发点帖子。我强迫自己出去走走，可脑子里乱七八糟，我想着要去参加FANS，又想退出安克雷奇赛。

4月底，我的朋友安迪·凯布尔在网上发了个帖子，写他第一次参加的多日赛程——在皇后区举行的六日钦莫伊比赛。（钦莫伊是个精神领袖，总是激励他的追随者在耐力比赛中发挥非凡的潜能，他设立的组织赞助世界范围内的这类活动与赛程。）

如果我不那么消沉，也许会出去看看安迪跑得怎么样了，反正

1 原文为Family Advocate Network System。

只有地铁一站路这么远，但是现在这段距离给我感觉比到蒙古还远。（我之前去过蒙古，玩得不是很愉快。）安迪坚持不懈地跑了六天，总共跑了 235 英里。之后他在网站上解释了自己为什么跑得那么差劲，也分享了从这次比赛中得到的经验。六天都绕着公园里一个一英里的圆圈打转！整整六天！！ 235 英里！相当于六天之内跑了九次马拉松！他还说自己跑得不好？天呐……

就在阅读安迪那篇报道的同时，我自己也做好了决定。4 月 26 号，我打印了一张空白参赛表，并给明尼苏达 FANS 主办方寄出了支票。

我有五周的时间来为这场二十四小时比赛做准备。我不知道这些准备时间够不够，也不知道自己的脚能不能承受这样的挑战。它们在亨廷顿给我带来不少麻烦，又在新奥尔良让我备受煎熬。

正如我之后向琳恩解释的那样，我所知道的很简单：如果有的选，我宁可因为疲劳，也不愿因为沮丧而被抬进医院。

这么做很奏效。

决定参赛的第二天下午，我跑出去训练了一小时。第三天两小时，第四天一小时，第五天三小时。

就在这么几天中，不知不觉地，我不再抑郁了。

内啡肽，毫无疑问。每个人都会告诉你，运动刺激大脑分泌内啡肽，让你感觉棒极了。很多人形容这种状态为“跑步者高潮”，不过这么多年的跑步和竞走给我带来的感觉最多是“太棒了”，从来没体验过什么“高潮”。

喜欢这种定义的家伙们，可能年轻时忘了吃一点调节情绪的药了。他们知道什么叫“高潮”么？

算了。在这儿值得一提的是，我认为不是内啡肽让我走出了沮丧，因为从新奥尔良回来后的数周，我也做了基本相同的锻炼，可分泌的内啡肽却没让我心情变好。我一周也出去跑几次，只是晒得更黑，束发带更臭罢了。现在突然之间，同样的路途，同样的运动，让我变成嗑了内啡肽的小天使。

这么看来问题不在于跑步本身。这很明显。是报名参加比赛，给我出去跑步以及我的人生带来了一个假想的目标。我跑步可不是为了保持好的心情或者身材，也不是要摆脱宅男的现状。我跑步是有着崇高目标的：我是为了准备去——到底是要去干吗呢？

就为了绕着明尼苏达州一个 2.4 英里长的无辜小湖跑上无数圈吗？

我能做到吗？我有足够的时间训练吗？我的脚撑得住吗？

全都是未知数。不过我起码能绕着诺科米斯湖跑上 26.2 英里，那是一个马拉松的距离。如果做到了，那么明尼苏达就能列入我的个人马拉松赛史了。我告诉自己，这样就该满足了，但我知道我不会。自从 2005 年 7 月以来，我参加过三次二十四小时马拉松，每次的成绩都比上一次有所提高，虽然提高得很少。最近一次是在马萨诸塞的韦克菲尔德，我跑了 66.3 英里。我希望这次在明尼苏达能打破这个纪录，而且是显著地超越。我这把年纪，要是能跑到六十八英里就好了，当然七十更好。

这貌似不太现实，但也不重要了。重要的是，我现在跑步有了充足的理由，如果感觉还不好那就完蛋了。

2

我这一生都在步行。

等等，也不完全是这样。在学会走路之前，我只会爬，再之前是坨躺着的不明物体。

至少别人是这么告诉我的，即便我已经完全记不得了。我清晰的童年回忆都是在会走路之后，我甚至不记得学习走路的过程——站起来，跌倒，再站起来，再跌倒。肯定是这样的，只是我不记得了。

说到爬，我倒是记得很清楚。那是在我学会走路很久后发生的，大概是四岁。因为那时我家还住在水牛城的园畔大道，直到我五岁才搬到几个街区外的斯塔林大街。我也不可能小于四岁，因为当时我爬行穿过客厅是为了要看报纸，可见我已经到了能独立阅读的年龄，或者说至少识几个字了。

那天我独自坐在地上不知道在干什么，突然很想看报纸。我很早就会走路了，于是打算起身走过去拿。可突然间灵光一现，我发觉自己不用站起来这么麻烦，只要从坐着的地方爬过去就行了。我觉得这主意真是妙极，就这么做了。至于是不是真的那么好玩，我不记得了，但我想那时自己肯定乐在其中。

不好意思，我真的不记得自己是如何学会走路的，因为那是个奇迹。

当然，这奇迹不仅仅属于我一个人。虽然相较于其他同龄人，我天生肢体笨拙，能学会走路更加来之不易。但学会直立行走绝对是人类史上的显著成就。这不单是进化的奇迹，更是人类意志的胜利。

没有人生下来就会走路。看看其他的动物，一脱离母体就会行走，因为它们必须这样，不然就会在兽群中掉队。而人类刚出生就如同小仓鼠般无助，走路是他们必须学习的一个技巧。

应该说是必须靠自己学会的。因为没有什么学习指南，你的父母也无法教你，除非给你做个演示。你在地上爬了一阵子，接着你就站了起来，然后你会摔倒。你继续站起来，接着又摔倒。慢慢地，你站起来后能走上几步再摔倒。

如此往复。

奇迹就在于：每一个孩子都这么做了，而且都做到了，当然残疾除外。有些人学会得早，有些人学会得晚；有些人摔很多次，有的人很少摔倒。但迟早，人人都会走路了。

没有人灰心丧气，没有人提早放弃，每个人都在按步学习。而且，没有奖励的诱惑，也没有惩罚的威胁；没有对天堂的憧憬，也没有对地狱的恐惧；没有糖果，也没有棍棒。摔倒，起来，摔倒，起来，摔倒，起来——然后开始走路。

太神奇了。

设想一个成年人在这种情况下的表现吧，猜猜他脑子里会怎么想：

“去他妈的。反正一会儿又会摔倒，我现在站起来有什么意义？再这么下去，只会让自己不停地受伤罢了。到时候我看上去就会像个十足的傻瓜。

“在地上爬有什么不好？我多擅长爬来爬去啊！如果上帝不希望我们爬行的话，何苦给我们双手和双膝呢。

“谁说人人都需要走路？我看这只适合一部分人，而不适合所有人。首先你需要保持平衡，再者你需要很好的眼脚协调，这可不是人人都有的天赋。

“我讨厌摔跤，这让我觉得自己是个废物。为什么要重复这样的过程来加深这种感受呢？

“这是不可能完成的。

“这么做的意义在哪里？我说，有什么地方我非去不可吗？待在原地有啥不好？

“去死吧。我反正已经会爬了，他们不满意的话就抱我出去好了。反正我是受够了。

“我投降。”

但这些都没有发生。我无法揣摩一个蹒跚学步的孩子的心理，但我确定自始至终他们都没有想过要放弃。他们迟早都能学会，而且一旦学会，就不会忘记。就像学自行车一样。

这下说到窘迫的地方了。

我没学会骑自行车。

你要知道，不会骑自行车对于一个男生来说，等于不会走路。当时在水牛城，每个人都用自行车代步。你骑车去上学，骑车出去玩，除非是距离太远，你才选择坐公交或者有轨电车，要不就是叫你老爸老妈开车送你去。

还小的时候，我有过一辆三轮脚踏车，骑起来轻松自如。没人需要学骑三轮脚踏车，你只要把脚放在踏板上，然后开始踩，这能有多难？它对平衡毫无要求，你想弄倒它还挺难的。

我和这辆三轮脚踏车一直相处得很融洽。直到我七八岁的样子，周围的孩子开始陆续拥有人生第一辆自行车了，而我却得到了一辆四轮车。那是个古怪的装置，靠臂力前行。你得把手放到手柄上，然后朝自己这方向拉，接着推回去，这玩意儿就会往前驶，速度还挺合理。我从没见过这么新奇的东西，也没见过有其他孩子玩过。直到最近看见一组照片，上面的东西跟它很像，貌似叫爱尔兰邮政车。

我忘了后来是怎么处置那辆车的了。可能是我长大了，不再需要它，也可能是被我爸妈送人了。总之在它还远远没有变成一堆废铁之前，它就不见了。我并不想像《公民凯恩》里那样把旧事一件一件刨出来，只是我一直深深地记着它。过了适龄年纪我还在骑它，因为我怎么都不会骑我那辆该死的自行车。

如果没记错的话，那是辆橙黑相间的施文牌自行车。1948 年，市面上还没有变速自行车，我们一群人骑的都是没有齿轮、没有手刹的车子。想要刹车的话，你得反方向踩踏板，和如今孩子们骑的自行车相比，简直如野兽般粗糙。你绝对不想带这货去参加什么环法大赛，不过总的来说，还算好骑。

对其他人而言。

我不记得是怎么得到这辆自行车的。在当时这应该算是一份大礼，可见是在特殊的日子里收到的，比如说生日。我生日在6月，送自行车再合适不过了。虽说水牛城的冬天远没有你想的那么可怕，但离骑车转悠的天气还相去甚远，要是在圣诞节收到自行车，就太抓狂了。“拿着！宝贝！这车是你的了，等到明年4月你就能骑了！”太棒了。

我爸负责教我学骑车。我们去屋外的人行道上，我爬上车，他扶着车把手。当我蹬着踏板积聚冲力时，他扶着车一路跟着小跑，接着他放手，我立马摔倒了。

一而再，再而三。

我试图回忆出这个过程中更具体的细节，但随着时间的推移，这段记忆已经模糊不清了。这似乎也不是什么坏事。有人说，人老了会对儿时的记忆尤为清晰，我希望能在这件事上奏效。但事与愿违的话我也能接受，毕竟这不是什么美好的回忆。

我不记得老爸教了我一整天还是一整周。住我家对面的乔·罗森伯格在做了我继父后告诉我，目睹我和老爸在家门口的人行道上来回练习却毫无进展，让他的心都碎了。可见我们这么来来回回不止一次，只是我把这冗长的痛苦经历浓缩成了一天。那天我们回到家，相互鞠躬达成共识——早点结束这项艰巨的事业为妙。

于是这辆自行车被扔进了车库，成了“客厅里的大象”[1]。我拥有一个美满的家庭，庆幸有如此爱我的父母，但这不代表家里就没有

1 一个英国的谚语，用来形容一个明明存在的问题，却被人刻意回避及无视。

几只大家充耳不闻的大象。

如果。如果。如果。

如果 1948 年有辅助轮的话，故事的结局很可能不同。也许那时已经有这种车轮了，但是我们不知道。

如果有辅助轮，我就不会每次一失去重心就摔倒，也不用让老爸每次都握着车把手陪我跑，把他的体力和耐心都消耗殆尽。我就能自己扛着车出去练，整天练习，最终熟能生巧。

同样，如果那辆自行车的尺寸适合我的话，故事的结局也很可能不同。我父母绝不是抠门的人，但正值经济大萧条时期，勤俭节约很是必要。那是辆挺不错的自行车，只是太大了，他们生怕我长太快，很快就不能骑了。

这让人联想到衣服：你能卷起袖管或者缝起裤边，给成长留下空间，但你总不能把自行车也卷起来吧。毫无疑问，那辆车对我来说太大了。实际上，我过个四年半再把它拖出来自己学着骑还差不多。

待会儿会说到这点。

唉，还有一件事也能改变故事的结局，而且是实质性的改变：要是我老爸是个好老师的话。他绝对是个好男人，一个慈爱的父亲，但显然不是好老师。

我知道，我没能像他年轻时那样跃上车就会骑，这让他备受打击。我爸成年后唯一热衷的运动就是高尔夫，虽然不常打，但自然的挥杆让他成为一名不错的球手。我猜他也擅长其他项目，虽然没有那么热衷。

我不知道面对这个极度缺乏运动细胞的儿子，他到底有多失望，但我学不会骑车铁定使他耗尽了耐心，不愿再教下去了。我没有好好学，或者说我压根没本事学会，那么赶紧收手，把自行车安置到车库，不是更简单也更人性吗？

几年后，他教我打高尔夫。虽然我也表现差劲，但至少我会挥杆，击球，走到球落地处，再击球，我不会再摔倒，也不会再考验他的耐心了，所以学习过程进展得很顺利。我不记得和老爸出去打过几次高尔夫，可能八到十次，最多十二次，但每次我们都玩得很尽兴。

他还教我开车，虽然过程不太顺利，但我们都坚持了下来，最终我通过了考试，拿到了驾照。在自驾出游的路上，我学到了更多的驾驶技巧，他是个好司机，谨慎却不胆小，我总是观察他并且试着学习。

他是个慈爱的父亲。自己是个律师，不过极力支持我想当作家的决定，并对我早年的学习和专业成就大加赞赏。我出生时他三十岁，但在自己五十二岁生日前去世了。如今再写到他，我比他去世时的年龄还老了十七岁。

这种感觉很奇怪。不知道教我学骑车的时候他几岁了。四十岁？我三个女儿中有两个都比他那时要老了。在我大女儿出生前四个月，他便去世了。

我不会骑车不是他的错，也不是自行车的错。很显然，责任全在我。

瞧，每个爬行着的宝宝都会做的事情——不停地努力尝试直到学会为止，我却以失败告终。老爸为了让事情变得更容易些，毅然把这暂时的失利认定为永久的失败；他一再强调，我不会骑车也没关系，至少比继续摧残我们俩要好多了。

我很乐意接受失败，甚至渴望拥抱这个结局，因为我向来是个听话的孩子。我知道，那些在成年后才认识我的人，听到这话都要惊呆了。我小时候一直听从父母的话，认为那是为我好。我练了七八年的钢琴，因为我妈是个出色的钢琴师，她认为我也应该会弹钢琴，即便我对乐器甚至是音乐都毫无兴趣。在学习过程中，我既不擅长，也不享受，但从未央求老妈让我放弃，或者表达出一丝厌恶之情。她认为练习钢琴对我有益，我想她应该不会错，尽管所有的迹象都是相反的。

除此之外，接受自己天生不会骑车这个事实，意味着我可以不用再努力了，一项不愉快又折磨人的活动终于可以停止。至于以后别人骑车时候我只能步行，并成为社区里唯一不会骑车的小孩而被他人耻笑，那不是我考虑的问题。

其实我只要能坚持住，摔倒后仍旧跨上车再练习。迟早，我就不会再摔下来，并学会骑车。就像之前学习走路那样，可当时我并未领悟到这一点。

就这样，自行车被丢进了车库，束之高阁。我毫不在意，并且很快遗忘了它的存在。

在结束这个故事前，我还想讲一件关于老爸的事情，这也是我最近才知道的。

十一岁的时候，我一下从五年级跳到了七年级。我五年级的老师——米尔德里德 · 戈德弗斯坚信要让班里更聪明的孩子加快学习进度。那时第六十六公立学校五年级总共有三位老师，她就是其中一个。之前学校一直指派她集中强化辅导聪明的孩子，让他们学完五年级就直接上七年级。

之后学校政策变了，但戈德弗斯女士仍旧热衷于培养那些聪明的孩子，并在我们班找了两个好苗子——迪克 · 莱德曼和我。据此，她召集了我们的父母，建议我们跳过六年级直接上七年级。迪克的父母坚决不同意，但我的父母答应了。于是那年的 9 月我踏进了七年级的教室，和比我大一岁的孩子们同班，而我的新同学似乎也不知道该如何同这突如其来的小屁孩儿相处。

他们都会骑自行车，这也不是什么新鲜事，我五年级的同学也都会骑。

跟上学习节奏难不倒我。虽然我是个运动白痴，但是也没人说我脑子不好使。那时一个叫杰克·多夫曼的七年级同学向我发出了一份邀请，问我要不要加入他的橄榄球队。球队叫“杰克队”或者“惠灵顿猛虎队”（多夫曼家在惠灵顿街上），反正他是队长。

我答应了。于是爸妈义不容辞地给我买了一个头盔和一套护肩。（值得庆幸的是，这次他们买对了尺寸，没有再买大几号，让我多用上几年。）

于是我加入了球队。我们玩的是擒抱摔倒式橄榄球[1]，据杰克的爸爸菲尔说，这种玩儿法比较锻炼人而且很公平。我是防守边锋，所以得玩上三到四场，不过总共也就三到四场。虽然不确定自己在场上具体要干吗，我还是努力地在进攻时阻碍对手，并在防守时阻断持球者。

比赛结束时我意犹未尽，甚至在赛季结束时感到很失落。

杰克是我们的语法课代表，也是贝纳特高中的运动明星。他同时担任橄榄球队的四分卫和棒球队的游击手。高中毕业后，他得到了职棒联盟预选赛的邀请，加入芝加哥小熊队的农场系统[2]。结果他却上了水牛城大学的药剂学院，因为他爸爸是开药店的，这样杰克

1 防守方球员只能针对进攻方的持球员进行擒抱动作，其余均属违规。当持球员被擒抱倒地时，必须立刻放开手里的球；而擒抱别人的球员必须立刻放开对方。

2 每一支大联盟球队都有一批小联盟球队为其青年球员、受伤或暂时弃用的大联盟球员提供培养、训练、康复和比赛机会。这批附属大联盟母队的小联盟球队统称农场球队，而在母队而言，则统称为某某母队的农场系统。

大学毕业后就有能力接管家族产业了。当时人人都知道，靠打棒球是不可能让你过上体面生活的。

如今时代变了……

让我们先跳过中间的半个世纪，来到 2005 年我们高中毕业五十周年的聚会上。杰克·多夫曼看上去和当年在“惠灵顿猛虎队”时相差无几，他走到我跟前说：“我得告诉你件事，我打赌你肯定不知道。”他说：“你还记得我们在第六十六公立学校的那个橄榄球队吗？”

我说我当然记得。

“那么，”他说，“你知道吗？你父亲还特意给我打过电话呢！我想他是在电话本上找到我家号码的。‘杰克，’他说，‘我想让你帮我个忙。你们玩儿球时能不能别让拉里[1]坐冷板凳，给他一个上场的机会，可以吗？’‘当然可以，’我这么说，‘我会把他列为正式球员的，布洛克先生，可能比赛会把他给折腾死，不过我保证他能上场。’‘杰克，请你别告诉他我来找过你。’所以之前我一直都没告诉你。你不知道这事儿吧？”

没有，我从来不知道有这么一回事。

如果当时我知道了，肯定感到备受侮辱，会认为他这种行为既不恰当（可能确实是这样）还叫人尴尬。但是现在，我毕业都五十年了，离我在“惠灵顿猛虎队”打拼的岁月也有五十五年了，回想当初，他真是一位慈爱的父亲。

我的妹妹贝琪比我小五岁。在她出生前不久的 1943 年 5 月，我们家从园畔大道的简陋公寓搬到了斯塔林大街上的独户住宅里。在她六岁还是七岁生日时，她也得到了一辆自行车，刚巧在我得到

1 劳伦斯的昵称。

自行车后的一年。

（这很可能是她要求的。我相信，如果当初我向父母索要自行车的话，也能更早地拥有它。我想要的东西基本都能得到，只是，我很少开口索要。上帝啊，我真是个怪孩子。）

我爸带着贝琪和她的自行车去了人行道，等她坐好后开始扶着车把手跑了起来。一两个小时后，她就像天生会骑车般驾轻就熟了。

如果这样的事情发生在小说里，那么这位兄长就要为这事记恨他妹妹一辈子了。但是我没理由要去憎恶贝琪，我干吗要因为她会做一件其他人都会的事情而讨厌她呢？

我既没因为她拥有了这项新能力而心生厌恶，也没深受刺激要再去练车的欲望。我只是一直等了好几年——等到在日常生活中，会不会骑车都不再那么重要。

3

我不会骑车，但他妈的还会走路。

就在骑单车的梦想破灭后不到一年，我开始试验起了一项新的非典型癖好——步行。我记不得是哪年哪月，但确定是某个周一的下午。因为那天学校让部分同学早放了半小时，让他们去参加宗教学习。

意思就是天主教学生去上教会课，犹太学生去上希伯来课[1]。（我不确定是不是这样，只知道新教徒们得坐在自己的座位上学习金融或者猎鸭。）贝丝锡安教堂是一个重新整修过的犹太教堂，我们全家

1　希伯来学校是专为犹太六至十三岁儿童开办的学校。

都是里面的会员。许多男生在受戒礼[1]之前的两年里，每周都要去那儿上一次希伯来课。（女生就不用参加了，她们不必举行犹太女孩成人仪式，我但愿她们能学到些金融和猎鸭的知识。）

学校大部分的犹太学生都选择去附近的伊曼纽尔教堂，不过也有几个同学会和我一样，每周跑去贝丝锡安教堂。那儿离学校有四五英里远，在北街和艾伦街中间的特拉华大道上。我们都坐公交车去那儿，结束时总会有某位家长出现，送我们回家。

某个周一下午，我碰巧遇到了瑞特 · 高德伯格和杰瑞 · 卡普，我们打算一起去贝丝锡安教堂。不过我们三个人的总资产只有十美分，而坐公交得每人五美分，我们少了五美分。

很明显，我们得想方设法地坐上那辆该死的公交。万一持正不阿的公交车司机发现我们钱投少了，我相信也会有个施乐行善的大人帮我们投一枚五分硬币，省去我们的喋喋不休，好让车子快点启动上路。这样的情况当然没有发生。我们只有十美分，可我们需要十五美分，说白了，我们真他妈的见鬼了！

当然，也可以两个人坐车去希伯来学校，第三个人喊声“去他妈的”然后直接回家。结果也没人这么做，就算有人提出，也会被立马否决。要去一起去，要么都不去；人人为我，我为人人，不是吗？这还用说吗？

于是一人提议，拿五分钱出来打电话回家问问父母该怎么办。我家电话没人接，于是这五分钱从电话机里退了出来。杰瑞家的电话打通了，不过是清洁女工接的，她对我们的现状深表同情，但没提供任何建议与帮助。这下我们只剩最后一个五美分，而瑞特的父母都在上班，我们断定这会儿打电话去他家没有任何意义。

---

1 为满十三岁的犹太男孩举行的成人仪式。

我们决定走过去。

瞧，我们不能就这么回家，因为我妈五点整会在贝丝锡安教堂门口接我们回家。到时发现没人在那里等她，她会怎么想？又会怎么做呢？

我忘了走路过去这馊主意是谁出的，但感觉是自己想出来的可能性比较大。反正不管是谁提出来的，我们仨都觉得这是最佳解决方案。于是我们走了起来，还在范斯莱克药店用最后那五美分买了块糖，把它分成了三小块。我很庆幸那是块“三个火枪手”糖块儿，因为这样就能等分成三份，只是我确信，事实并非如此。

我们绝对不会有任何迷路的危险，因为这个教堂是我们社交生活的中心，每周我们都会在那儿转悠好几次，参加周日课堂，希伯来学校，幼童军团会，之后还有童子军团会议，周六晚上的“上帝帮助我们”舞蹈课程。不管是坐公交还是拼车去的，我们都太他妈熟悉这路线了！

照我所说的，这有四五英里路，如今想来那是相当近的一段距离，如果我现在在水牛城就能出去计时走一走。我们学校在园畔大道和塔科马大道的交叉口，我们得从园畔大道走到阿默斯特街，接着向西走到诺丁汉街，然后走到底左转至特拉华大道，最后朝市中心方向直走下去。特拉华大道是水牛城的主干道之一，它蜿蜒穿过特拉华公园，途径森林草坪公墓，接着直通市政大厅。

之前坐车经过森林草坪公墓时，我们总会屏住呼吸，因为有人透露说，路过公墓时呼吸会交厄运，所以我们都会努力憋住，即便我一点也不害怕会吸入莫名的恐怖物质。大家都按习俗这么做了。在车里屏住呼吸半分钟并不是什么难事，但步行就不同了。我们试着憋气走过公墓，但没过多久就头晕目眩，喘着粗气，并为刚才的所作所为大笑不止。随后我们继续往前走。

整段路程坐车大概需要十到十五分钟，碰到交通高峰期可能会久一点。自那次后，我再也没步行走过那段路程，如果以正常的竞赛速度，我想怎么都能在一小时内走完，如果状态好，可能只要半小时。我不确定那天我们仨到底走了多久，因为我不知道具体是几点出发的，不过我知道我们什么时候到的。应该是五点，因为我们才到了两三分钟，我老妈的车就停在了教堂门口。所以我们应该走了有两个小时，这两个小时内发生的事我都记得很真切，虽然不能记住所有的细节，但这是我关于希伯来学校印象最为深刻的一件事。

第二年，也就是七年级的时候，我开始独自绕着这个城市走很长的路。

我不知道这么做的原动力是什么。你可能会说那是因为我不会骑车，有可能是这样，只是我自己还没意识到。回想最初，我只是想用最原始的方法来好好了解自己所生活的这个城市——漫步她的街道来感受她，而不是通过阅读书籍或者搜集资料之类的。

慢慢地，从走路中我得到了成就感。我能一下子走上四五或者六英里，然后搭公交或电车回家，到卧室里打开水牛城地图，看看那些我走过的路。

有时，我的朋友会陪我一起走，比如大卫·克兰茨就陪过我一两次。我发明了一条漫步规则——在某家药店的冷饮柜停下并要杯水喝，然后沿着街道，到每个加油站拿一张公路地图。服务站时不时会免费赠送地图，但能拿到哪个地方的就看你的本事了。每个加油站都有纽约州、宾夕法尼亚州，还有俄亥俄州的。但奇怪的是，水牛城的加油站很少有俄勒冈州的公路地图。不信你去瞧瞧。

我都走过哪些地方？嗯，我可没走到过俄勒冈，甚至连宾夕法尼亚也没到过。我只是选择有公交线路的大马路，然后沿着它一路走下去。我曾经一个人从菲尔莫尔走到宽街，曾经沿着主干道一直走到谢尔顿广场。通过这样的长距离徒步，我不清楚自己是否对水牛城有了更深的了解，不过能保证得到好几个小时的身体锻炼，同时我也感觉自己似乎完成了某项任务。

我肯定在某天把这个事情告诉了七年级的新同学，因为之后我们就有了个徒步俱乐部，还有六到八个会员。到了周六，我们在学校集合然后出发。我不记得当时走了哪条线路，但我确信一路上卖冷饮的混蛋和整天给车喂油的家伙都把我们看成一群害虫，他们根本无法领悟这是种多么特立独行的消遣啊。于是在东轮渡码头和沃勒街交接的菲尔·多夫曼药店，我们都买了苏打水或者奶昔，没有再无耻地索要免费的水喝。

不过这不算什么，真正的问题在于走路。会内普遍舆论认为这活动有点意思，只是能骑车就好了。

所以你瞧，俱乐部就此解散了。

我参加过三年的童子军夏令营，每次都在营里待上六个星期，其间我们每周都要去童子军训练营[1]进行徒步旅行。我很喜欢那里，虽然那时候就感觉怪怪的。我参加的是一个营中营，一个专为犹太学生设立的训练营，地点在霍皮人村落。

当时主营还分好几个小营，每个小营都会取一个印第安名字，不同的军团得去不同的村落，一次待两周。但霍皮人村落就不是这样。只有犹太童子军团的男生才能参加，而且你能去两周，也能去四周，更夸张的是，你能六周都待在那儿，前提是你爸妈能付多少

1　美国历史最悠久的夏令营之一，最初名叫水晶夏令营，因为营地设在水晶湖边。1923 年更名为童子军训练营。

钱。（我参加的这个营，每周得花费二十美元。当然，有的父母会花上近八百美元送孩子去加拿大参加一季豪华的露营。我们砍价砍得昏天黑地才拿到二十美元这个价，但实际上，那些参加主营的非犹太学生每人每周只需付十二美元。）

我们营有独立的运营机制，有专属的活动。只有在水晶湖里游泳时才和大家一块儿，主营的救生员会在一旁看好，防止我们淹死。除此之外，我们就像身处中世纪的犹太区一般被隔离开来。更不用说，我们得在独立的食堂就餐。

我们必须在独立的食堂吃饭，这个小小的种族隔离行为是有正当理由的。因为几个世纪来对饮食的严格限制，让犹太人太他妈开心了。不能吃猪肉，不能吃贝类——这是最起码的。牛奶和肉类不能同时吃[1]，如果要更好地遵守游戏规则，你最好准备两套餐具[2]。所以我能理解为何有些家庭有两个厨房，不是因为必须这么做，而是能让事情变得简单些。

嘿，如果你想让这事变得简单些，那你就……

我们属于犹太新教派。据说（实际上是"据我说"）犹太教改革是在信奉同一个上帝的前提下，放宽对饮食的限制。这项运动在十九世纪的德国兴起，目的是让宗教与时俱进，我确信，这也是为了帮助犹太人尽快融入德国的主流社会。

革新后的犹太教没有那么多的限制，每个教会都能制订自己的规矩，而每个家庭的执行也千差万别。总的来说，大家都倾向于废除苛刻的饮食法则，至少在我家这条约束不适用。

---

1 这是因为圣经里有句话："不可用山羊羔母的奶煮山羊羔"，是耶和华吩咐摩西要遵守的十条戒律的内容之一。是要求人们不得做违背人性、过分残忍的荒唐事。

2 虔诚的犹太教徒家中通常要备两套餐具，一套用来吃肉，一套用来盛奶制品。此外，还要备两个洗碗池和两套茶巾。

这就得讲讲我曾祖母(我外公的妈妈)和那只犹太鸡[1]的故事了。自那件事后，她不再试图营造一个犹太家庭，不再惠顾犹太屠夫的生意，也不再认同犹太肉更好吃的理论。这故事得从我外公结婚后开始讲起。外公婚后存了些钱在肖肖尼附近的赫特尔街买了一栋双户住宅。他和外婆以及孩子住在楼下，他两个没结婚的妹妹——我阿姨赛尔和内蒂以及我曾祖母住在楼上。

一天，曾祖母提着一只刚从犹太屠夫那儿买来的鸡走进了厨房。而我的外婆，也就是她的媳妇儿，正在厨房忙着烧她自己买的鸡。于是曾祖母跑去观察起来，她发现媳妇儿买的鸡圆滚滚的，还处理得很干净。于是从包装袋里拿出自己的鸡看了看，这个小可怜骨瘦如柴，颜色也不好看，甚至还有些幼毛在上面。

“你的这只鸡，”她对外婆说，“不是犹太鸡？”

“对，”我外婆说道，“它不是。”

“嗯。”她嘴里咕哝着，把这两只鸡里里外外比较了下。接着，她再也没把犹太鸡带进过家门。

曾祖母在我九个月的时候就去世了，所以我不知道她的厨艺怎样。反正我外婆和妈妈烧菜都是一流，她们都没理会饮食规矩的束缚。

在家里，我们能吃上很多火腿和数不尽的培根。当然也少不了上等的精选牛肉，尽管一些犹太教法典挑剔地认为这也是违禁食品。我们在家很少吃贝类，因为我爸不喜欢吃。于是妈妈、妹妹和我会去外面餐馆吃虾蟹还有蛤蜊。很多年后，我意识到只有一种食物我们从来不吃，那就是带有“猪肉”一词的一切东西。

如今火腿和培根也是猪肉，但是家里人从不怀疑这两样东西不能吃。因为你买下它们并煮熟下肚的过程中，完全不会遭遇“猪肉”

1 这里指符合犹太教规定的、清洁可食的鸡。

这两个字。

我们家从来没人吃猪排、猪肉香肠或者是皇冠烤排骨，确切地说，是没有吃过任何形式的叫“猪肉”的东西。[1]就我而言，就算不在家吃，也会毫无意识地避免点猪肉，因为它有种说不上来的不对味儿。作为一个有教养的人，点个培根芝士汉堡或者火腿扒就可以了。

过了好些年我才渐渐开始明白，我们一直都在无意识地遵守着一条光凭口述却无记载的饮食规矩，我曾经想问妈妈为什么我们从不吃猪肉，但老是会忘记问，接着她去世了，也就没办法再问了。

几年前我为新书《伺机下手的贼》做巡游宣传到了得梅因[2]，受到州长夫人克里斯蒂·维尔萨克的邀请，到阳台山的州长官邸住了一晚。第二天早上她为我准备了早餐。(这样的待遇让巡回书展变得不那么艰苦，但你们也别会错意，这次是绝无仅有的经历。)

早餐就有火腿。这火腿是她从当地一个养猪农民那儿买来的，他用有机的方法饲养猪群。这是我近几年吃到过的最棒的火腿，简直能和之前在斯塔林大街我妈妈做的媲美。

那次书展期间，我一直在写博客，这也是我能住进阳台山的原因。我之前从没这么做过，也不确定自己将来会不会这样做。和维尔萨克夫人共进早餐后，我在博客里大肆描写了刚才吃到的火腿，以及从前在斯塔林大街吃的火腿，并且谈了谈我家里的唯一禁忌。

之后我得知这并不算特殊。“我家也是这样的！”一位女士写邮件给我说道。“可以吃火腿，可以吃培根，但不能吃猪肉。我不知道为什么。”

那是为什么呢？因为犹太人不吃猪肉，这就是原因。每个人都知道。

---

1 此处用了“猪肉”的德语单词 schweinefleisch，猪肉是德国菜中最受欢迎的食材，烟熏猪肉和腊肠世界知名。

2 Des Moines，爱荷华州的首府。

我不清楚霍皮人村落里有多少孩子是来自犹太家庭。估计也有不少正和我一同享受着犹太式厨房和独立的食堂，体验着完全隔绝的露营活动。湖边的那一块平地和徒步的那一条小路，我们是和其他军团的孩子共享的，其余再无共同之处。

回想起来，似乎我们整个军团都和别人不同。那何苦还要创建一个犹太军团呢？为什么童子军团不按社区划分而要按宗教信仰来分呢？

嗯，从某种意义上来讲，倒确实是按社区分的，只不过是按社区里的教堂为中心划分的。因为教堂的自主活动空间很大。还有……好吧，算了。反正就有了这么个小犹太区，有了这么个独立小营，我们在营里也见不到别人。他们恨我们，我们也怪不了他们。

后来时机成熟了，犹太军团的财团放弃了童子军训练营，斥资买了一大块地，建了自己的营地。不过那是我长大脱离童子军团后的事情了。我记忆中的夏令营，都是在童子军训练营，而且我过得很愉快，那时每周都能出去远足一次。

每个周五，霍皮人村落里的小营员都会灌满水壶，系好鞋带，在口袋里放上几美元，找好一两个同伴，接着出发去周边的某个小镇。

童子军训练营在水牛城的南部，邮寄地址在阿凯德镇。阿凯德镇是我们梦幻的目的地，因为传说那里有家饭店，你能在那儿吃点快餐。“在这边吃，不然你我都得饿肚子。”它门口的招牌这么写道。当时觉得那是我见过最棒的广告牌设计，即便当地人可能已经看厌了。

阿凯德有七英里远。到那边可能要走上好几个小时，这得看你是不是很赶。我们在镇上有一小时吃饭和闲逛的时间，接着就原路返回，这一天就是这么安排的。那些辅导老师和营地员工等于放一天假，而我们可以得到愉悦的锻炼，还有机会远离一堆人，能三三两两地自由玩耍。

除了去阿凯德，我们还可以去弗里德姆或者桑达斯基，一个只有五英里的距离，另一个则更近。桑达斯基在去阿凯德的路上，那儿有个给当地农民提供餐饮和服务的小店，你能在那儿买杯可乐或者买块糖。有次我还花了五十美分买了顶稻草帽。不知道弗里德姆有些什么，东西应该不会很多，我好像从没去过那儿。

我们远足走的道路基本都是两车道的柏油路或者沙砾路，路上没什么车。老师关照我们要走路的左面，面朝车子开来的方向，这样就能看好它的行驶方向，合理避让。没人被车撞到过，就我所知没人遇到过实质性的麻烦，除了拉里·比尔特克夫。他是一个比我大几岁的营员，刚获得了第二十一个优秀勋章，并且很可能成为一名雄鹰童军，为了庆祝这项殊荣，他跑到附近一个镇上破了处。

天晓得他是怎么破处成功的。他应该没有使用暴力来庆祝，因为他没被抓进监狱。能在阿凯德找个普通姑娘比在天堂找个富商都难。他肯定是走了什么狗屎运，才能碰上一个饥渴的菜鸟。

后来他被私下处罚了——没人会站出来替他说话——并且被取消了在结营典礼上的“优秀印第安人”奖励。（典礼上，每次只允许一个人站到营地委员会前，其他的营员得围着你站成一个大圆圈。长者们会问你是否接受成为“优秀印第安人”，换句话说，是问你觉不觉得自己是个优秀的营员。如果你说不，那就没什么事儿了，你只要站回原来在圆圈里的位置就行。如果你说是，那么就轮到他们做决定了。如果他们觉得你够格，就会让精通手工艺的人在你的网状童子军腰带上画一个印第安人的轮廓。我感觉这个仪式是专为那些辅导老师而设计的，他们终于能逮到个机会对表现最差的营员大骂一句：你个傻X！）

拉里·比尔特克夫很清楚自己的命运，非常自觉地说了不，于是事情平息了。他为了庆祝去睡姑娘，最终却没能成为“优秀印第安人”。不过我确信，人人都想和他交换一下。同时我觉得大家不该对他隐瞒这种想法，而应该为他的鬼点子颁发一个特殊的徽章。

每过一段时间（而不是每个星期五），我们就有选择出去远足一天的机会，包括一直走到石灰湖的越野徒步。这样的活动就不能三三两两地去了，得是十五到二十人组成一队，在一两个辅导老师的带领下出去。（顺便说下，我们不叫他们“辅导老师”。除了营员外，就只有新教官和老教官。资格老一点的营员觉得自己能承担更多责任时，就能申请成为新教官，那么他这期夏令营就用不着付钱了。老教官就是出钱请的顾问，他们中间还有不同的级别。）

我们的目的地是湖边的一个度假胜地，得翻山越岭走上十二英里。在那边花上几小时吃饭，游泳，坐车，接着重新集合回营地。我们要在第二天早饭后立马出发，赶在营地食堂停止供应晚餐前到达。这样的远足太完美了，而且是对耐力的巨大考验，因为这段路程不比一个马拉松的距离短多少，而且有的山还颇为壮观。

当然，我们还能露营过夜。地点在康瑟尔山，这又要走上一段很长的路。我们六个人一组，爬到山上把睡袋铺在地上，然后生火煮饭。不过除非有人快饿死了，才会去吃那玩意儿。

霍皮人村每两周就会分成六到七个小部落。每个部落由一名新教官担任领队，有三顶四人帐篷。（每个帐篷也会有个组长。我没参过军，但野营生活的技巧能帮助我为此做好准备。）每个部落会依次爬上康瑟尔山，然后野炊，在苍穹下入睡，第二天返回营地，这无疑是夏令营中最好的体验。

我去过好几次，每次都玩得很愉快，只是走的路都不算长，也没发生过特别有意思的事情。除了有一次，大卫·克兰茨，就是那个偶尔陪我在水牛城散步的家伙，坚持要把他的睡袋铺在营火上方的斜坡上。

大卫是个绝顶聪明的家伙。他视数学为爱好，全优通过贝内特高中一年级的所有数学考试，并在高中毕业时自学了微积分（我只记得是叫这个名字，完全不知道那究竟是讲什么的）。他去了耶鲁，并在宾夕法尼亚大学取得了生理心理学博士学位，随后在密歇根大学教了几年书，还在贝尔实验室做了几年研究，而最近又到哥伦比亚统计局工作去了。我告诉你，大卫绝对不是什么蠢货。

他告诉我们，为什么我们都想错了，而他的睡袋是绝对安全的。因为他把睡袋放在与火垂直而不是相交的地方，于是就不会受重力影响，睡在那儿是铁定不会出事的。他这么一解释，我们顿时觉得自己都是认知浅薄的蠢蛋。对啊！重力嘛！我们怎么没有想到呢？

后来凌晨两点的时候，大家都醒了。原因是大卫的睡袋着火了，火从离它最近的睡袋底部开始烧了起来，不过仅仅是没有火焰的闷烧，而大卫早在火烤到他脚上前就逃了出来。

还有件值得一提的小插曲，是发生在另一个部落里的。他们第二天下山后，就有个家伙收拾行李被遣送回家了。

故事很快就传开了。据说是一个年长的负责人抓到他在给另外一个营员口交。于是这位辛苦给别人吹箫的同学被无情地剔了出去，而那位纯粹享受的同学却逃过了惩罚。（可能有人提醒过他要抹掉那一脸的得意。）

有意思的是，那时我和其他很多人一样，压根没搞清楚口交是什么，我记得有一群男生整天都在推测那到底是怎么一回事。我得说，那不是件不证自明的事情。你会奇怪怎么会有人给它起这个名字，还能广为流传。当然，我仅仅是指这个叫法。

我还记得这两个男生的名字，但我不会告诉你们。现在想想，这件事只有其中一人受到惩罚是很不公平的，但当时也没人站出来质疑这个决定。显然，当时谁这么做了肯定会被认定为变态，为此断送自己的前程。

唉，我和那位被送回家的同学完全失去了联系。他转去了别的学校，去了不同的军团，我再也没见到过他，甚至是听到他的消息。我倒时常能碰见那个没受惩罚的家伙，从我们有限的交往来看，他人还不错，没有同性恋倾向。不过我记得很清楚，他说过要在某个安静的午后给他家的小狗手淫。

4

在高二结束后的暑假，我刚十五岁，有个国际童军大露营在加州圣安娜的欧文大农场举行。水牛城的童军理事会一反常态，制定出一个月的完美旅程：先坐私人专列穿越加拿大，然后沿太平洋海岸一路回来，在大农场参加为期一周的童子军大会野营，最后坐上之前那列火车穿过美国的心脏地带，回到水牛城。

我爸妈觉得这是个绝好的机会，而且整个套餐只要三百五十美元，连饭都包了。我的朋友拉里·利维也签字参加了，于是我们俩欢天喜地一起上路了。我们坐的是加拿大军团的火车，那些上下铺的床位倒也很舒适。出发的第一天我们就必须学唱《哦！加拿大》，接下来的数周，我们经常热情洋溢地唱起这首歌。

我们在班夫[1]放了一天假，有机会好好探索下贾斯珀国家公园。

1 Banff，阿尔伯塔省西南部的城镇，位于路易斯湖附近的落基山脉，是著名的冬季休假胜地。

拉里不晓得怎么会知道那儿有个超好的高尔夫球场，于是我们决定去那儿玩。结果地方是找到了，但我们玩不起。我们从球场老手那儿得知一个巧妙的骗术，于是想到了办法。我们只付了果岭费[1]，租了一套球杆，等离开第一发球区后就能自由地玩了。

关于那天我只记住了两样东西——在落基山麓展现完美绿色的球场，以及那梦魇般的比赛。拉里球技比我好一些，不过说真的也好不到哪儿去，整场比赛我们打得稀烂。我们一共买了两包三个装的高尔夫球，可到第六洞时其中五个已经被打飞了，我想上帝都很难找到它们在哪儿。我们轮流击打最后仅存的这个球，它居然在还有三洞的情况下坚持了下来（我们觉得打半轮就足够了）。能回到火车上真是太令人安慰了。

我们周五到了西雅图，某些当地的天才认为要让我们这帮犹太孩子到当地的犹太教堂参加安息日[2]活动。我们这七八个犹太人都觉得不需要这样的精神援助，但没人征求我们的意见，于是我们只好去了。

我提这件事，不是为了阐述如何忍受这冗长的活动，而是要说说之后我做的一件了不起的事情。这场圣会有个接待处，那天是个漂亮的姑娘值班。于是我对另一个人（很可能是拉里）宣布要上去自我介绍下。那个人就说了句类似“噢，那你去吧！”的话作为回答。

当时我穿着童军制服，看上去简直傻透了，但无形中有股力量让我大步穿过房间，把自己带到这样一个场景中：“你看上去是个我

---

1 即球道、草坪养护费，可以解释为球场允许选手使用该球场而收取的费用。

2 安息日是一个星期的第七天，是休息日。犹太人的安息日是从每个星期五的太阳落山开始，到次日的同一时刻截止。在这一天，犹太人不允许做任何工作，专心休息和学习经文。

想要认识的姑娘。”我说，接着我们就开始聊了起来，当我再次回到火车上，皮夹里已经装了一张写有她名字和地址的纸片了。

卡伦·霍赫菲尔德。

我从水牛城给她写信，她也给我回了信，就这样我们通信了一两年。我记得很清楚，她爸爸是个医生，而她打高尔夫球很厉害。后来其中一个人没有回某一封信，我们就失去了联系。

我不知道她现在过得怎么样了。这么多年来，一点她的踪影也没有，即便如今都是谷歌时代了。女士的名字会在结婚后改为夫姓，所以要找到她更难了。她应该比我小一到两岁，所以应该是1939或者1940年出生的。

如果你看到这个，卡伦，我很想收到你的消息……

我当时可真年轻气盛啊，“你看上去是个我想要认识的姑娘”。真不知道这自信是打哪儿来的，肯定不是来自制服的魅力。不管是怎么引起的，反正之前我从来没这样过。

当然之后也没有过。

我们沿着海岸一路南下，看到了红杉树，在橘子郡扎起帐篷。拉里很享受这次露营活动，因为他结识了一帮波多黎各小分队的队员。他之前在学校一直学西班牙语，现在派上用场了。

这让我产生了深深的敬佩之情。在贝内特你可以选择上语言专业或者是理科专业，我之前毫无理由地选了理科。虽然我学过两年的拉丁语，并打算要坚持学下去，可秋天开学时我就得开始学化学，再过一年就要整天和物理打交道了。

于是回家后我就改变了主意。我要换成语言专业，要开始学习西班牙语，同时继续拉丁语的第三年。我可不要学什么物理化学。

有这两年的拉丁语经验铺路，西班牙语对我来说很容易。高中毕业时我就学了两年的西班牙语，我本打算继续学下去，但是没有机会了。在我上安蒂奥克大学前一年，他们的西班牙语教授任期到了，他离开了学校，安蒂奥克就没有西班牙语课了。

这次露营活动中，除了大肆操练西班牙语外，我们绝大多数时间都在交换礼物。从全国各地，甚至是世界各地来的孩子都带了当地的特色垃圾来交换别人的垃圾。有的孩子为了留个纪念还相互交换了制服，结果开会时都没衣服穿。有一枚很特别的肩章，大家都非常想要，具体原因我已经记不得了，或者说当时我就没能理解。我成功交换到一根赶牲口的鞭子，我觉得这下能换到那个肩章了，但却失败了。如今很难想象那是怎样一枚肩章，能让一个正常人为它而放弃一根赶牲口的鞭子，不过这是后话了。后来我把这鞭子带回了家，别问我最后它怎么样了。它消失了，不过就算是那个肩章，结局很可能也一样。

露营期间我做的真正蠢事是给墨里·戴维斯的女朋友写了一张明信片。

墨里和拉里·利维还有我都在第七军团，他住在肯莫尔，有个交往好几年的固定女友，叫莱斯利，而且也姓戴维斯，他们彼此为对方着迷。出于某些原因，我觉得在明信片上写上“我知道你还在和别的男生鬼混，我要气疯了”这样的话并署上墨里的名字寄给莱斯利，一定会很好玩。

我真不明白当时怎么会觉得这是个好主意的。

我把明信片写好，贴上邮票，扔进了信箱。然后就把这事儿给忘了。

一周后露营结束了，我们整理好行李就上了火车，很快就到了水牛城。让我印象最深的是途径堪萨斯州时，透过窗户能看到一轮硕大的橘红色圆月挂在地平线上方。几年后我曾想写一首诗来描述那天的月亮，“孤寂的潮汐在晶莹的大地上静静流淌”。看来我之后写大众小说是个明智的选择，那些绝望的潮水都能派上很好的用场了。

到家后我告诉爸妈我打算学西班牙语，他们认为这主意不错。于是我开始整理行李，把所有的东西都扔进了洗衣机，除了那根鞭子，我实在不知道该把它放哪儿。

之后的某个傍晚，基恩 · 戴维斯——墨里的父亲来到我家。他怒气冲天，要和我爸妈谈谈。我确信他还想和我谈谈，但他没这个机会。因为我被请上了楼，要求关好门待在自己房间里。

他在楼下滔滔不绝了有个把小时。我怎么打发这段时间呢？我像个无头苍蝇一样抓了本书来读，尽量不去想楼下的事情。

最后他走了，老妈走到我房间里。“那是戴维斯先生，”她说得有点多余，“墨里的父亲。他给我们看了一张很恶心的明信片，有人以墨里 · 戴维斯的名义寄给了莱斯利 · 戴维斯。他很生气，因为邮递员以及邮局里的人都能看到。”

“噢。”我说。

“他很肯定是你写的。我们看了明信片，告诉他这不可能，因为那不是你的笔迹，况且我们知道你永远不会做这种事。”

“噢。”我说。

“他显然不相信我们，”她说，“但也没办法，只好回家了。我真的无法理解你怎么会如此愚蠢，居然在明信片上写那玩意儿。你当时在想什么？”

问得好。我没有回答，反正她也没指望我给出回答。之后我们就再也没提及这件事，于是我们家的客厅里又多了一头大象，接着缓慢移出我们的视线，躲到车库的某个小角落里和我那可怜的破自行车做伴。

5

在小说里，事情发生前总会有前奏，重大事件的发生绝不会是偶然的。一件事情的发生总是因为另一件事情，接着大事就来了。

不知道这个世界是不是在这么运作着。但在我看来，有时事情确实发生得很突然。可能是有股潜在的力量正在集聚，就像地震会引起火山爆发，只是没有精密的仪表来测算这样的能量。

那么这件事的前奏也太长，太戏剧化了点：即，在 1953 年的春天，也就是我十五岁生日的几个月前，我把自行车拿出了车库，从车道推上了人行道，一个小时后我就会骑了。

我对这事一点思想准备也没有。当时我在车库无意间看到了这辆车，突然有冲动想骑一下，于是费了好大的劲儿把垃圾搬开，清理出一条道才把它推了出来。恰恰是这么做了，我才能在收到这份礼物五年后学会了使用它。

说到底，上帝就是个至高无上的讽刺家。我一直期盼着哪天能学会骑车，但真到会骑的那一天，生活也没什么太大的改变。当时我在贝内特上高二，没人骑车去学校。有些人会走到赫特尔大道然后坐 23 路电车直接到校门口下车。也有人走会到迪克 · 莱德曼家，和他一起坐他爸新买的凯迪拉克上学。（那永远是辆新的凯迪拉克，因为伊斯雷尔 · 莱德曼每年都会换辆车。他喜欢车，这没什么好指责的。）

放学后，大家都步行回家。

或者，也有小部分人开车回家。我都快十五岁了，我的同学基本都比我大一岁，所以那些过完十六岁生日的同学就已经开上他们老爸的车了。而班上的女生都在和比她们大一两岁的男生约会，所以她们上哪儿都是坐车的。

而我，才刚学会了自行车。

令人费解的是，之前我压根没去想这事，而事后居然也没去多想。如今我毫不费力完成的事，其实几年前也能易如反掌地完成，这想法怎能不让人备受打击呢？你觉得我会像电视里那些骑车的人一样，拍着自己的脑门说“哇，我本可以喝点 V8 的！[1]”，对吗？

是啊，我几年前本就可以学会了，在骑车能改变我生活的时候学会。确实，如今这车对我而言不会太大了，甚至可以说还小了一点，当平衡出现问题时我只要伸脚踩在路面上，支撑住人和车就行。确实，我更高更强，而且不再那么笨手笨脚了。但是，两年前这事会有多难呢？那么三年？或者四年呢？

见鬼，我现在开始思索这个问题了。很奇怪，我那时怎么没想到呢？

这辆自行车，准确地说是骑车这项技能给我带来了人生中第一份工作。一直以来，我都是个有进取心的孩子，会时常去敲邻居家的门，问问他们有没有当季的杂事要我帮忙做的。我铲过车道上的积雪，耙过落叶，割过杂草，还拉个小推车到处回收啤酒瓶和汽水瓶，同时付一半的回收费给他们。（我相信，如果我分文不付，直接把这些瓶瓶罐罐拖走的话，邻居们也不会有意见。但当我给钱时，也没人叫我把钱自己留着。）

突然想到一件有趣的事。我还记得一个姜汁汽水瓶，如果真能找到一家店愿意回收的话，能值上五美分。这件事让我明白的道理，远远比我付出去的 2.5 美分值钱得多。我后来不止一次地意识到，

1　当时很流行的一则广告词，V8 是一种提取自蔬菜的天然健康饮料。

任何东西都没有你想象的那么容易赚钱。

如今我有自行车做伴，小推车就被放进车库光荣退休了。而且，我立马有了一份工作 ：为福勒刷子专营店分发产品目录单。

老板是斯皮尔先生，他是来自欧洲的难民，现在靠着挨家挨户卖刷子来实现他伟大的美国梦。我替他打工时，他的店在我家北面几英里的托纳万达，走路需要花上点儿时间，但如今有了自行车，一个崭新的世界就此展现在我眼前。

我可以骑车到托纳万达，在某个事先约好的十字路口和皮尔斯先生见面，他会给我一叠产品目录单，并告诉我去哪儿敲哪家的门。我去的时候会走街的一边，回来走另一边，按响每家的门铃，然后给应门的主妇发一张目录单。我的老板则会过几天去拜访她们，收回传单，送她们每人一件小礼物。

几乎每个人都会接受这传单。没人摔门，没人叫我滚，但也没遇上风情万种的少妇。几年后我在某本小说里描写这么个场景 ：一个年轻小伙挨家挨户推销假的白蚁探测器。而在我的小说里，男士们总有各种不同寻常的艳遇。让我苦恼的是，这等好事从没发生在我身上过。

我不确定是否应该干得久些，因为我只给皮尔斯先生打了一星期工。

这真算不上是一份真正的工作。我每发出一张目录单只能得到两美分，而只有当别人收下它才算是发掉。我会把门牌号记下来，这意味着两美分的进账。第二天和皮尔斯先生碰面时他会按记录把数字再加一加，保证和之前给我的数量相符才给钱，另外还会再给我一摞单子。

第一次去发的时候为了少走几步路，我试着按自己的想法在街的两边前后跑着，但我的老板不喜欢那样，他希望我按顺序一家家走访，以便他后续发礼物时能走街的一边去，再走另一边回来。于是从那以后我也这么做了。

这无疑是个枯燥乏味的工作，但是不难做。问题在于我压根赚不到什么钱。他给我三十或者三十五份目录，就算我全部发完也只能赚个六七十美分，为这几个钱我还得沿着街道两边挨家兜售呢。

如今一下午只赚六十美分真的太少，但是让我告诉你——就算在当时这些钱也不算多。见鬼，我回收汽水瓶都比这个赚得多。

况且，要是碰上下雨，这天就泡汤了。有一次，我出发时天气还好好的，可到了托纳万达就下起了雨，所以我大老远骑车到那儿又只好原路回家。我没打算在雨中坚持工作，当然也就没赚到那六十美分。

所以这种差事做一星期就够了。

那年秋天我得到了一份真正意义上的工作，拿的是当时最低工资——每小时七十美分，而小孩能找到这么份兼职真算不错了。我是去帕克药房上班，那是我爸的一个熟人佩尔斯坦先生开的。我在店中理货打杂，如果有客人要求送处方药到家，我就会跳上自行车去送。有时，送药上门就意味着小费。但你也会惊讶地发现，你多半是收不到小费的。即便有，通常就是五分或者一角。有次一位先生给了我二十五美分，我到现在还记得。

通常情况下我会把赚来的小费拿去买糖吃，而不会在烟上浪费一分钱。我是个十足的烟鬼，两年前就开始在烟灰缸里寻找爸妈吸过的烟屁股。但是和其他在药房干活的孩子们一样，我会在店里偷点烟抽。店里有的牌子我几乎都偷过，有些你甚至连名字都没听过。什么弗吉尼亚圆舞，荷兰飞机师。幽灵幻影，比波迈[1]长 1.5 倍，在

---

1 Pall Mall，英国香烟，中国官方译为“长红”，英美烟草旗下品牌。

烟嘴处还有玻璃纸包装。还有什么穆拉德，海尔玛，皮埃蒙特，有人会买这些玩意儿吗？店里进这些烟就是专门给打工的孩子偷的吗？

每天放学后以及周六早上我都会去那儿工作，每周能赚上十到十二美元。如果我不会骑车，那就找不到这份工作了。

这辆橙黑相间的施文在被我推出车库时又锈又脏，而且太小了，但如今它变成了一辆完全不同的自行车。不知从何时起，在我给皮尔先生送传单以及给佩尔斯坦先生送药时，它变异成了另外一样东西，刹车和齿轮灵活如新。我骑着这辆车在水牛城的北部穿梭，遵守交通规则，等待红灯变绿，甚至暗暗示意自己要左转还是右转。你肯定会认为我这是在驾驶着雪佛莱呢。

我依旧没能遇上那些会衣衫不整地来应门并朝我媚笑的妖娆主妇，却渐渐发现这份工作并不那么单纯。我不是个观察入微的孩子，但有些东西很难视而不见。

就像那天，药房的药剂师兼经理——鲍勃在电话里接到个处方单后，就叫我去药架上拿瓶西帕科耳，一种非处方咳嗽药水。我拿给他后，他浸湿并揭掉上面的标签，打出一张处方标签贴了上去，并把价格从六十九美分提到十点几美元，还叫我骑车送过去。

这真叫人大开眼界，我在那儿上班的第一个月里时刻都在增长见识。特别是每次寄出的信件中，总有八到十个小信封是给那几个本区医生的。连我都知道这是怎么回事了。

6

到了高三的时候，我渐渐意识到自己想当个作家。一直以来我想过要做各式各样的职业，但从没对任何一个真正上心。在四五岁的时候，我立志要做名清洁工，但妈妈说他们的手会因干裂而变得粗糙不堪，于是我放弃了这个念头。后来我又想当一名兽医，大概是我喜欢动物的缘故吧。爸爸希望我能做个内科医生，他觉得这样不但能很好地养活自己，还能为社会做有意义的贡献。我觉得这个主意不错，但从来没往这个方向努力过。之前有段时间我对法律产生了兴趣，并且还很有那方面的头脑。但我爸就是个律师，他对自己的职业深感厌恶，因此多年来他很少接案子，并一直试图劝阻我涉足这个领域。

高三开学没多久，一次作业让我在继清洁工之后把写作列入了职业考虑范围之内。我写得挺带劲，语调轻快，结尾还来个呼应作为总结。但很快我就发现自己根本无法成为一个作家。

因为在文章的最后，梅 · 杰普森老师批注说：我不觉得是这样。

大局已定。在看到这个评价之前，我从来没想过要做什么作家。我只是有些粗略的想法，因为那时候我已经开始读大人看的小说了（一般人不愿意叫它们成人小说，因为这意味着另外一些东西），我穿梭于那些美国现实主义巨人们之间——斯坦贝克，海明威，詹姆斯 · T. 法雷尔，托马斯 · 沃尔夫等等。我很喜欢看这些书籍，并且深深地钦佩那些能写出这些书的人，但从没想过也要成为他们那样。

当我有了这个念头后，就再也没对其他的事情感兴趣过。

我乐此不疲地写英语老师布置的作文，并在其中卖弄文笔。我还写诗，并拿给杰普森老师老师看，接着沉浸在她的表扬中。（那次路过堪萨斯州看到的月亮并不在这些诗里，关于那些绝望的潮汐，我是在安蒂奥克念大二的时候写的。）

每当有人问起我以后打算做什么，我总是告诉他们我要当个作家。“哦，那你能做个记者。”他们说。“哦，那你能为报纸写报道了。”

不。我是说，我要当个作家！

6月，我并没有像如今的孩子那样去读什么写作培训班，而是登上了一辆灰狗长途巴士，四十八小时后在南佛罗里达州下了车，准确地说是在达尼亚下的车。马歇尔医生到那儿接我去了青年小舍。

马歇尔 · A. 马歇尔医生是个了不起的男人，原名叫马歇尔 · 古宾斯基。我刚加入第七军团时他就是团长，直到我这次踏上巴士前的两年，他和妻子去了佛罗里达州。他原本是个擅长修补蛀牙的牙医，但他爱上了佛罗里达并且热切地要搬去那儿住。但是美国的牙医职业协会建立了很严格的规定来保护当地的牙医免受外来者的冲击，于是我们的马歇尔医生就无法重操旧业了。

所以他买下了几块地，决心自己为孩子建造一个营地。他设计了构造图，然后他的妻子艾达，他的孩子伯尼和迈克帮他一起把混凝土砌砖变成了可用的宿舍。

他之前从没干过建筑类的活儿，但他始终热爱尝试新鲜事物，热衷于研究怎样搞定它们。作为童子军的他表现平平，但后来被任命为团长，他便决心要做个好榜样。经过一段艰苦的过程他把必须拿的奖章都拿下了，成为了一名雄鹰童军。如果你能全身心地投入其中，那么我想在这个过程中你能学到的东西应该比四年大学还要多。我们的这位医生对每一项任务都付诸新手般的热情，以及专业人士的精准。他不想过于卖弄，就没去争取那第二十一枚勋章，但他从来没有停止过尝试新鲜事物的脚步。

我到那里是去做他的营地顾问的。同时还有个女顾问，她是个拥有奥运梦想的游泳运动员，比我大一岁，当我们带孩子们去游泳时就由她负责。营地里的活儿并不难，只是给那些迫不及待摆脱孩子的父母们做一夏天保姆罢了，他们这么做不无理由。相较之下，要容忍那帮被宠坏了的、无可救药又爱抱怨的讨厌鬼们真是太难了。

我都忘了自己每天是怎么逗乐他们的，日子一天天过去也没人说要回家，所以我想事情进展得还算顺利。（这可真算得上是体恤他们父母的感受了，同样，这也不无理由。）对我来说，真正的一天是从这些讨人嫌的小鬼们睡着后开始的。

我和医生及他的妻子围坐在厨房的桌边，边抽烟边交谈。他们的爱尔兰塞特犬库珀通常都会加入我们。库珀是我见过的最聪明也是最乖的狗，因此我对这个品种的狗一直评价很高。（几年后，我自己也养了一条，名字叫玛克辛，但你这么叫她的话，她从不搭理你，事实上她不搭理任何事情。她和牡蛎一样沉默，比飓风还难管教。）我们一直抽烟聊天，聊天抽烟。我都不记得我们谈论些什么，但这重要吗？我感觉棒极了，如同在天堂。

那是个完美的暑假。一天假期，我坐上巴士去迈阿密看了场《飘》。在回营地的巴士上，司机温柔地训斥我坐了后面的位置，他说那是给有色人种坐的。我猜这里应该还有很多无知的美国人被他这么训斥过吧。

数年后，我听说或者读到有个家伙遇到了和我类似的情况。被司机告诫后，他低下头轻声嘀咕说他父亲是个白人。司机没理会他。等到这家伙下车时，他对司机大声说道："哦，我忘了告诉你，我母亲也是白人！"

我那时压根就没想到这点，不过就算想到也不会去做。我只是默默地换了个座位。

那次营中没有徒步项目。我想这些小家伙们在家里走的最远距离都不会超过从电视机到饭桌。而佛罗里达的夏天又太热，让人连走这点路的冲动都没有了。我都不用工作得满头大汗，光站在那里就能大汗淋漓。在营地待的六周或者八周时间里，我瘦了二十磅不止。

我一直都是个胖墩，虽然不至于像如今一些肥胖症患者那样，但服装店里的售货员都爱叫我哈士奇。我认为自己生来就这般强壮结实，也就没去过多地在意。但那次爸妈和妹妹开车接我回家时（灰狗公司没有回程的巴士，感谢上帝！），奇迹出现了，我不再是条小哈士奇了。

我们四个在迈阿密沙滩旅馆住上了一个星期才回家。接着我开始了在贝内特学习的最后一年，并且换了一家药店做兼职。

回到水牛城后我曾试着和医生还有艾达联系。很奇怪，我至今还记得邮寄地址是佛罗里达州好莱坞 507 信箱。我寄出好几封信都没有收到回复，我想他们可能是太忙了。

但之后我又收到一次他们的来信，那是封为他们的青年小舍（如果这是个差劲的夏令营名字的话，那么做餐馆的名字就更糟了）招揽家庭或者商务活动的套用信函。他们把我列为邮寄客户，这点让我很生气。

几年后，水牛城晚间新闻里出现了一则讣告，艾达因肺癌去世了，那时她应该还没到五十岁。我想写封信过去，之前遇到这样的情况我也总想写点什么，但总抽不出时间来做，这次也一样。

在我离开青年小舍的二十一年后，我去找医生并且还找到了他。那时我离开了纽约，和一个姑娘搬进了水牛城的一间公寓，几天后她一回过神来就把我赶出了公寓。我发现自己的所有家当都在那辆不靠谱的福特旅行车里，于是我决定毫无目的地开着它到处晃晃，并好奇自己最终会到哪儿。

H. L. 门肯[1]不知在哪儿说过，上帝曾从缅因州一把抓起美国，因此好多东西都掉落在了佛罗里达南部，于是那边总是很混乱。我

1 H. L. Menken（1880—1956），美国著名报人、评论家与语言学家。

当时就是这么个混乱的状态，所以要去疯子该去的地方，只是我花了四五个月才到那儿，路过达尼亚时我想到了医生。

所以我就去找他，居然还很神奇地找到了。我到了他的牙科诊所（显然，你只要在佛罗里达住得够久，他们就会允许你再当个牙医），一位女士告诉我医生因病退休了。我得知了他的住所并前去找他。

他得了肺气肿，走到哪里都要带好氧气管。他认得我，并且很清楚地记得我，就像我记得他那样。他开始回忆起我们认识后的日子，在艾达去世后他结了两次婚，但每次都比上一个要差劲；他重操旧业做了牙医；他还谈到了自己的孩子，具体内容我不太记得了。

他还告诉我之前在水牛城的贝丝锡安干活儿是何等的痛苦，因为他们不要一个来自东方世界的男生来领导童子军团，比如马修·古宾斯基这样的俄籍犹太人。而他和我们中间的几个家长相处得不太好，当然不会是我的父母，他对我爸妈总是赞不绝口，但其他一些家长就未必了。

他还谈论到自己的病情。他没说起这病会要了他的命，但他真的不用说。“你知道，”他说，“你在牙科诊所工作总会接触到不少化学品，你会连续地吸入很多化学气体。我想这病就是这么得的。”说完，他就拿起氧气管猛吸了一口。“尽管也有人能幸免于难。”

嗯，你们觉得呢？

不得不说这真让人痛心啊。之前遇到这样的情况我铁定会一出门就点上烟猛抽，但那会儿我已经戒烟一年多了。所以我离开后去喝了一杯，总得找地方排解一下吧。

开学后帕克药店还想要我继续给他们打工，但是我拒绝了，因为我实在不喜欢那个药剂师鲍勃，而且靠老爸安排工作总感觉很不自在。所以我去了北公园和赫特尔交接处的天天药店，它离我家的距离和帕克药店一样，只是在另一头。我听说他们的送药工上大学去了，于是就申请上那儿干了。

每小时的工钱是七十五美分，比在帕克药店多出五美分。虽然这五分不足为道，但我还是很快就散布给朋友们。“……而且，”我说，“我会比之前每小时多赚五分钱。”

我的老板名叫弗兰克·斯坦，给他工作的男生都叫他弗兰克·N.斯坦，虽然他没有任何的研究或者建树。他和妻子都身材矮小敦实，他俩是这家小店的全部员工，当然每年都会有个高中生为他们打工。给弗兰克工作我得频繁地使用一辆自行车，因为我不但要去送药，更多的时候我还得先补仓。

这家店就像墙上的洞那么大，库存很有限。弗兰克经常接到电话要些他店里没有的药，“当然，我们有。”他总那么回答，接着就打电话给周边的药店看看哪家真的有卖这种药，然后指派我去那儿买回来，贴上自己店的标签后再叫我送去。

我还要卖香烟。那是为了招揽顾客而亏本出售的东西，所以这项生意我们做得很大。我现在还记得，一条普通装的烟比如骆驼、好彩还有流金岁月都卖 1.93 美元，而一条加长版的要卖到 1.95 美元。(这多出来的两美分我当时并没在意，但现在想想有些事真不可思议。我们的波迈价格只比好彩高五美分，那批发商卖给我们的两个价格之间又能相差多少呢？)

我们的烟大多就是卖给前来买烟的顾客，他们并不买别的东西，当然我也会偷点，虽然店里可供选择的品种不多。我不负责卖避孕套，如果需要就去后面的处方柜台，有次一个家伙在收银台前流露出一种难以名状的表情，我就立即指了指后面。不过我还是偷了一个避孕套，只是它一直待在我的皮夹里没开封。包装上写着它的唯一目的是防止性病传染，我想说这对我还真是管用呢。

高中快毕业时，我把一个朋友——赛米·雅各布森介绍给了弗兰克，赛米比我小一届并且很乐意接受这份工作。我带着最后一包免费的烟离开了药店，并且很快就从贝内特毕业了。值得一提的是，高中最后一年我还在班里担任过一官半职呢。

那不是什么重要的职位，竞争也是唯一一个不那么激烈的。这个职位就是“班级诗人”，不过也确实要通过竞赛才能得到。你必须提交一首诗上去，然后由三名英语老师组成的专家评审团会阅读这些隐去姓名的诗篇。我上交了两篇，一篇是无韵诗[1]（“距第一次踏进这个家已有四年……”），还有一篇是印象派的自由诗体，这得归功于那些二十世纪初美国意象派诗人对我的影响，例如我非常敬仰的阿尔弗雷德·克瑞姆伯格（Alfred Kreymborg）。

最终那篇无韵诗胜出，印上了学校的年鉴。我可能还当众上台朗读过，也可能没有，我不记得了。

“大家都认为那篇自由诗排名第二，”杰普森老师透露说，“当然，我一看就知道这两篇都是你写的。”

毕业的那天晚上我人生中第一次醉酒。我跌跌撞撞到了家躺上床，当感到床开始旋转时，我爬到床沿吐了起来。接着就失去了知觉，酣然入睡。第二天老妈说希望我从这件事上吸取些教训。

是啊，说得对。

那年暑假我在雷克兰营里担任实习顾问，在那里我很少走动，更别说是跑步了，不过我却见识到了今生难忘的人和事。其中有名营员叫巴瑞，他已经超出了入营年龄，但是出于对他的帮助和照顾，大家还是把他招了进来。起先我猜他只是有些神经错乱，但在得知

1　又称为素体诗，通常每行有五个重读音节。

他的故事后便觉得他真令人揪心。他的家人都是欧洲难民，之前为了躲避德国人逃到了集中营外的树林里，靠着树根和野果为生，他们中的大部分人居然奇迹般地活了下来，并代代讲述这悲惨的故事。

巴瑞如野狼一般难以管教，时不时要从营里逃到周边马路上玩消失，我猜他是回到水牛城里了。这事已经够有意思的了，但更有意思的是他喜欢漫无目的地一路疯跑。他人高大精瘦，看上去远远不止十五岁，能他妈的连续跑上好几个小时，渴了就扯片树叶下来嚼嚼然后吐掉，接着穿梭在沿途的各种风景之间。

这是我见过的最离奇的事情。

要是迫不得已，我想我也能依靠树根和野果生活，童子军团的经验使我能够辨认出哪些野生植物可以食用。所以真要那样的话，我至少也能活上一段时间。

但是跑步？免了吧，除非危在旦夕我才会这么做。

露营结束后我回了家，几周后老爸开车送我去了俄亥俄州的黄温泉市，开始了在安蒂奥克的大学生活。

7

我只申请了两所大学——康奈尔和安蒂奥克。我爸妈都上的康奈尔，在那儿来自纽约市的阿瑟·布洛克和来自水牛城的丽诺尔·内森相遇并结婚了。不但如此，我的两个舅舅——海·内森和杰瑞·内森也在那里上的大学。以前我就去那里看过橄榄球赛，并且能记住所有校园歌曲的歌词。（我现在还记得呢，那些东西越小的时候学会越难忘记。）

按常理来说我应该上康奈尔，我想上的专业那儿都有，甚至还有兽医学呢，就算我儿时的雄心回转也有地方可去。而且我所有的亲戚都能帮我引荐进去，但我却不想得到任何人的帮助。我有好成绩，也有好脑袋。我要做的就是寄出我的申请书并且为未来四年在伊萨卡的生活做好准备。

在那卡尤加湖之上
伴随着蓝色的波浪
屹立着我们的母校
眺望那壮丽的景色
高歌前行
再创辉煌
向妳致敬，我们的母校
向所有人致敬
康奈尔万岁

但是后来我去了安蒂奥克大学，他们只有一首非官方的校园歌曲：

A 是亲爱的老安蒂奥克的 A
N 是亲爱的老安蒂奥克的 N
T 是亲爱的老安蒂奥克的 T
I 是亲爱的老安蒂奥克的 I
……

好吧，被你看出来了。

我从没听说过安蒂奥克，不过那时候我除了几所派出橄榄球队的院校以外什么大学都没听说过。我父母是从鲁思和吉米·吉特利茨那儿听来的，吉米是宾汉姆顿的律师，也是我爸在康奈尔大学最好的朋友。而吉特利茨一家知道安蒂奥克是因为他们朋友（好像是姓辛格）的儿子去了那儿而且赞不绝口。另外一个来自宾汉姆顿的犹太男生罗德·赛林也这么认为，他后来自编自演了电视剧《暮光之区》[1]。

安蒂奥克一个与众不同的地方是他们有一项边学习边工作的项目，这么做的目的不是为了要让学生挣钱，况且事实上项目结束后学生们口袋里的钱不会比一开始多多少。这个项目是为了给在校生提供所选专业的有效实践，并为将来的职业选择提供可参考的帮助。学生们有半年时间在学校给他们安排的地方工作，还有半年时间在校内学习。(大一新生除外，他们整个一年都得在校园里度过，况且他们中大部分人也愿意这么做。)

安蒂奥克另一个重要的特色是不墨守成规，这点是我进了校园之后才体会到的。也许正是因为这个，我父母才觉得我待在那里会很快乐。他们一直很赞成这种边学习边工作的项目，同时也认为我在那里能真正地融入校园，就像在家中一般自在。

两所学校都很快接受了我的申请。由于我爸收入不高，我确定我们能申请到某种经济补助，但老爸不愿意填那些表格，所以我们连奖学金也没申请。我之前参加了纽约州的摄政考试[2]，成绩足以申请到纽约州内任何一所学校的每年六百美元学费奖金，另外我的成绩排名非常靠前，在康奈尔大学每年还能有额外的两百美元特别奖学金。

---

1 *The Twilight Zone*，美国 1959 年 CBS 的电视剧，共五季，讲述超自然、幻想、反乌托邦或者离奇的事件。

2 高中学业水平测试在纽约州称为摄政考试 (Regents exam)，通过摄政考试以获得高中文凭，并为高校选拔人才提供参考，相当于毕业会考。

一年八百美元足够了。而安蒂奥克可不是什么便宜的学校，一年吃住加学费总共一千四百美元。所以让我去上安蒂奥克，我爸妈肯定是大出血了。[1] 其实真要我去上康奈尔的话，我也会欣然接受的，只是这样的讨论从来没发生过。“你更想去安蒂奥克，对吗？”嗯，呃，我想是的。“那你就上那儿去，这是你正确的选择。”

现在我写安蒂奥克感觉很有意思，因为最近的新闻都在谈论这所学校。大学董事会决定其封校四年，原因是他们收到的入学申请表太少以至于学校无法正常运作。但是关闭四年就能增加申请表的数量吗？也没人能给出任何解释，看来这所老牌大学要就此关门大吉了。

我觉得父母当时是对的，安蒂奥克的确是适合我去的地方，但我有时也会琢磨着要是当初选了康奈尔，我的人生将会如何。（我必须说明，这样的想法和两所学校毫无关系，而是我当时的状态和情绪作祟。就比如说，几年前我到埃弗里 · 费舍尔音乐厅欣赏纽约交响乐团的表演。从我的位置能很好地看到法国圆号的主要演奏者——菲利普 · 迈尔斯，于是就开始幻想起来：要是当初学了法国圆号，那我如今的生活将会多么不一样啊。）

大学生活的第一年我都在黄温泉市，接下来的三年则在安蒂奥克。大一的暑假我去了纽约市并在松树出版社的邮件收发室里待了三个月。当时我和别人在格林尼治村的巴罗街上合租了一间公寓，离我现在的住所五分钟路都不到。接着我回去上大二，寒假里老爸给我找了个伊利郡审计处的工作，他这么做的初衷是我能住在家里省点钱。但我才没想那么多，还是会在周末的时候去纽约。春天我

1　康奈尔大学在纽约州，而安蒂奥克大学在俄亥俄州，因此不能享受上文提到的奖学金待遇。

回到学校开始了大二的第二学期，并在学期末再次拒绝了学校提供的工作，到鳕鱼角的一家餐厅干了几天后又跑去了纽约。幸运的是，我在那儿的司各特 · 梅瑞狄斯文学代理公司（Scott Meredith literary agency）应聘成功，当上了一名编辑。

对于一个想当作家的人来说，这可是个绝佳的机会，于是我为了这份工作而休学了一年。我之前就在犯罪小说杂志上登过一则故事，而在那儿工作的一年时间里我又写了很多故事，并把它们成功地卖了出去；更值得一提的是，我学会了很多写作技巧并且了解了一个作家是怎么养活自己的。

一年足矣，我辞去了编辑的职位，改做了他们的客户，并回到安蒂奥克上大三。但历经世事后，校园对我而言太过平淡了。之前我机缘巧合地认识了一位平装书出版商，他说可以把我写的小说卖给他，这么一来，要分配精力给十八世纪文学鉴赏课就有点吃力了。

喝酒和抽烟或许也是无法认真上课的原因之一。

一两个月后我又打算休学，但在爸妈的精神胁迫下又撤销了休学计划。接下来的一整个学年我都乖乖待在黄温泉市，安心做着校报的小编辑。1959 年也就是大三那年的暑假我去纽约继续工作，这回是安心写书。当时我住在西 47 街的里奥酒店，就在那儿我收到了一封学生人事委员会的信，他们声称我要是去别的地方可能会更自在些。说白了这是封还有转圈余地的开除劝退信，有几句话让我觉得挺丢脸的，但字里行间找不出任何可争辩的地方。我完全同意他们的看法，我确实去别处更开心，而且也已经这么体验过了。

安蒂奥克是很多活动的乐土，但却与体育运动绝缘。他们不参加任何大学间的橄榄球或者其他项目的比赛，因此也就鲜有机会唱那首“A 是亲爱的老安蒂奥克的 A”的歌。大一时我们宿舍和另一个宿舍组队玩了场两人标签橄榄球[1]赛，之后也时不时地比比橄榄球或者篮球。

每年春天学校都会组织啤酒棒球赛。投手要先喝一杯啤酒再掷球，击球手要先喝一杯啤酒再跑到一垒，内野手也要先喝一杯啤酒再把球传回一垒，依此类推。我想很多学校都有过类似的比赛，只是很少有能过第一轮的。我们学校就没过。

我的母校有一本强大的校友名册，注册入学的近千名学生信息都在上面。我们中的很多人后来都成了公共服务业和艺术行业的佼佼者，多年来获得伍德罗 · 威尔逊奖的学生层出不穷。但据我所知，安蒂奥克目前还没诞生过一名奥运健将，这也不足为奇。

安蒂奥克在一个小镇上，校园也不大，我每天从一个地方走到另一个地方最多花个十到十五分钟。但是当我回去读大四时，我还是买了辆车。那是辆 1950 年产的深蓝色雪佛莱兰斜背双门小轿车，它很多地方都不太好使，但我依旧钟情于它，把它命名为帕梅拉。这个名字的灵感来源于塞缪尔 · 理查德森[2]的一本书信体小说，那是我们十八世纪文学鉴赏课的必读书目，虽然我从没好好读过，但用它来命名我的爱车也算是种弥补吧。

如果想要在安蒂奥克毕业，每个学期你都要完成一定量的体育锻炼，不过没有考试，甚至连及格和不及格之分都没有，你只要按规定参加锻炼就行。我记得第一学期的初级课程是把大家都拉到体育馆里去上的，我肯定是去了很多次才混了个脸熟。

第二学期你就能选自己感兴趣的课程上了。我大一的宿舍管理

1　一种无接触式橄榄球，以摘下对手短裤上的魔术贴为抱截。

2　Samuel Richardson（1689—1761），英国小说家，英国文学史上第一个采用书信体第一人称这种叙述形式的作家。《帕梅拉》为他 1740 年出版的作品。

员保罗·格里洛建议我俩都去上高尔夫课。之前学校有过一块可以使用的高尔夫球场，但只要天气适宜，那里就会遍布着校园情侣，虽然我们仍叫它高尔夫球场，但真要想拿着杆子挥球，那就得去附近的齐尼亚了。

保罗和我就去了那里，我们像模像样地开球，接着猛击那个可怜的小球直到把它打进树林里。因为那边除了小松鼠外没人看得见我们，我们就能伸直了身子躺在地上抽会儿烟，互相交流下最近身边发生的趣闻轶事。等时间差不多了再走回更衣室，把租来的球杆还掉，接着坐公交回学校。

瞧瞧，这就是我在安蒂奥克大学所上的体育课。恐怕这既不能称之为体育，也谈不上是上课。为了毕业我得再上好几个学期这样的体育课，但最终很有可能发现自己和某些伟大的校友一样悲惨：完成了所有的书面课程，却忽略了应有的体育锻炼。那些可怜虫们只能再回去补上一学期，而且这一学期全是体育课！我的结局也很可能是这样，但在学校决定开除我的那一刻起，我幸免于难了。

我在安蒂奥克上的文学和历史课都很有趣。我逃过不少其他的课程并且很多作业都敷衍了事，不过乐于参加有趣的活动。我在诺兰·米勒写作小组的经历帮助我成功得到了司各特·梅瑞狄斯的那份工作。

当然，我在校外学习到的东西远远比在校内多得多。我遇到了许多不同寻常的人，交了不少挚友，时不时地谈个恋爱，还偶尔滚下床单。我抽很多的卷烟，也喝很多的啤酒、葡萄酒和威士忌。嘿，不管你有什么酒我都能喝下去。

在 1959 年离开黄温泉市后的二十年里，我人生一大半的状态都是如此。其间我基本都住在纽约，我想好好了解这个城市，因此走了很多路。但我从来没试图要走得更快或更远些，我不会竞走，或者说那时候连竞走是什么都不知道。

天哪！我才不会去跑什么步呢。

第二部

PART 2

8

1977 年的春天，那时我住在布利克二楼靠后的一间出租公寓里，某天我沿着门口的沙利文街向北走了两个街区到了华盛顿广场公园，站在公园旁的人行道上面朝东方，接着开始跑起步来。

我逆时针绕着这个小小的公园跑着。说它非常小倒也不至于，周长大概有八分之五英里这么长。(也就是说有一公里长。但那时我对这个公制术语毫无概念，直到后来我开始参加以公里计算的比赛时，这个词才对我更有意义。)

我不是全程都在跑。而是一开始尽可能地快跑，等跑得喘不过气了就开始走，走到觉得体力恢复了又开始跑，到跑不动时再停下来走，如此往复。就这么绕着公园跑跑走走了五圈，我想应该也有三英里，于是走回家立马洗了个澡。

接下来的每天早上我都是这样。

我跑步时很混乱，我都不确定那能不能算跑步，也许应该用个那时比较流行的词——“慢跑”(jogging) 来形容。如今我就不会再用这个词了，因为“慢跑”对我而言就是屈尊俯就的平凡词汇。如果你说自己在慢跑，那说明这项任务很轻松，你坚持这么做只是为了保持身材。当然这是项非常好的日常锻炼，不但有助于减肥，而且如果那些人说的是真的，它还对你的心血管系统有神奇的作用呢。

但它不能算是一项运动，不是吗?

乔治 · 希恩是个内科医生，同时也是名出色的赛跑手兼作家。有次别人问他慢跑者和赛跑者之间的区别是什么，他回答道：一个比赛号码。

不管区别在哪里，我每天依然按照自己的方式去练习。这不像学自行车或者学走路，我不会摔倒。我跑累了就走，走得差不多了就跑。

直到有一天，我一口气跑完了这八分之五英里的一整圈。

接着不久之后，我一下子跑了三英里。整整五圈，三英里，没有停下来走路。

谁会想到我还能这样呢？

总之，没人会想到。

在过去的三十九年里，如果你看见我跑步，那肯定是在赶公交，而且结果很可能是没赶上。我生来就胖乎乎的，还老是上气不接下气。而当我开始瘦下来的时候，我已经抽了好几年的烟。

回想我七年级和八年级备战全市的跑步比赛时，我们第六十六公立学校的体育老师——乔根拿着秒表叫我们绕着操场跑一圈。在七十五码冲刺点他给我们计时，我虽然不是最慢的那个，但也好不到哪儿去。

（还记得杰克·多夫曼吗？那个著名的惠灵顿猛虎队队长，贝内特高中的四分卫和明星游击手？七年级和八年级时，杰克不费吹灰之力就赢了七十五码冲刺赛。他两年都进入了地区半决赛并且胜出，进入了全市决赛，但是同赛的三个黑人小孩轻而易举地从他身边飞奔了过去。）

高一的时候，我的朋友罗尼·贝尼斯告诉我他打算和另外一个家伙——罗恩·菲尔德曼参加越野队，当时我连越野是什么玩意儿都不晓得。“和我们一起去吧！”他对我说。接着他给我解释了越野是什么东西，而我觉得他肯定是疯了。跑步？还要翻山越岭？我去？开什么玩笑？

于是他俩在那年秋天和第二年春天结伴去越野了。几年后，我和罗恩·菲尔德曼再次见面时，他说他依然经常有规律地练习跑步。我有二十五年没和罗尼·贝尼斯联系过了，如今他住在佛罗里达州，因此我不知道他是否还在坚持跑步。

高中毕业后的第二十二年，我居然绕着华盛顿公园跑起了步。这他妈是怎么一回事？

1959 年我从安蒂奥克退了学。（“退学”这个词是英国人喜欢用的，念起来比“开除”好听多了。）接下来的十八年里，我忙着结婚，忙着生孩子，忙着写书，忙着搬家——搬回水牛城，又搬去威斯康星，接着还去了新泽西。毫不夸张地说，我是靠着喝酒结的婚，又是因为喝酒而离了婚。1973 年和第一任妻子离婚后，我搬进了西 58 街的一间单身公寓。一年后我开始着手写马修·斯卡德的系列探险小说，他住的酒店就在我那儿附近。这是何等的凑巧啊？

他在那间酒店的房间里住了二十年，但是我只在我的公寓里住了两年。我又搬回了水牛城，但依旧没能让自己安定下来，我觉得没有固定住所的生活比较适合我，根据的理论是移动着的目标更难击中。

我之前提到自己曾漫无目的地去了佛罗里达州和我之前的童子军团长重聚。我搜寻到马歇尔医生的下落应该是在 1975 年的 12 月，次年的 2 月我去了洛杉矶，在好莱坞的魔法酒店住了半年，并且最后的那个月我是和飞来看我的孩子们一起度过的。离开酒店后，我们挤进了一辆雪佛兰黑斑羚（之前的福特报废后我就买了这辆）一路开回了纽约，沿途的景色令人沉醉。

我本以为自己会再掉头开回佛罗里达，但后来却去南卡罗来纳州拜访了一位朋友，并在那里待了很长时间，直到把手头的一本书完成。那本书叫《别无选择的贼》，是关于窃贼伯尼 · 罗登巴尔的第一个故事。接着我回了纽约，差点在斯卡德住的那个旅馆订了一间房。不过后来还是住进了布利克街的那间小公寓里。

1974 年的 9 月我开始戒烟，之前尝试过很多次，但只有这次成功了。之后我就再也没抽过一根烟。

住在布利克街时，我时常去村角和鱼锅酒吧一坐就是好几个小时，但没几个月我把酒也戒了。

我确信这和我开始跑步有关系，即便在当时自己并没有意识到这一点。我绕着公园胡乱跑步与喝最后一杯酒之间仅隔了数星期，但我记不清这两件事的先后顺序了，我不确定开始跑步时自己还在不在喝酒。直到那次我才意识到某一件事会导致另一件事的发生。

不过这是事实。有时我会莫名感到焦虑，不知如何是好，但从没想过要用跑步这种方式去排解。直到有一天我突然很想试着去周边跑跑步，于是我就没去公园，而是沿着沙利文街一路向北跑到西第三街，然后左转跑到麦克杜格尔街，继续左转……我就这么跑着，一直到跑不动了才停下来走走喘口气，然后接着开跑。等到自己再也不想跑了就漫步走回家。

我跑步时穿的是便装——牛仔裤、长袖运动衫和一双皮质时装鞋。天晓得那是副什么鬼样。别人看我这身打扮在大街上猛跑，肯定认为我是偷了什么东西或者是杀了什么人在拼命逃跑。不过也没人上来阻拦我，因为这毕竟是在纽约啊，干吗要去管别人的闲事呢？

一两天后，我打电话给一个叫菲利普 · 弗莱德曼的朋友。我们是通过共同的代理人认识的，他是个挺有意思的人，而且据我所知他还是个赛跑手。他住在上西区，每天都会去中央公园绕着里面的水库跑步。他甚至还跑过马拉松，他参加了杨克斯马拉松因为他本身就来自杨克斯，这点让我非常钦佩。

（后来更深入地了解到这项赛事后，我就更加敬佩他了。杨克斯马拉松是全国最难的马拉松赛之一，因为比赛时的热浪和湿气足以让人蔫掉，而且途中还要穿越很多曲线玲珑的小山丘。我从来没参加过这场比赛，也希望有生之年不要参加。）

在电话里我告诉菲利普·弗莱德曼自己开始跑步了，但是不确定这么跑对不对。他说跑步没那么多讲究，只要记得不停地交换步伐就行。他问我有没有跑步鞋，我说没有。于是他建议我去运动鞋专卖店，让里面的售货员为我挑选一双合适的。

我找了家这样的专卖店，提着一双波尼牌运动鞋回了家。我还记得那双是蓝色和黄色相间的，比我之前穿过的任何一双鞋都要来得舒服。我穿着它去华盛顿广场跑步，不过没跑几次我就发现缝线处有好几个地方都坏了。

于是我提着鞋子回到了那家商店，他们声称这鞋已经穿过了，而缝线坏了是因为我跑了太多路，不能给我退换。于是我大为光火，他们没办法只能给我换了双阿迪达斯。

这牌子的鞋应该是很好的，但我拿回去的这双却极不舒适。虽说是双跑鞋，但它的减震和支撑功能都跟纸拖鞋一样。而且它还有点小，内包头[1]的地方尤为窄小。穿了几个月后我才意识到自己换错了款式和尺码了，所以穿起来才他妈的特别不爽。之前我还很傻很天真地认为是新鞋磨脚，需要慢慢适应呢。我居然穿着这双愚蠢的鞋子到处跑了几个月，并且还每每享受着脱下它时那放松愉悦的心情呢！

---

1 位于鞋帮头部，鞋帮面、鞋里之间。它的作用是加固鞋头的硬度和弹性，保护脚趾不受外来物体的撞击和挤压，保持楦型的曲线美。

不过鞋子不是阻碍我跑步的理由，我每天都坚持到华盛顿广场跑上五圈。到了夏天需要出城几周的话，我会在当地找个地方跑步——公园里，公路上，只要是一个能让我跑上半小时到一小时的地方就行。我从不纵容自己“休息”一天，因为我很清楚一旦懒了一天那么我会永远懒下去。

我记得那些倾盆大雨的日子，记得那些道路结冰的日子，还记得一个临近圣诞的大雪天，我绑上那双阿迪达斯像个疯子一般在自家客厅里见缝插针地跑步。

我是个跑步者。

能做到这点连我自己都很吃惊。跑步对于我来说并不是那种一有时间就会想到去做的事情，实际上我压根就没想过要去跑步，不管是对自己还是对别人。我知道这世上有人热衷于赛跑，并且随处可见别人跑步的踪影。我也知道这世上有人参加了一个叫北极熊俱乐部的组织，这个俱乐部的会员们会在大冬天去科尼岛，然后像一只只旅鼠般冲进刺骨的海浪。世界上总有不少人会去做蠢得没边的事情，但这和我有什么关系呢。

我记得有天下午站在离家不远的街上，突然有个人逃命般地从我身边飞奔而过，把我撞得够呛，同时还有个人——我猜是个店主，在街对面大声嚷嚷着让他停下。我意识到自己有能力去追赶那家伙，而且也很有可能追得上，毕竟我是个经常锻炼的跑步者。虽然他跑得极快，但是这种优势又能保持多久呢？我能慢慢跑上半个钟头，而那时他早就停下来喘着粗气了。

当然，我没去追那个混蛋。因为就算我追上了又怎么样呢？仅仅说明凭我的体力能轻松赶上他罢了。几个月前我还无法做到的事情，如今却能轻而易举地办到，这让我感到太神奇了。

我想跑步还对我的身体有益。那是在 1977 年，各大媒体都开始大肆宣扬出门慢跑的益处。如果你一周跑三次，每次跑半小时，那么就有可能摆脱身体的一些不适症状，比如说心脏病。一些有威望的医生也声称任何一个跑过马拉松的人（或者也有人说成是：任何一个过着马拉松式生活的人）将永远不必担心会得冠心病。慢跑也许不能延年益寿，但能保证你绝对不会死于心脏病。

这些夸夸其谈在吉姆·菲克斯（Jim Fixx）死后开始有所收敛。吉姆是个优秀的跑步者，同时也是撰写跑步方面文章的杰出作家，他得了心肌梗塞并在刚步入中年时去世了。显然他是遗传了家族里易得冠状动脉疾病的体质；在此之前，很多他的直系男性亲属都已经过世。他比其他几个活得长些，因此也有人会说跑步确实让他延长了寿命。

而菲克斯的不幸不仅仅是英年早逝，还让自己成了那些反对跑步者的反面教材。多年来，只要有人提倡跑步锻炼就立马会有人挑起眉毛提到这位可怜的吉姆。几年前（也就是那家伙远离尘世的二十五年后），我被邀请去纽约州北部的莫宏克山庄演讲。一天早上我在跑步机上跑了一个钟头，接着和其他嘉宾一起共进早餐。其中有一位很有名望的法医病理学家显然注意到我刚去了健身房，于是审问起了我。

“我想知道，”他说，“你打算永远活着吗？”

“不，”我回答道，“但是我希望自己能活到晚餐时，因为我知道晚上的菜单上有鹿肉。”

“你们这些人去跑步无非是觉得这对你们的身体有好处，”他继续说道，“那我倒要问问你，你还记得吉姆·菲克斯吗？”

“任何一个跑过马拉松的人……任何一个过着马拉松式生活的人……”

当我在华盛顿公园绕圈，在乡间小巷里慢跑，或者在郊区的林荫大道上锻炼时，我可没打算要活到永远。我很庆幸跑步能减肥，这样我就能吃得更多而不用担心长胖。那次佛罗里达州的夏令营让我减掉的那几磅肉多年来在身上来来回回数次，仅这条理由就能给我穿上短裤和鞋子出去跑步的动力了。

但那句话依然回荡在耳边，并开始对我产生微妙的影响。当然不是上面提到的那些保证让我心动。事实上，让我动心的就那一个词。

马拉松。

去跑马拉松。做一名马拉松赛手。

我那时对马拉松所知甚少。我只晓得它全长 26.2 英里，波士顿每年春天都有一场比赛。我还知道有杨克斯马拉松，因为我的朋友菲利普就参加过，还有纽约马拉松。最重要的是，我知道这 26.2 英里离我能跑的距离还远着呢。

我究竟为何如此关心比赛？我跑步只是为了锻炼，为了掌控自己来获得成就感。跑步对我来说只能算作消遣，而称不上是运动。我没有任何求胜心态，也不需要别人的陪同。在华盛顿广场的人行道上，跑步的人比比皆是，我从来没想过要比别人的单圈速度更快。我最多把他们视作和自己一样努力的伙伴们，不过我也真没这么想过，因为我跑步时几乎不会去注意其他的人。

接着我看起了跑步杂志，很可能是《赛跑者天地》，或者是《赛跑时刻》。我很快成了这两本杂志的忠实粉丝，渴望从中获得更多关于我人生追求的最新消息。也许我能做得更好，也许我能更多地融入其中。

这两本杂志上都有充足的教学资料，但对我而言，这并不比菲利普最初给我的建议高明多少，就是不停地更替自己的脚步。但是我学到不少训练方法来应对不同长度的比赛，同时还学到了一些水合作用、营养学和辅助练习的小窍门。我还认真研究重要赛事的比赛报道、冠军的采访以及优秀赛跑手们的资料。

渐渐地，我对跑步的看法改变了。你跑步并不单单是因为要锻炼，或者因为它可能对你的身体有好处。你这么做不是为了要努力积聚内啡肽，尽管两本杂志上都在不停地叨念“跑步者高潮”这个词。（在过去的二十年里，我吃过很多能调整心情的玩意儿，我他妈很清楚“高潮”是什么感觉，你绕圈跑的时候是不可能产生那种美妙感觉的。）

你每天去跑步只能算是种训练，你训练是为了给比赛做准备。你训练好了就去参赛，比赛完了接着训练，接着再去参赛。

那么你为什么要去参加比赛呢？这么做的意义又是什么？

如果你是几百或者几千人中为数不多的赛跑精英，那么你去比赛是为了取胜，你会努力让自己比对手更早地跑到终点。如果你做到了，那么你的名字将出现在各大网站的新闻里（比方说波士顿马拉松），或者能出现在地方报纸上（只要你老爸是报社编辑的朋友）。你得不到任何的金钱奖励，至少在二十世纪七十年代的时候。收钱只会毁了你的名声，你这辈子就别想参加奥运会了。

你会在关注这些赛事的一小撮亲朋好友面前很有面子。不过有些精英赛手并不在乎荣誉，他们会在比赛的末尾故意放慢速度，和其他选手肩并肩一起撞线。告诉大家这项运动并无输赢，能完成比赛的都是赢家。

正因为这样，许多跑步爱好者们都愿意站到起跑线上，并且一路坚持到最后。比赛就意味着竞争。你能在训练时给自己计时，测算出不同距离的最短用时，但这些都不能与其他赛跑手同场竞技相提并论。即便是无人计时的趣味比赛，只要你在一群赛跑手之间，能听到起跑的哨声或者枪声，只要那儿还有条终点线在等着你穿过，那就叫比赛。

只是你不必非要成为胜者，你要做的就是完成比赛。你可能会希望每场比赛都能比上一次发挥得更好——特别是能压倒上次比你快了几步的选手。其实这并不重要，也许在超过他的那一刻你都忘了他是谁，就像你会忘记是谁超过了你一样。

你和其他选手在一起比赛，但是你的对手不是别人而是自己。你会在自己的汗衫上别上参赛号，接着拿下来重别上好几次；系好鞋带，继而无数次地检查是不是系紧了；你还会不断地上厕所。最后，你站到自己的位置上等待比赛开始。

还记得乔治·希恩谈到慢跑者和赛跑者之间的差别吗？一个参赛号。

9

读了《赛跑者天地》和《赛跑时刻》后，里面的一些话渐渐对我产生了影响。我并不是每天出去跑一圈就完事儿了，那只能算作是种准备，我可是打算要参赛的。

我觉得前景很喜人也很骇人。回想起来，我完全能理解那种兴奋之情，但那时我又在害怕什么呢？是害怕其他人都跑在我前面吗？我知道肯定会有人比我早撞线的，而且很可能是所有人，那又怎么样呢？

害怕自己会心脏病突发身亡吗？还是有只熊从动物园里逃出来把我杀了？这些当然全都不可能发生。

我只是在害怕给自己丢脸。

但我也很现实地意识到，和我一起参赛的那好几百人，每个人都只会全神贯注于自己的表现，没人会在意我的成绩。就算我最后一个撞线，最有可能知道这事的也就是在我之前没几步的那人。他会怎么看我呢？会鄙视我吗？显然不会。他会感到庆幸，万分地庆幸，是我让他免受了最后一名的耻辱。

这些我全都知道，但是一点用也没有，我依旧害怕得要命，害怕输掉这场不存在输赢的比赛。

不过我没有一直退缩下去。有次在动身去水牛城前，我在《赛跑时刻》里发现了每个周末在果园公园的比赛列表，而果园果园就在水牛城的郊区。这对我来说是个绝佳的机会，没人会认识我，没人会认出我，我纽约的朋友也不会知道我去干吗了。就算我跑了个丢人的成绩，这也将是我个人的小秘密。

看来问题就在于我能不能找到果园公园了。我借了老妈的车开到那儿，交了几美元的参赛费，把比赛号别在自己的衬衣上，接着就开始担心起自己的表现了。我有两个目标：完成比赛，至少拿个倒数第二。

很快，比赛的信号响起，我出发了。我之前读过很多文章，上面说初学者容易犯同一个错误——在比赛一开始会无意识地跑太快；因为比赛产生的兴奋感会让他们错误地以为：我已经比平日训练放慢了不少速度。他们会这样一直坚持到自己筋疲力尽，无法收场。但你瞧，我已经知道这些了，所以能很好地避免这种情况的发生。

而且我也做到了。

比赛的总长度是个奇怪的数字——6.55 英里，因为这段沥青赛道单圈是 1.31 英里，我们总共要跑五圈。我沿着赛道轻快地跑着，试着不去刻意地加快步伐，但就要跑到第三圈时，我的心脏开始疯狂猛跳起来，同时我开始喘不过气来。

我感觉自己就像是个没能接受实战考验的失败者，同时还是个低级的白痴，因为我立马意识到发生了什么，该死的，这全是我自己的错。我跑得太快了，就像那些书和杂志上说的那样。我跑得太快，超出了自己的能力，这会儿完全吃不消了。我无法再保持这样的速度前进，也不能减速换成慢跑，我一步都跑不动了。

于是我做了一件跟之前第一次在华盛顿广场跑步同样的事情。我开始走路，并且觉得自己简直就是个可怜虫。天哪！这可是一场跑步比赛啊！我是作为赛跑者来参加的。而我现在在干吗？居然在走路！

不过最终我还是完成了比赛。在走了一段路之后，我感觉自己又能跑了，就开始慢慢跑起来。虽然那次我表现得极差，还很成功地让自己体力透支；但是最终我还是跑了起来，这点对我很重要。我一直坚持了五圈并且冲过了终点，接着立马回头一望，居然还有不少人在我后面呢。

他们中有个看上去才二十五到三十岁的家伙全程都在走，结果倒数几个撞了线。我觉得大家都在跑步时中间有一个人在走，这场景不是很奇怪吗？不过还好，我跑在了他前面。尽管整场比赛我表现得糟糕透顶，但至少比那个走路的人快。

不然多丢人啊！

果园公园 6.55 英里长的比赛我用时 59 分 33 秒。

我怎么会记得那么清楚？因为我把它记录了下来。1979 年我买了本乔 · 亨德森写的书，名叫《跑得更远更快》（*Run Farther, Run Faster*）。1980 年我开始更频繁地参加比赛，于是就在这本书后面的空白页上记录下每次的成绩。我把那年参加的八次比赛成绩都写了上去，并在另外一页的空白处写下了前一年的四场比赛以及我的官方成绩。（其中有一场是在曼哈顿上城区举行的十公里赛，那次路面十分起伏，我只记得自己最终的分钟数但忘记了秒数，于是我就写下：因伍德高地十公里赛——53:??)

1982 年的 10 月底，我努力跑完每一场报了名的比赛。只要还记得，我都会把日期写下来，当然，更少不了参赛号码。至于为什么要把这些统统记录下来，连我自己也不晓得。给每场比赛做记录显然对我很重要，1981 年的夏天我在国内到处漫游时，为了方便我尽量减轻背包的重量，不过还是腾出来一块地方留给乔 · 亨德森的书。我在六个州跑了八场比赛，并把它们都记在了书里。

我在那本书里留下的最后一次记录是 1982 年万圣节在中央公园的八公里赛。那时我住在布鲁克林绿点区的曼哈顿大街上，赛后我回家打开那本书，写下了比赛的名称、我的成绩还有参赛号码。接着我把书放好，直到 2005 年 1 月 9 号才再次打开它。

那是场全程五英里的比赛，赛道和那次万圣节的比赛完全一致，赛后我回到格林尼治村的公寓，第一件事就是到书架上找乔 · 亨德森的那本书。那是我仅存的一本关于跑步的书籍，而我之所以还保留着它仅仅是因为我的比赛成绩都写在了后面。我打开它，找到了最后那条 1982 年的记录，并在下面写上“2005 年”以及比赛的所有参数——日期，比赛名字，参赛号码还有官方成绩。

我人生的第二场比赛是 1979 年的新哈莱姆十公里赛。那场比赛由纽约公路赛跑者协会赞助，地点在哈莱姆区[1]的街道上，要不是参赛，我想我这辈子都不会去那些街道。有人（我觉得是吉米 · 布雷斯林）在比赛结束的一两天后写了篇报道，说那里的居民对于周日早晨的景象感到极其困惑，他们声称“有一千个骨瘦如柴的白人穿

1 Harlem，纽约的黑人住宅区。

着内裤在街上跑”。

我从果园公园的比赛中吸取了教训，一开始就以合理的步调出发并轻松保持到了最后。我最终用时 51 分 49 秒，参赛号是 2156，那次比赛最棒的是赛后除了参赛牌外我还得到了一件衣服。

当然其他的参赛选手们也都拿到了这件衣服。那是件白色的棉质背心，正面用红色和蓝色印着赛事的名称。我满怀骄傲地穿上了它。

那年我还参加了另外两场比赛。一场是因伍德高地十公里赛（有一段在翠亨堡公园的下坡路又陡又恶心；上坡消耗你的体力，下坡损伤你的膝盖），另一场是佛蒙特州的本宁顿 7.6 英里赛，那次没什么特别的，只记得自己顺便在那里度了一星期假。（哦，我的成绩是：1 小时 08 分 18 秒。）本宁顿的比赛没有发衣服，但因伍德高地比赛发了件 T 恤衫。顺便说下，我下一年参加的八场赛事中大多数都发了 T 恤。

这八场比赛都在深秋。我想我是在那会儿加入纽约公路赛跑者协会的，因为会员每场比赛都能便宜一到两美元，我想着多参加比赛把会费的钱给省出来。会员们还能参加很多其他的活动，比如集体训练赛跑以及各项比赛指导。但这些活动都在第五大道和 90 街交汇的中央公园里举行，而我又住在格林尼治村，从一头到另一头可不仅仅是穿过公园这么简单。（协会赞助的大多数比赛都是在那里开始的，但我觉得过去参赛很值得。）

1980 年我参加的最后一场比赛是在 12 月 14 日，我们在中央公园穿越十英里的山路，那是我耗时最长的一次比赛。而就在那阶段，我开始做关于马拉松的梦了。

12 月就有个纽约马拉松比赛，但当时我没考虑要参加。因为我知道自己不可能跑那么长的距离，但同时也清楚自己总有一天会去参加的。我在赛跑杂志上看到第二年的 3 月伦敦将要举办第一届马拉松赛。我一年前才去过伦敦，这几年来我去过那儿好多次，我想能再回这座城市应该会很令人振奋，特别是这次我要去参加人生中的第一场马拉松比赛。

根据书上说的，我有足够的时间为这场比赛做训练准备。况且我只要求自己能跑完全程，这个目标应该也不算太离谱吧。

值得庆幸的是，纽约公路赛跑者协会的赛事安排能很好地协助我朝这个目标进发。他们在冬季有许多短程比赛，比如 1 月份连着几个星期都有十五或二十公里赛，2 月则有二十五公里和二十英里赛。那场二十英里赛只比我要参加的伦敦马拉松赛早五个星期，而且距离上也仅仅短了 6.2 英里。那将是块完美的踏脚石，我想只要一步步循序渐进，我终将能做到，所以我发邮件报了名，订了去伦敦的机票，接着安心认真训练起来。

我想我能做到的。就像我在果园公园的第一次比赛那样，伦敦离纽约可远着呢，那儿没人认识我。如果我搞砸了，谁会知道呢？

1981 年开始，我慢慢增加了自己训练的里程数。那时纽约市封锁了一条破旧的西侧公路，因为其中一段高架已经损坏并且预计要摧毁。如今这段在曼哈顿下城区从巴特里街到 14 街的马路虽然已对汽车关闭，但是仍旧为跑步者们开放。

（当然也对轮滑爱好者开放。有一次我在空旷的马路上由南向北和自己的里程数作斗争时，两个朝南溜旱冰的人映入眼帘。当我们越来越接近时我认出是一男一女，当我们擦肩而过时，那位姑娘的脸上绽放出来的微笑可以用“令人眩晕”来形容，她甚至还敞着衣服把酥胸露给我看。接着他们消失了，我再也没遇到他们，尽管在这段公路被彻底毁坏前我都不曾丧失期望。）

我每天都训练，每周提升一点点距离，就像书上建议的那样。

每个周末我都参加比赛，显然书上没这么说过。但是赛跑者协会不断地安排赛事还不停地派送 T 恤，这让我无法抗拒。

参加赛程长点儿的比赛应该是个好主意，可以为我的伦敦马拉松做准备；而参加那些四到六英里的短程比赛貌似没什么意义，但这么随便跑跑对我也没什么损失。我想不出这些短程比赛和长途训练会对我造成什么伤害。

在短程比赛中我平均一英里跑九分钟，而在长距离比赛中则更快一些。十五公里赛我的成绩是 1 小时 28 分，二十公里赛的成绩是 2 小时 01 分。2 月 8 号的二十五公里赛我跑了 2 小时 45 分钟，那场比赛我记忆犹新，因为在比赛时我的脚开始疼了，不过我还是坚持完成了比赛。这也许不是个明智的决定，但跟我在之后一周的训练里犯的愚蠢错误相比就不算什么了。

当时我要到西侧公路去训练，正跑到西街打算上高架的斜坡时出了点差错，结果伤到了右脚的膝盖。很疼，天哪，那真的很疼。如果这件事再发生一次，我就会立马停下来休息一下，接着慢慢地、小心翼翼地走回家，在膝盖上敷上冰块，休息一周，最后再慢慢地、小心翼翼地恢复训练。

但我当时并没有那么做。

我强迫自己跑上斜坡并在高架上跑了一会儿。结果那天训练结束后，我的膝盖比一开始疼多了，到家后还在疼，甚至第二天早上也不见好转。接着的一两天，我试着忍痛训练，因为我的第一场马拉松赛就要开始了，我需要努力训练自己，不是吗？

你们很清楚，这种愚蠢的行为只有小孩子做得出来，但我那时已经四十二岁了。我他妈的那时候在想什么呀？

不管我当时在想什么，反正在几天后也没得可想了。因为膝盖实在太痛了，每次出去训练回来，它的情况就变得更为糟糕。而且它一直在耍我，因为只有在跑步时才痛。当我身体的重量冲击到弯曲的膝盖时，就会产生剧烈的疼痛。但是当我走路时，最糟也就是轻微的疼痛，而大多数时间一点痛感也没有。

起先我想着那这场伦敦马拉松算是泡汤了。付出去的费用是小事，我甚至都不记得是多少了，我想最多不会超过二十五美元。我为此支付的几百美元的机票钱才是实质性的损失。

当我仔细观察他们时，我不得不承认，他们上看去棒极了。起初看着那屁股扭动的样子会觉得非常好笑，但看习惯了你就不会这么认为了。

值得注意的是竞走运动员们在赛后的状态。那些速度慢的或者状态不佳的赛跑者努力让自己在跨过终点线时就像“金星号遇难”[1]。他们的后背朝着一个方向弯曲，而脖子需要支撑住头部，因此必须英勇地向另外一个方向弯。他们无力的手搭在胸前，就像小狗们在乞讨食物。他们中的许多人看起来糟透了，如果一个人只见过这样的赛跑手，那么你很难去说服他这样一项活动对他是有好处的。

但是反过来看那些竞走者，他们昂首阔步向前冲过终点线，姿势无可挑剔，双臂在身体两侧自如地摆动。他们也许会比第一集团的赛跑手们晚上几天撞线，但是比起另外一些不堪重荷的选手，他们看上去棒极了。

所以我渐渐开始尊敬那些竞走运动员了，我自己不想成为一名竞走运动员，这并不意味着他们有什么问题或者他们这么做有什么不妥。

1　美国诗人亨利·沃兹沃斯·朗费罗的著名叙事诗篇，讲述了船长的傲慢所引发的一场悲剧。

如果我会竞走，那么接下来的几周我还能在不损伤膝盖的前提下继续训练。我能保持良好的状态，加之如果膝盖恢复得够快，说不定我还能跑那场伦敦的比赛。哪怕没恢复好，我也能竞走着完成比赛。

关键是我得学会竞走。

其实一早在华盛顿广场训练跑步时，我就该学学如何赛跑了，但这会儿已经没有必要了。竞走则是另外一回事，它有一套很特殊的腿部绷直步调，任何人都不可能自然习得，除非是早期的机器人。

如今有人会通过观察并反复模仿运动员的动作来学习竞走，但这对我而言就像通过观察一只鸟来学习飞翔一样难。我之前有没有告诉过你们，我是我们幼儿园里唯一不会跳的人？（我老妈教过我，但是我没学会。几年后，戈德弗斯老师要求我从五年级直接跳到七年级，老妈极度满足，认为这个不会跳的孩子终于跳过了整个六年级。）

幸运的是，我不必一个人埋头苦学竞走。因为每周六早晨纽约地区的竞走佼佼者霍华德·雅各布森会在中央公园最东侧进行教学，很多纽约赛跑者协会的比赛都在那里开始的。这些教学课程是免费的，你去了就能学，于是在我膝盖受伤后的每个周六我都去了。

我和其余的二三十个人在一起学习。几分钟的基础介绍后，我们便开始绕着六英里一圈的公园走了起来。我们可以按照自己想要的速度走，于是我就和年龄相仿的一位男士和一位女士走在了一起，他们两个之前就来过了。据那位先生估计，我们当时的速度是每英里 13 分钟。我交替着甩手，尽量不让膝盖受力，让自己看起来和其他人一样。

我认为竞走绝不是一件容易的事。比起赛跑者来说，竞走者要更努力，但是速度更慢，而且在行进中还给旁观者制造笑点。我花了很多的精力让它变得简单些，努力让自己的动作更标准，并且设法跟上同伴的步伐。当我再次回到起跑点时，我显然觉得自己得到了足量的锻炼，可并没有感到精疲力竭，甚至还没有跑六英里这么累。

更重要的是，我的膝盖安然无恙。

从那以后，每天出去锻炼的一两个小时里，我都会认真地甩臂，并且减轻膝盖的受力。一两周后中央公园有场二十英里的比赛来纪念迈克·汉农，那将是我作为一名竞走者的第一次实战测试。那是我参加过的最长距离比赛，比之前的二十五公里赛还要长 4.5 英里，这就预示着我不一定能完成比赛。反正就算我在走了一两圈后不想继续了，我就退出比赛，坐上同一班公交车回家好了，所以为什么不去试试看呢？顺便纪念下伟大的迈克·汉农。

（管他是谁呢。俱乐部每年都会组织好几场纪念赛事，并且会不厌其烦地告诉你他们的精神将永垂不朽。这么多年来我仍旧记得迈克·汉农这个名字，但是依然不晓得这个人到底是谁。）

关于那天的比赛我记得不多。我只记得那天很冷但天气很好，我还记得比赛的场地很小，因为没有多少人会觉得 2 月里的这条二十英里路上有什么景色不可抗拒，特别是走在中央公园里的同一条道上。主办方连一件 T 恤也不发，哪怕是看在迈克的份上。

我们绕着五英里一圈的赛道跑了四圈，当然赛道有很多的选择，因为中央公园有四英里或五英里甚至是六英里一圈的路。当我跑到第三圈时，我感觉自己应该能完成比赛。事实上我也做到了，而且并没有吃力地拖着身体穿过终点线。相反我的样子看上去不错（可以说是我样子最好的一次），我最终的成绩是 4 小时 09 分 31 秒。这么算下来就是每英里 20 分钟 30 秒，如果在伦敦我也能保持这样的速度，就意味着那场马拉松我需要用时 5 小时 25 分钟。

我能做到的。

只是我花的时间会是冠军的两倍不止，但那又怎么样呢？就算我用保持的最佳速度跑完这二十六英里，我还是会比冠军慢上 1 小时 45 分钟。当我到达伦敦时，我不打算和任何一个参赛者比，甚至不和自己比。我要和这段距离做斗争，而且目前我有理由相信自己能办到。

我坐上公交车离开公园，在还有几个街区就到家的路上遇到了一个认识的家伙。那时我大概是一副喜气洋洋的样子，因为他说我看上去心情异常愉悦。“我找到适合自己的运动了！”我这么告诉他。

10

我找到了适合自己的运动。不过是项很奇怪的运动。

有谁提到竞走，势必自己也会觉得古怪，虽然它作为一项运动已经有很长的历史了，早在二十世纪初它就是奥林匹克的一项赛事。一些不太较真的竞走爱好者不会介意别人说他们是在“快走”（speedwalking）或者是“用力行走”（powerwalking）。至今我仍不能理解这两个词的确切含义，我想它们是囊括了真正竞走以外的所有快速步行方式。

这两个词让我感到很头疼。我从来不纠正别人话里的语法错误（尽管我非常乐意提醒下他们），但当别人说我是在“用力行走”时，我总忍不住要纠正他们。“竞走，”我这么说道，尽管我比你更清楚，他们会在无意识间又那么说，于是我就会再去更正，其实这就像要吹灭灯泡一样徒劳。

“竞走”（racewalking）这个术语其实非常简单，尽管还有一部分人仍旧搞不清楚。奇怪的地方不在于它看上去的样子（你终究会看习惯的）或者那不自然的步法（说真的，跨栏跑又有多自然呢？），而在于这项运动本身。最核心的怪异存在于它的规则之中。快速回顾一下这项运动发展的历史，你就会明白这些规则是怎么产生的，为什么要制定这样的规矩，并且这些规则是如何将整桩赛事贴上“奇特”标签的。

很久以前，人们就开始在一大段特定的距离中和别人进行走路比赛了。到了十九世纪，也许你都不敢相信，“六日步行比赛”居然是当时观赏性相当强的一项赛事。有些比赛是城际的，有些则贯穿整个国家。所以我很能理解内布拉斯加州的小部分居民会聚集在禁止通行的地方，看着选手们从那里通过。不过更多的比赛是在体育场里举行的，选手们会绕着一个四分之一英里的煤渣跑道走上 144 个小时。（记住，与此同时，维多利亚时代的出版商都要求小说家们写三卷以上的小说；可见我们的祖先是多么渴望消遣，不过庆幸的是，他们也很容易取悦。）

徒步主义（Pedestrianism）应运而生，但那时的比赛不仅限于步行。它们多半是“随你怎么样”，参赛者可以在任何时候自由地跑起来。

我不知道一名选手全场比赛能跑多少次。如果那时候有电视机的话，我们就能拿出录像来看看——可惜那时还没有电视。要是有的话，这些比赛就不可能吸引这么多观众了。如今，和十九世纪徒步主义精神最相符的赛事就是二十四小时赛以及多日赛事（当然这项比赛出现得要晚多了）。据我的经验来看，参加二十四小时赛的部分新手会跑完全程，而剩下的大多数选手会采取跑走混搭的形式，开始的时候跑得多，结束的时候走得多。当然，还有极个别“终极步行者”（ultrawalkers）选手会走完全程。

在我看来，他们也有跑步的嫌疑。因为那时候步行和跑步的步法并没有很明确的区别规定，如今的裁判很可能认定他们有些时候的“步行”就是赛跑。

问题就难在这儿。

由于“走路”不再仅仅是种消遣，而是演变成一项带有竞争性的运动，于是求胜的欲望就会让选手之间产生对抗，不管是参赛者还是观众都会主动将这整六天时间投入至此。一些短程赛事由来已久，选手们可随心所欲地跑或者是走；几乎所有人都会选择跑，因为跑步更快。难道就不能禁止跑步，给步行者参加一次短程比赛的机会吗？每个人都能分辨出什么是走什么是跑，不是吗？

当然，不是！事情没有这么简单。首先你要弄清楚什么是组成“步行”的要素，哪些动作会被视作越界而只能称之为“跑步”。我能想象，这些区别规则的发展过程是相当复杂的。同时我也能想象，你们不会对竞走的演变过程感兴趣。

所以让我们直奔主题吧。“走路”区别于“跑步”需要两个要素。第一，着地的支撑腿膝关节应有一瞬间的伸直；第二，始终要有一只脚与地面接触。

第一点要求，即支撑腿必修伸直这条规定，在我学会竞走后的二十五年里已经有些变化了。我那时候学习竞走，要求前一条腿的脚后跟接触地面时，膝盖要伸直；而如今这条规则变为：在前行的中间点，也就是身体在两腿正上方时，膝盖要伸直。(别费尽心思去想象这个场景了，我不得不承认，这学起来不难，但要解释得通俗易懂还真不容易。)

如果在比赛中你没按这条规定做，那么裁判会判你“屈膝”(creeping)。

第二条规则——始终保持至少有一只脚与地面接触——则更容易解释与理解。(是的，不必是同一只脚一直与地面接触。)如果你没做到这点，裁判会判你“腾空”(lifting)。

如果说“腾空”这个词很好理解，那并不代表在实际比赛中容易避免。你竞走得越熟练，就会走得越快；你走得越快，就越容易腾空——你会完全察觉不到自己这么做了。这也是为什么那么多奥运竞走运动员被取消比赛。不是说他们有意作弊，比赛途中到处是裁判，如果要故意舞弊简直就是疯了！只是当你走太快时，就很有可能在一只脚着地前另一只脚已经离地了。这就是腾空，裁判就会取消你的比赛资格。

当然，只有被裁判看到的时候。说实话，这也并非很容易就能看出来，毕竟裁判们需要凭肉眼来觉察出那些不利于你的动作。因为，你瞧，如果把竞走精英分子的比赛录下来，接着放慢画面并逐帧观察，你会发现一个让人不安的事实——每个人都腾空了。

于是他们相应地把规则变了一变：腾空动作必须在没有任何仪器辅助的肉眼下可见，才被视作犯规。（重申一下，眼睛必须毫无仪器设备的辅助。为了纠正近视、散光或者是因喜好而佩戴的眼镜、隐形眼镜是可以接受的，但望远镜就不行。）

大多数竞走运动员都能遵守这条规定，那些不能遵守的会被分成三类，简单来说，分为好的、坏的和丑的。

首先说说好的。每过一段时间，奥运会的竞走项目组就会取消一整个国家的参赛资格。几年前这样的事情就发生在墨西哥身上；当时他们是最快的一队，但因为腾空而被集体抛弃了。与此同时，一队意大利的桥牌选手在国际比赛中作弊而被取消了比赛资格。这两种情况应该是不同的。当你在打牌时作弊，你是故意的。而那帮墨西哥人则认为他们那样做是符合规定的，只是裁判不那么认为。

据我所知，像悬挂式滑翔这样的消遣娱乐，你玩得越熟练危险性越大。你玩得越熟练，就越会让自己处在菜鸟无法触及的危险里。一旦出了差错，上升的气流会立马消失，那么你就等着摔到地上吧。

显然，这样的惩罚比取消参赛资格要无情得多。

接下来说说坏的。一些刚学会竞走的新手们，对这项运动满腔热血，但又没充分了解规则，因此极有可能因动作不规范而被取消比赛资格。很多时候，他们会在理应伸直膝盖的时候屈膝，这种情况下的警告或是取消资格都很有可能促使他加倍学习，改进自己的技术。

最后，谈谈丑的。并不是每个人都有足够的身体条件来自如地进行竞走。我的一个朋友，他极其热衷于参加二十四小时赛和多日比赛，但他的一个膝盖不能完全伸直。另一个我在得克萨斯州遇到的家伙，他是少数当之无愧的“百夫长”之一；他曾在正规的比赛中，用不到二十四个小时走完了一百英里。如今他不再竞走了，他说自己无法在很长的一段距离中让膝盖保持直挺挺的。他的步法绝对不能算是跑，但也显然不能称之为竞走。

其实竞走的这些规定在长距比赛中并不适用。在欧洲和澳大利亚，许多长距竞走者从来不学正规的竞走技巧，他们仅仅凭着自己的感觉尽可能地快走。而在美国，我们都会尽自己所能地严格遵循竞走规则。像“百夫长”这样的赛事里，裁判完全不会担心你屈膝，甚至你腾空也没关系。

我的朋友奥利·南耶斯参加过这样一场比赛，到了比赛的后半段，他筋疲力尽，苦不堪言。“我希望你赶紧取消我的比赛资格。”他对其中一个裁判这么说。“我不能，”裁判回答道，“只有在你跑起来的时候，我才能取消你的比赛资格，而如今，就算有只熊在后面追杀你，你也跑不起来了。”

11

在完成了那场二十英里的迈克·汉农比赛后，伦敦马拉松的终点线也不再显得遥不可及了。我每天都出去训练，而且每周末参加一场比赛。我参加了中央公园的十公里和五英里赛，布朗克斯的五英里赛，以及在布鲁克林的半程马拉松赛。我在布朗克斯的成绩是51分40秒，而在布鲁克林用时2小时22分25秒完成了比赛。

布鲁克林的比赛结束后，我的脚已经糟糕透了。多年后，只要瞥一眼当时的比赛行程，就能判断出是过度参赛了，只是当时我自己还没意识到，仅仅认为脚的状况不大好罢了，伴随着水疱和各种疼痛。膝盖的状态倒还不错，竞走很好地避免了膝盖的受力，只是我的双脚备受打击。我一直在等待它们变好，但是没有。当我踏上去伦敦的飞机那刻，我万分确定自己无法完成比赛——或者说，最好都别开始。

我在希思罗机场下了飞机，并在帕丁顿找了个住宿加早餐的小旅馆。我去了赛跑协会的总部，领了自己的比赛号码和纪念T恤。T恤上面是一只精神抖擞的斗牛犬，它还穿着英国国旗。我把这件衣服带回自己的房间，并且开始怀疑这辈子是否有机会穿上它。

很早以前，我就觉得一个人需要通过努力才能穿上一件竞赛T恤，我自己都是在完成比赛后才敢穿上这样的纪念T恤。本来这些都不成问题，因为之前我都能完成报名参加的比赛。可如今这场比赛我也能完成吗？照这样的状态，我为何还要去比赛呢？

好在我还有几天的时间可以思考这个问题，顺便参观下这座城市。我的博物馆计划中包括了华莱士收藏馆，这家小型的博物馆收藏了大量十九世纪法国艺术家们的画作。我本打算借用这些画笔下完美的田园风景，让自己从焦虑中走出来，并开始专注于思考即将开始的比赛。但最终发现这没用，因为我一直在观察那些赤了脚的牧羊人和牧羊女，他们的第二根脚趾都远远长于大脚趾。

也就是说，他们都患有莫顿脚趾，这是一种赛跑者和他们的足病医生都很熟悉的足部结构特性。

在马拉松赛日益临近这几天，我的脚一点好转也没有。比赛前一晚还下了雨，并且临到比赛快开始了，还在下。

比赛在伦敦南部开始，中点设在塔桥。我很清楚自己无法完成这二十六英里的路程，一点可能也没有。我甚至连完成比赛的幻想都没有。

我之所以站到了起跑线上，是因为这是我和自己最终达成的协议。我预想自己能走完三英里，因此给自己下了这个目标，完成这三英里我就有资格穿上那件该死的 T 恤了。我的脚早就被打湿了，走起来很痛，在湿袜子里竟走你说能好到哪去？（显然，我穿的是全棉的袜子。当时全世界都公认自然纤维比人造纤维更胜一筹，真正的男人从来不穿聚酯材料。棉织物确实有很多优势，但只要一出汗，这些优势就都跑光光了。如今所有的运动短袜不是合成纤维就是羊毛的，而赛跑者们则更偏爱“高科技”汗衫，它们能让汗水不黏住身体。全棉袜子，全棉汗衫，不合脚的鞋子——哦，我的状态实在太棒了。）

不过，就三英里。走完三英里有什么难的呢？

结果我完成了比赛。

我不知道是什么促使我一直坚持走下去。我想可能是固执的决心，但这完全是在无意识的情况下产生的，因为比赛开始时我脑子里想的就是完成三英里，没有别的渴望。

疼痛也没有突然减轻，让我转变想法。我的脚一直在疼，始终如此。

比赛的组织方也很清楚不是每个人都能完成比赛，于是派出了几辆巴士专门“清理”队伍最后面的“尾巴”，当那些掉队的选手们认为自己已经受够了，就能搭上公交车走人。一旦你过了十三英里计时点，也就是中点处，接下来就由你自己决定了；如果你想要退出比赛的话，可以直接跳上地铁或者叫一辆出租车。

我一直在走，过了三英里处，过了五英里处，接着继续前行。我一直在告诉自己：我马上就要退出了，离塔桥越来越近时，我知道放弃的时候到了。

接着，我看见了塔桥，我知道自己已经完成了一半。但是我还是继续往前走，穿过了塔桥，突然意识到自己很有可能会完成比赛。因为我的脚没有比一开始更痛，袜子也不可能变得更湿，因为棉花只能吸收这么点水分。

过了塔桥两英里，在道格斯岛[1]上有个约六英里的环形赛道。那里既没有狗，也没有别的东西；之前这里是块倒胃口的城市荒地。这也是我记得的最后一段路，终点在宪法山——下一年的终点就换地方了——但是我完全不记得自己是怎么到那儿的，我的注意力全集中在坚持完成比赛上了。

临近终点有一个很宽的十字路口，那里的交通管制相对于马拉松这样的赛事而言，显得有些马虎。为了确保自己的安全，我迫使自己扭着屁股跑着穿过那段五十五码的人行道，除了这次外，其他时候我都是在走的。

---

1 Isle of Dogs，又名狗岛，因此作者在下文提到了狗。

离终点大概还有一英里的时候，我听到有人在喊我的名字，我抬头一看，是我的朋友帕特·特雷斯；他当时在伦敦出差，并特地跑来为我加油。这让我立马加快了步伐，我穿过终点线的官方时间是 5 小时 22 分 37 秒。

接下来几天我浑身酸痛，不过也没有太糟糕，所以周三的时候我坐上火车，接着换乘汽车去格拉斯顿伯里玩了几天，走走看看，还爬了那里的突岩（High Tor）。最后坐飞机回家接着参加比赛。

那年我还做了很多别的事情，比如，每月给《作家文摘》写专栏文章，替别人写电影剧本，为一出讽刺时事的滑稽剧写了四首歌，并且在秋天写了一部长篇小说——《八百万种死法》。我从一段感情中走出来，休整一段时间后，又进入到另一段感情中。我来来回回飞了两趟欧洲，坐了一堆向西行的巴士，并从洛杉矶回到家中。如果把这些事情都考虑进去的话，那么，我这一年真的是相当忙碌，但当看到成绩记录时，似乎又觉得自己那一整年就是在参加比赛。

1981 年，我参加了四十场比赛，其中包括五场马拉松，总里程数达到 374.5 英里。

从伦敦回来后，我做的第一件事情就是报名参加马德里的马拉松赛。纽约公路赛跑者协会提供了一项旅行套餐，其中包含了机票、在市中心饭店的一周住宿，以及帮忙注册比赛。我带着女儿吉尔一起去了，她将在比赛结束一两周后年满十八周岁。我们的纽约小分队还有另外八到十名成员，其中还包括两位精英赛跑选手，吉莉安·亚当斯和欧迪斯·桑德斯，他们是由纽约赛跑者协会赞助参加的。

我在伦敦和马德里的比赛间隙安排了七场比赛，其中四场是走着完成的，由于膝盖渐渐恢复了，另外三场我就开跑了。毕竟，走路是不得已而为之的，如果没有那个必要，为什么不跑呢？跑起来显然更快，在短程比赛中，一英里只要花上三分钟左右。

到了马德里后，我找了个景色迷人的公园进行训练，不过那里时常散发着一股很诡异的气味，就像猫待过的盒子一样。吉尔之前在中央公园参加过一些比赛，她觉得自己也可以尝试跑马拉松，但最终决定还是在一旁观战好了。因此，当我在周日上午和其他选手一字排开准备比赛时，她在一边做起了观众。

那次比赛让我印象最深的是，几乎没有马德里市民来瞧一眼比赛。马德里是这样的一个城市：大部分市民都在午夜坐下来吃晚饭，接着派对到凌晨四五点。因此，我们在空无一人的街道上跑着，没有喝彩的人群，唯有空荡荡的人行道陪伴左右。时不时会有人在街角处等红绿灯，他们最多是盯着我们看了会儿。那次是第四届马德里马拉松赛，但显然这比赛还没在广大群众中流行起来，你随处可见诧异的人们，他们完全不明白我们这是在干吗，也不知道为什么要这么做。

这对我来说没什么。我对他们的兴趣并不见得比他们对我的要多。我跑过一些壮观的公共建筑，同样地，我也没去注意它们。我只是一路这样跑着，接着膝盖开始痛了。

于是我尽自己所能地继续跑着，差不多到了十六英里处（尽管这理应是要按“公里”计算的），我换成了竞走，并且一直竞走完了最后的十英里。我最终用时 4 小时 43 分 23 秒，比上一次的伦敦赛快了三十九分钟，但你也不能光看这两个时间来比较，因为前者是纯步行，而后者是跑走结合的。不过，这仍旧是个超越之前的一个成绩，我人生中第二次完成了马拉松赛，这感觉棒极了。

吉莉安和欧迪斯是这场比赛的大赢家，这点并不让人意外；毕竟他们是这项赛事中的世界级赛手，人们对他们的期望本来就相当高。我们祝贺了这两位的胜利，同时也庆祝了我们团队的成就，接着，我和吉尔到巴塞罗那放松了两天才回了纽约。

5月31日我坐地铁去皇后区参加一场森林公园十公里的比赛，赛后我回到家中打包好行李，午夜刚过我就出现在第八大道和第34街拐角处的邮局，向邮筒里投递了一个信封，里面装了我参加纽约市马拉松赛的登记表，邮戳上的日期必须是6月1号或之后的。能否真正参加比赛只是靠运气罢了，盖上6月最早的邮戳并不代表能被接受，只是一旦寄出自己的申请表，就意味着在结果出来前，我能心安理得地离开这座城市一阵子了。

我从邮局直接去了灰狗汽车站，在长凳上坐了两小时，接着登上了一辆开往俄亥俄州哥伦布的巴士。

自1977年的秋天起，我就和一个姑娘住在了一块儿。三年半后，很明显，我们已经互相厌倦对方了。然而，在纽约这样的城市里，要拖延一段关系的结束期是很容易的，特别是当它涉及一套租金稳定的公寓时。人的惰性随之上演，都期待着对方能先搬走，而自己能在原处不动。

那年春天我们接到通知说我们租的大楼将要变成合作公寓[1]，我们有机会买下自己的公寓，或者继续做法定房客。那时候我什么都付不起，因此这是结束关系的最佳时刻。我们达成了一致：她仍旧住在公寓里，而我能把所有财物先寄放在那里，直到秋天为止。一找到合适的住处，我就把它们搬走。

你瞧，从那年的6月开始，我就没地方住，没房租要付，也没

---

1 Co-op，由一个股份公司拥有的公寓，业主购买到的并不是公寓某个单元的产权，他们实际上是拥有了这个公司的股份，并且拥有这个公司给予的长期“租赁使用权”。

有迫切的理由要在未来的三个月内立马找间公寓安顿下来。这是个多么美好的机会——去见识下这个国家的新鲜事物。一旦有了这个念头，我决定去的地方要越多越好。

很快，我发现《赛跑时刻》上登了很多周末比赛，地点贯穿美国，包括一些我还没去过的地方。那时我没有车，但同时我也不需要，我很乐意将驾驶的乐趣让给灰狗公司，正如他们的广告上说的那样，我甚至还将台词编成了一首歌：

我要把史密斯 - 科罗纳[1]
留在维修店里
我要离开自己的公寓
把它留给曾经与我共住的姑娘
我要把钥匙放在信箱里
这样找起来容易些
我要把驾车的任务交给灰狗公司
我要将纽约抛在身后
我要走了
坐上向西行驶的巴士
那些不能放进背包的
我都将它们留下
我要把衬衫西服丢下
还有那些勒紧的领带
我要把驾车的任务交给灰狗公司
我要将纽约抛在身后

---

1 Smith-Corona，美国著名打字机品牌。

这是我给当时一部讽刺时事的滑稽剧《苹果酱》(*Applesauce*)写的四首歌曲之一，该剧在外外百老汇[1]进行了一系列演出后，这四首歌总共让我赚了五十八美元。不过，我为剧写歌不是为了金钱也不是为了荣耀，它们和我其他所有的歌曲一样，都是我在环游美国时，不着调地唱给自己听的。

除了阿拉斯加和夏威夷这两个“灰狗”不到的州外，我这几年来一直想去的是——爱荷华州、北达科他州、蒙大拿州和爱达荷州。我拿着《赛跑时刻》和一张地图研究出了整个计划，于是，寄出那张马拉松参赛申请表时，我也立马启程了。

坐上的第一辆巴士把我带到了俄亥俄州的哥伦布，我在那里参加了一场比赛，接着登上了去芝加哥的巴士。我在 Y 旅店找了一间房住下，并在第二天参加了林肯公园 8.9 英里的比赛。(出于某种原因，我在赛前的一个礼拜只吃水果，其他什么都不吃；这种特定的营养实验显然是个灾难；我在比赛中完全喘不过气来，并意识到自己快要瘫痪了。)最终我用时 1 小时 35 分，这个成绩和我在好天气下的竞走成绩比起来，好不到哪儿去。不过，能跑完已经算很幸运了。(另一方面，这也是我在该距离比赛中的个人最好成绩，这个数字将保留到我下一场 8.9 英里的比赛。)

我从芝加哥到了爱荷华市，找了个类似招待所的地方住了几天。在那儿，我遇到了一个和自己年龄差不多的家伙，他也经历了一段失败的恋情，正在努力从中走出来。“这种事情需要花上点时间，”

---

1 百老汇以地理和受大众欢迎的程度分为：百老汇、外百老汇和外外百老汇。外外百老汇音乐剧有相当多实验戏剧的形式，也最便宜，如果票房很好，就会被移到外百老汇加强宣传，而只有受到大众欢迎、票房非常好的才会在百老汇上演。在地理上来说，在纽约百老汇大街上，44 街至 53 街之间的剧院称为百老汇，而 41 街和 56 街上的剧院则称为外百老汇。

他说，“急也急不了。我还没完全走出来，不过也已进步了不少。”那他的恋情到底是什么时候分崩离析的呢？“五年前，”他说，“我的心都泯灭了。”

后来我搭便车去了德梅因，在老朋友肯·布莱斯特家住了一晚。1964年他雇我做了西部出版社货币供应部的编辑，我在威斯康星州拉辛市工作的一年半时间里，都过得相当愉快，直到某天我突然发现自己更想去干点别的。如今，十七年过去了，肯重新搬回了德梅因并且为一个货币大经销商工作。他再次提出给我一份工作，这让我既惊讶又振奋，不过，我仍旧觉得在自己的人生中，还有更想要做的事情，第二天吃完早餐，我就去了公交车站，去做我想做的事情。

下一站是道奇堡，我在那里跑了一场五英里的比赛，接着马不停蹄登上巴士去了苏城。我本想在Y旅店找一间房住下，但他们的前台打烊了，外面的一个家伙给我指了几家市区的旅馆，“不过你最好不要去天鹅旅店或巴士旅店，”他说道，“里面全是醉醺醺的印度人。”我直接去了天鹅旅店，得知他们已经客满，就径直去了巴士旅店，我花了六美元在那里住上一晚。如果那里真有什么印度人的话，那他们铁定已经喝晕过去了，因为我一个也没瞧见。第二天早上我去看了看密苏里河，接着就搭上了去南达科他州的巴士。

我在布鲁金斯待了几天，去了南达科他州收藏馆看哈维·邓恩的油画，在那里度过了一个难忘的下午，然后搭了几趟车到克拉克镇，那儿的百年庆典包括一场十公里的比赛。整座小镇挤满了人，每个从当地高中毕业的活人显然都因此而重回克拉克，当然也就没有房间可以住了。比赛前一晚我在镇中心的草坪上过的夜，不过仍然在比赛中表现不俗。

几年后，我认识了哈罗德·亚当斯，他是个明尼阿波斯人，他写过一系列的悬疑小说，故事背景是二十世纪三十年代的克拉克

（尽管他在书中另起了个地名）。我向他提起自己曾在克拉克比过赛，于是几天后他告诉我说，据他调查，当地的居民还记得我。

“那时有好几百号人参赛呢，”我说，“我并没有做什么惹人注意的事。他们怎么会记得我？”

“嗯，”他说，“他们声称，当时你是唯一一个无缘无故出现的人。”

接着，我又无缘无故地去了法戈。我在那儿找到一间每晚只要七美元的房间，如果住上一周，只要二十美元。若干年后，我在网上瞥到一段说有个没钱的蠢货整天除了豆子和卷心菜什么都不吃，还住在一间没窗户的屋子里，结果某天被自己的屁熏死了。Snopes 网站[1]上说这事儿从来就没发生过，但读到那篇文章时，我立马想到了自己在法戈住的房间了。那间房极其狭小，没有窗户，一个人实在不需要吃很多豆子和卷心菜，就能让整个屋里的氧气变成甲烷。

不管有没有窗户，我都无法拒绝便宜货，于是付了一个星期的钱。我实际在那儿住了五晚，白天的大部分时间都会待在街上，并且我会去马拉松赛道以北的大福克斯，花上一两个小时为即将到来的比赛做准备。我尽可能多地穿过这城市迷人的街区，接着就回到自己那廉价的乐园好好休息。

北达科他州马拉松是我那个夏天参加的最长比赛。我对北达科他的印象就是平坦，因此认为那儿是个跑马拉松的好地方。整个赛道要多平坦有多平坦。那是场往返赛；我们在双车道的沥青公路上开赛，跑大概十英里后左转，接着跑到 13.1 英里中点处转身原路返回。临近终点的赛道又平又直，美国这个地区很多风，那天似乎还伴着徐徐微风，但我真记不太清了。同时，我也不记得沿途有任何

1 美国加州一对夫妇创建的一个网站，该网站专门用于证实和揭露传闻、邮件等信息的真假。

能称得上“风景”的地方，只有一望无际的金褐色麦田。（甚至在远处也没有雄伟的山川。）

在很多参赛者抱怨赛道单调无趣时，我正忙着专心赛跑，因此也就没时间理会什么起伏的山脉，或者是远处的景色——甚至没注意两边欢呼的人群。我的膝盖只让我坚持跑了二十英里，接下来的六英里我换成了竞走。那次比赛，我创造了自己的最佳成绩：4 小时 26 分 23 秒，比在马德里快了 17 分钟，比在伦敦快了 56 分钟。

我从终点直接去了 Y 旅店，那里的淋浴设备对马拉松选手开放，接着我直奔车站；饱餐一顿后，登上了去法戈的汽车，打算从那儿转车往西前行。到了车上，我选了个舒服的姿势躺着，尽量让自己的腿部放松，接着望见了窗外一大团紫色的雪茄状的云。这片云在我脑海里留下的印象，甚至比那场比赛还要深刻。我一直注视着它，直到夜色将它掩盖，之后我便睡着了。第二天清晨醒来的时候，汽车已经驶入了蒙大拿州的比林斯市。

爱荷华州，北达科他州，蒙大拿州。四个想去的州，我已经到过了三个。还剩下爱达荷州。我在内华达旅馆住下，并且在比林斯市北部悬崖附近的公路上训练了三天。我去了大瀑布城，可惜《赛跑时刻》上列出在那儿的比赛被取消了。于是我去了米苏拉，7 月 4 日那天，几个新朋友邀请我一同去野餐。

我到爱达荷州报了个到，但没有真正在那里驻足；汽车只开过那里一段狭长的区域，而旅途的终点是俄勒冈州的库斯贝。在那儿我参加了一场 4.8 英里的比赛，还在当地长老会教堂里睡了好几晚，床垫就铺在地板上——他们声称那是个青年旅馆，但说真的，我睡的真的只是层地板。后来我换到了市里，找了间一周二十五美元的房间，这回是有窗户的，并且还很宽敞。

我参观了一家北本德附近的锯木厂，然后坐车去了科蒂奇格罗夫，因为那儿正在举办波希米亚矿业节的半程马拉松赛。我去报了名，当问到有没有便宜的住所时，赛事总监和他的妻子坚持要我住在他们家里。我照办了，第二天早上跑了一场田园诗般的比赛。天气凉爽宜人，还断断续续下着帮助选手降温的濛濛细雨。赛道是点到点的形式，伴有明显的下坡。整场比赛从开始到结束都令人愉悦，整个 13.1 英里的赛程我用时 1 小时 54 分 46 秒。之后，我和另外一名选手交谈了一会儿，结果发现他就来自库斯贝，并且正打算回家，于是我搭上了他的便车。

一个多么美好的周末。

诸如此类。

在大瀑布城里，我差点和另外一个家伙组队，一同驾车继续我的旅程。我们是在到大瀑布城的巴士上认识的，后来我待在镇上的那几天中，我们又撞见了好几次。（虽然当地的比赛取消了，但在一处公园里却有一个完美的塑胶跑道，多么理想的赛跑路面啊。）我忘记这位新朋友当初去大瀑布城的原因了，反正不是为了跑步；不管是什么原因，总之这地方都留不住他。于是他打算西行，并且希望我能加入。

既然是要驾车前往，他立马到店里买了一辆，并且感到非常自豪。因为这是他的主意：轮流开车，分摊费用，一同领略这个国家。整个计划并非毫无吸引力，只是最后有两点问题让我放弃了。

首先是车的问题。它看上去不错，引擎的声音对于我这双未经训练的耳朵来说也很正常，但是我无法忽视这样的事实：副驾一侧的车门要靠几圈电线来固定才能关上。于是不难想象这车出问题时的样子了。

这点对于车来说的确很糟糕。不过也有好的一面——这车是自动挡的，当我的朋友坐在方向盘后时会显得比较方便，因为你瞧，他只有一个胳膊。

对堕入死亡陷阱的认真考虑，让我清楚地认识到自己在这件事上的心态，只是多少有些难以接受。我怎么可以让新朋友失望呢？设想一下，一个住在爱荷华青年旅舍的勇敢小伙，你忍心他为这事伤心五年吗？

不过最终，我还是找了个合适的机会，委婉地把这坏消息告诉了他：我乐意将驾驶的乐趣交给灰狗公司。

在库斯贝，我发现自己并没在考虑买车，而是在想着买辆自行车。之前在青年旅馆遇见过几个骑自行车的人，他们在地板上睡上几个小时，接着继续他们向南的双轮旅程。可见，我这条由北向南穿越整个国家的线路也被众多自行车迷所钟爱，选择这条路线的原因在于海拔高度的逐渐递减。不过，我不必像他们那样，从华盛顿州边境的不列颠哥伦比亚[1]一路前行到提华纳[2]，我目前已经在101公路上了，何不在此跳上一辆自行车，加入他们的队伍呢？

出于一些原因，我并没有这么做。首先就是自行车手看起来的样子——不管是那些我在青年旅馆里遇到的，还是那些在公路上呼啸而过的。他们看起来都疲惫不堪，如果他们内心真的感到愉悦和享受的话，那他们一定是非常不愿意表现出来。

我又突然想到，会有连续不断的汽车和卡车从我身后赶超上来，这可不会让人感到轻松。骑车不比走路，它得在川流不息的交通中行进，跟上大伙儿的速度，同时还得注意观察机动车，以免被撞到。我可不相信一个自己都看不见的司机能有什么卓越的判断力和机敏

1 British Columbia，加拿大西部的一个省。

2 Tijuana，墨西哥西北部城市。

的反应速度。假如那家伙喝了酒，或吃了什么兴奋的玩意儿呢？见鬼，如果那开车的混蛋只有一个胳膊呢？

如果我要那么做，起码得先买辆自行车。这让我想起了上一次买自行车的经历。

1967 年的早春，我去了爱尔兰。当时我已经结婚了，住在新泽西州的新布朗斯维克，只是那段婚姻正开始走向破裂，因此我飞到了都柏林，打算把整件事仔细想想清楚。（一种微妙的模式开始浮现了，不是吗？噢，拜托，当时我可没那么想。）

我在都柏林住了一个月，把随身带来的书稿写完了。（这是关于伊凡·谭纳的第三本书，故事发生在东欧，当时在拉脱维亚发生了一连串的重大事件。我在都柏林的奥康奈尔大街上的一家书店里，买到了一本《教你自学拉脱维亚语》。店主一定会惊讶，怎么有人能从他店里带着东西走出去的。）当时我住在亚眠街上的一个家庭旅馆[1]，其间我对冻疮和拉脱维亚语的认识都有了长足的进步。接着因为想去西科克和凯里郡，我离开了都柏林。

我尝试着一路搭便车，但效果不佳；原因是一个礼拜前有个搭车人拔出一把刀架在司机身上，逼他按自己的要求开，这条新闻足以荣登爱尔兰各大报纸的头条。接下来的一两周内，司机朋友们收敛起自己慷慨的冲动，于是我花了无限长的时间才到达韦克斯福德镇，在那儿我买了辆自行车。

结果发现这真是个特大的错误。这周围的路没有一块能称得上是公路，我不是在推车上山，就是紧挨着它，因为下坡时那失控的

---

1 家庭旅馆的形式分为两种：一种叫“B&B”，即“Bed-and-Breakfast”，字面意思为“住宿和早餐”，是由一个家庭空出几间房屋作为客房出租经营；另一种叫“Guesthouse”，即客人房，是将其房屋整套用来出租。文中作者住的是“B&B”。

速度让人惊慌失措。更糟的是，我还背了个很重的背包，而且天空给我配发了无穷无尽的雨水。

就这样过了几天，我到了恩尼斯科西。那是个相当不错的村庄，不过三天后它的魅力也就大打折扣了。我还待在那里的原因是不想再骑那辆车了，而想把它卖给女房东。她的儿子非常喜欢它，可她极其节俭，就等着看我的态度。最后我告诉她，我可以把车送给他们，只要能免掉那几天的房租费。她同意了。我离开的时候觉得自己占了人家便宜。

而现在我还真开始深思熟虑到底要不要买辆自行车。俄勒冈州沿岸不像韦克斯福德郡那样崎岖，但也不会像北达科他州马拉松赛道一样平坦。它的气候和撒哈拉截然相反，雨，不管什么时候开始下，你都不会觉得奇怪。

再买辆自行车？得了吧，我不要。

不知道为什么，我从来没想过要步行。

不比赛的话，这些路让我跑完都没问题；要是距离不长，我的膝盖从头到尾都不会有任何反应。但是为什么，当我认为在公路上骑车或是和《亡命天涯》里蹦出来的独臂男子同行会有生命危险时，我会选择灰狗，而从未考虑过步行呢？

也许你会认为我已经这样实验过了。回头看看，我简直无法相信自己要从库斯贝一直走到旧金山，洛杉矶就更别想了。不过，也许我可以从库斯贝走到班登，一座在库斯贝以南大约二十英里的海滨小镇。我得在那里取信，花上一天时间走去那儿也不算太难。如果我愿意，第二天还会继续走下去，甚至后天也会。

然而我从来没那么想过。当我离开库斯贝时，我登上了一辆巴士；一两天后，当我告别班登时，我又登上了另一辆巴士。

我在旧金山待了一个多星期；我的表弟杰弗瑞当时住在旧金山北边的圣罗莎，不过他在田德隆区的边上有个临时住所，让我住在了那里。这对我来说正好是个机会，看看马克·吐温那句“我所经历过的最冷的冬天是旧金山的夏天”究竟是什么意思。

为了取暖，我参加了金门公园里一场五公里的同性恋赛跑活动，并在赛后将那件橙色纪念背心变成了自己珍贵的财产，尽管我不会到哪儿都穿。几天后我又一次登上了巴士，出发去洛杉矶。

在洛杉矶，我只参加了一场由圣约瑟夫医疗中心赞助的比赛，同样也是五公里。之前我在旧金山的成绩是 23 分 51 秒，而在洛杉矶我将成绩刷新到了 23 分 50 秒。我想我在那儿待了有一星期左右——拜访了一些朋友——接着我要朝东前行。

接下来的三千英里要在巴士上度过，这显然没什么吸引力。我既不想一路煎熬，一下子横穿北美大陆，也不想走走停停，花上两三个礼拜回到纽约。我已经出来了很长一段时间，是时候回家了。我最想飞回纽约，可我买不起机票。

这时，我的一个朋友突然冒出了一个提议。他是个电影和电视的编剧，当时接了太多的活儿，无法按时完成，他打算雇我写一部电视电影[1]的初稿。他选了一个无论如何都不可能通过的题材，并答应把那份初稿费给我。也许他会感到愧疚，因为这么做违反了作家协会的工作制度；可我不是会员，因此这对我来说不是什么问题。反正，只要我俩都守口如瓶，那他也不会有什么麻烦。

于是我在魔术酒店订了一个套间，在里面住了两星期，之前我

1 Made-for-television film，起源于二十世纪六十年代的美国，是由电视人投资的低成本电影，适合在电视上播出。

在洛杉矶逗留时就在那里住了六个月。最终我推敲出了完整的剧本，因此得到的报酬足以让我把灰狗忘得一干二净，直接订机票飞回了纽约，并且能拿剩余的钱给自己找个住的地方。

12

我找到的公寓在简街上，说它是公寓，其实不过是一间后屋的地下室。后屋紧挨在临街房子的后面，你得穿过一条狭小的走廊，接着走下一大段楼梯才能到我家，上帝保佑。某些从奥什科什[1]来的无邪少年一定会很喜欢这里，因为它散发着一股波希米亚式的浪漫气息。幽暗，伴有阵阵霉味，这真叫我怀念起法戈那一周二十美元、没有窗户的小天地了。

我在那里坚持生活了两个月后，就和新女友一起搬去了华盛顿高地。我参加了四场纽约公路赛跑者协会的比赛，分别是纽哈莱姆的十公里赛，早在 1979 年我就在那里跑过一场五英里赛，两场在皇后区的比赛，还有一场在中央公园。我的成绩和之前差不多，从 39 分 22 秒变成了 39 分 50 秒。

没有比赛也不写书时，我就会在滨临哈德逊河的公园那儿，向南一直跑到 72 街，然后再折回来。因为我回纽约后的头等大事便是 1981 年纽约马拉松赛。我将在 10 月的最后一个星期天参加自己那一年里第四个马拉松。

那时的赛道和现在的几乎一致，都是从费雷泽诺桥边的斯塔顿岛开始。比赛一开始我就跑了起来，过了中点我仍然在跑。跑到布

1　Oshkosh，威斯康星州东部的城市。

鲁克林的绿点时，我听到有人在喊我的名字，抬头一看是帕特·特里斯带着那时的女友又来给我加油了。

那时我的膝盖应该已经在疼了，但还不足以让我切换步法。我忘记自己是在什么时候换成了竞走，可能是在十五或者十六英里处，也就是在通往曼哈顿的皇后区大桥附近。接下来的比赛我都在竞走，不过在最后的一百码我强迫自己跑了起来——这么做不是为了要更快地冲过终点线，而是为了不让记分员把我列入“竞走者”范畴。马拉松赛委会有个专门为竞走者设立的部门，他们还有颁奖仪式；我的成绩是 4 小时 39 分 38 秒，显然这个成绩不足以竞争奖品，但我不想放弃任何机会。

4 小时 39 分 38 秒。

这个成绩比我在马德里快了四分钟，比在北达科他州慢了十三分钟。你不能单单把两场的成绩作比较，因为纽约的赛道显然比大福克斯要复杂得多。要我把参加的这三场马拉松放一起比较则更难，因为对我而言，最重要的是我能在一场比赛里坚持跑多久。跑得越多，自然用时越少。

让我跑完全程 26.2 英里似乎不太现实。不过我能跑一些短程比赛——有时膝盖会疼，有时安然无恙——但在马拉松赛里，我的膝盖迟早会提出抗议，这样也好，因为我越强迫它，造成持久伤害的风险越大。

如今有很多马拉松赛手都是跑走结合，赛跑专家杰夫·加洛韦（Jeff Galloway）提出了一条在跑步和步行间规律切换的方法。他说用这种方式不但能使新手顺利完成比赛，还能让老将提高总体的成绩。他声称这么做会很有效，许多竞走者和赛跑手都是他的铁杆粉丝；不过也有不少人很讨厌他，同时也厌恶那群粉丝，于是常常跑到他们前面，然后突然停下来开始步行。

当时我总认为，一个人要么做赛跑手要么就做竞走者。虽然我在跑到华盛顿广场时换成了竞走，但我坚信，自己一旦成为了赛跑手，就没必要这样停下来走了。

所以我现在到底算是什么呢？如果我是个赛跑手，那理应能跑完全程才是。如果不行，那也许就得乖乖做个竞走者，走完全程。

那年我的计划表里还有一个马拉松要去，是在12月第一个星期天的泽西海岸马拉松。我想了下，决定靠走。全程，从头走到尾，我甚至都不打算作弊，跑着穿过某个五十码的十字路口，就像之前在伦敦那样。

据我所知，那个赛道不像北达科他州那么崎岖，而且气候也很适宜比赛。只是有一个问题，我得在五小时内完成比赛。

因为，如果你想要件纪念夹克的话，这是截止时间。

一般来说，每场比赛都会有纪念T恤，而你只要报名就能得到。当你去拿自己的号码时，赛委会就会发给你，没人会在意你能不能完成比赛，甚至不会关心你到底跑了没。

但是泽西海岸的马拉松赛会发放一些夹克衫，有些人把它叫做叫防风衣。它们看着相当不错，帅气的蓝色，由某种反光材料制成，上面还印着赛事的标志。我曾见过别人穿着上一年的款式，显然我也想要一件。

只是，你要在五小时内完成比赛才能得到。（现在想想很可能并没有那么苛刻，当时我认为终点线会在五小时整或者刚过一小会儿就撤走，因此他们无法给在那之后才赶到的选手发夹克。比如说，在5小时15分时他们还没走，而恰巧有个可怜的家伙一瘸一拐地过了终点线，而他们手头上还有几件夹克衫，你觉得他们会不发给他吗？也许不会——但当时我很清楚，要是想得到那件该死的夹克衫，我就非得在五个钟头内完成比赛不可。）

瞧，这有什么难的呢？我都跑过四场马拉松了，而且其中三场的成绩都在五小时内。

但是这三场里有一大半路程我都是在跑，唯一一场竞走的伦敦马拉松我用时超出了五小时，每英里多用了足足一分钟。

我这又不是去沙滩上散步。

为了有资格拿到那件夹克，泽西海岸比赛我必须每英里的速度快过 11 分 30 秒。我能做到吗？

纽约马拉松赛结束一星期后，我参加了中央公园的八公里万圣节比赛，和我上一年参加的一样。上次是 46 分 50 秒，而这次竞走的成绩是 55 分 47 秒。八公里相当于五英里，也就是说我竞走的速度是每英里 11 分 10 秒，按照这个速度，我应该能提前几分钟完成泽西海岸的比赛。

不过这得基于我整场马拉松都能保持这五英里的速度。一场马拉松比赛很长，距离只是一个方面。不过我不用担心自己会突然撞上一面墙。除非你是精英赛手，要求自己每英里要保持在五分钟之内，不然那儿可没有墙让你去撞；那只会发生在那些跑得很快的选手身上，他们会耗尽自己体内储存的肝糖原，而我们其他人则靠着不那么高速运转的引擎慢慢消耗体内堆积的脂肪。这么长的比赛中，没有什么东西会阻碍你慢下来。

我竞走过最长的比赛是迈克 · 汉农纪念赛，全程二十英里我都在竞走，并且那是我第一次以竞走者的身份参赛。我的成绩是 4 小时 09 分，也就是说每英里用时超过十二分钟，按这个速度，我离拿到夹克衫的时间还差了二十分钟。

嗯。

好吧，那毕竟是我第一场竞走完成的比赛。一个月后，我曾参加过从科尼岛到展望公园的布鲁克林半程马拉松。我仅用时 2 小时 22 分 25 秒。我不需要计算每英里的速度，我只要把这个时间翻一倍就行了，也就是说我能用 4 小时 44 分 50 秒完成全程。

我一下子觉得这个目标是可以实现的。另外，我在俄勒冈州的半程马拉松跑步时间是 1 小时 54 分，这是不是意味着我能在四个钟头内跑完全程呢？

不太可能。因为最重要的是，我无法确定自己要花上多久才能走完一场马拉松——直到这么做了之后。我必须全程迫使自己保持在短距比赛里的速度，不让自己慢下来。我能做的就是去尝试，比赛开始后的第五个小时我就能清楚结果了。

泽西海岸比赛前我还有两场比赛要参加，水牛城特拉华公园的十公里赛以及感恩节周末在华盛顿特区的“火鸡快跑”五英里赛。我那个月大多数的训练都是在哈德逊不断地竞走，但是那两场比赛我都跑了，“火鸡快跑”那场的成绩是 39 分 05 秒，这是我同等距离比赛中的最好成绩。

这场比赛是个里程碑。因为它是我最后一场作为赛跑手参加的比赛。

眼看泽西海岸马拉松赛就要开始了，我还没有决定自己是跑步还是竞走。直觉告诉我要谨慎行事。如果一开始我就能跑上十到十二英里的话，拿下夹克不在话下。我前三场的成绩都在五小时以内，相信这场的发挥也不会太差。

最重要的是，我不断告诉自己，要千方百计拿到夹克衫。将来还有别的马拉松赛、还有别的机会能证明自己是个竞走者。

同时我又想挑战下自己，走完全程。因为这的确是一个不小的挑战和检测。我怎么能放弃呢？

于是我搭上公交去了雷德班克，在那儿的旅馆住了一晚，第二天早上准时出现在起点线上，接着走了起来。对于这场比赛我所记不多，只记得自己一开始就很卖力，并在某一刻觉得自己能在五小时之内完成比赛，但就此下定论还为时尚早。我花了不到两个半小时完成了前 13.1 英里，但超得不多。

在接下来的一半路程里，我虽然没有走得更快，但也没有慢下来很多。比赛中还有另外一些人也在竞走，其中有几个我在中央公园里见过。有一件事情我记得相当清楚，那就是我超过了他们中的一个——一个比我更快、更强的竞走者——大概有两三英里的样子。当我超过他时，他向我招了招手，并竖起了大拇指。我继续保持着原来的步速，并且开始觉得自己还真有可能做得到。

我确实办到了，最终成绩是 4 小时 53 分 28 秒。他们给了我一件夹克衫，我立马穿了起来，接着踏上公交回了城里。

我不知道后来那件夹克衫怎么样了。这么多年来我顶多穿了三四次，但是我喜欢拥有它的感觉，即便后来那些年我所走的路就是去街角寄封信而已。

我时不时地会在某个衣橱里看见它，并且回忆起比赛的种种场景，那奋力冲向终点的热切决心，还有最终得到它的成就感。因此我当然会将它好好保留着，我确信我现在还拥有它，只是不晓得它该死的上哪儿去了。

大概就是在这个时候，我听闻还有二十四小时赛。

我开始意识到，世间还有比马拉松更长的赛事，有些人会去跑五十或一百公里，甚至是五十或一百英里的比赛。这对我来说简直太疯狂了，但不久之前，一场马拉松对我而言也同样疯狂。

接着我开始阅读有关二十四小时赛的报道，看看那些能在二十四小时内完成一百多英里的人是如何赢得“百夫长”称号的。据我所知，这样的比赛每年都在一个四分之一英里长的椭圆跑道上进行。你绕着赛道跑四百圈，奖品就是你的。

报道称，奖品往往会被年纪大的选手获得。对于长距离的比赛，年龄因素已经越来越不重要了，那些频频摘得马拉松桂冠的选手，往往年龄太大，根本无缘问鼎短程赛事。极端情况更是常有发生，美国二十四小时赛的纪录保持者是在近六十岁才投身运动，创下该项记录时他已超过了六十。

报道的作者认为，事实上年轻人在这方面有相当大的心理劣势。当你二十岁时，你绕着跑道走了十圈，然后意识到自己还有三百九十圈要走，你很自然地会说“见鬼去吧”，并认为自己大可以明年再来。而当你过了六十，“明年”的数量就很有限，流逝的每一分钟都不会使你变得更强。因此你会趁自己还有这个机会，坚持住。

不得不说，这很令人心动。我的速度不算快，体格也不算强健，但相对而言，我是个做事有始有终的人。要在规定的时间内完成这点距离，我的平均速度只要保持在每十五分钟走完一英里多一点，而我在跑马拉松时的速度可比这快多了。当然，这意味着要跑上三个马拉松，还要加上第四个的一大半，一个接一个，也许比到一半我就会被人抬进医院。但如果我现在就开始训练，慢慢地稳步提升里程数的话……

好吧，我并没有为“百夫长”赛事做任何的训练。我觉得自己离六十岁还有很长的时间。但你一定认为，以我在泽西海岸赛中的表现，我会在未来的数月中参加多不胜数的赛事，对吗?

事实并非如此。那个月我后来是参加了一个中央公园的十英里赛，全程竞走，但一直到 1982 年 6 月中旬，我一场比赛都没参加。我 7 月参加了两场，8 月三场，10 月三场，全部竞走完成——在此之后的二十几年里，我完全没参与任何比赛。

的确，事情的发生或不发生都十分有趣。我曾在一年中参加五场马拉松，并且创造了巅峰，我自然希望能在 1982 年跑更多场马拉松，或者说保持五场。

新年没过几天，我就从华盛顿高地搬去了绿点区。我找到了一间在四楼的狭长公寓，在曼哈顿大道上，纽约马拉松中点过去一点点。我跑步时就注意到了这里，并一直印象深刻，我甚至在《八百万种死法》里把马修 · 斯卡德客户的秘密住所设定在了这里。当我决定给自己找个住处时，我就在这个片区看了看。

我喜欢住在绿点区。如今那儿变得相当时髦，尽管和当初看起来没太大区别。当我住在那儿时，发现在这个社区里人对日期的感觉很不一样。我告诉朋友们，这里的时间与城市的其他地方不同。“当曼哈顿八点半时，”我解释道，“绿点区是 1948 年。”

这是个适合居住的地方，而且本也该是个适合训练的地方。麦克凯伦公园离我家才不过五到十分钟的距离，椭圆的沥青小路对竞走来说是最理想不过了。

或者说，本该是这样的，要是没有那群熊孩子的话。

公园对面是一所在贝德福德大道上的高中，几百号布鲁克林区最优秀的年轻人在那里学习汽车和飞机的修理学问。当这些小混蛋们开始偷车或是经营赃车店时，我就能看出他们对汽车机修知识学以致用了，只是飞机的那部分课程显然缺乏锻炼的机会。

显然我们会狭路相逢，因为很大一部分学生会在公园或者附近消磨时间。他们似乎认为——我可以向你们保证，这也不无理由——一名中年男子在公园里竞走的样子就和看卡通片一样滑稽。

我一直坚信，如果不去理会那些盯着看你的人，那么他们迟早会没兴趣再看下去。而相反地，他们却坚信如果你一直嘲笑某个可怜鬼，那他迟早会放弃并打道回府——因为他坚持得越久，提供的娱乐就越多。

不得不说，这剥夺了我很多训练的乐趣。

不过，我是可以想出解决办法的。如果这对我真的很重要，我会想办法累积自己的里程数。

我加入了离家一两个街区远的绿点基督教青年会，每周都去练几次力量。当发现几位年轻的会员在乐此不疲地往热石块上撒尿时，我不再去洗桑拿，这足以使一个人远离桑拿房——并且，不用多久，远离整个基督教青年会。

基督教青年会里也许有跑步机。我不记得有，当时那样的健身器材是不会出现在社区健身馆的。就算有，我也不记得自己用过。跑步和竞走，在我看来，是要在户外进行的。

如果你真的跑起来的话。

不去训练变得越来越容易。传统观点认为跑步容易上瘾，但我觉得不跑似乎更容易上瘾。你很容易就习惯了不跑，却很难打破。

直到 6 月我才参加了一场比赛，10 月的八千米万圣节赛是我那年的第九场，也是最后一场比赛。九场比赛我都靠竞走完成，记录本上显示我的平均速度是十一分钟完成一英里。这些都是三四英里的比赛，有几场十公里的，还有一场半程马拉松。（还有一场就在绿点的六英里比赛，要不是距离太长，赛道测量器坏了，我的时间 1

小时 04 分 03 秒本来是相当不错的。)

10 月 17 日在中央公园有场五英里赛，大家叫它计算机赛，因为主办方利用这个机会来测试计算机计分系统，并用于一周后的纽约马拉松赛中。我压根就没去注册参加那场马拉松，想都没想过，我确信自己没有好好训练打下比赛基础。再一周后是八千米万圣节赛，我的速度比上一年慢了两分多钟，所以一年的轻松训练并没有影响太多。我仍能继续跑下去。

然而我没有，未来的二十二年里都没有。

13

1982 年的 7 月，我交了位新女友，其实我们在上一年的秋天，也就是我从加利福尼亚回来时就认识了。当时我们都在和别人交往，因此还只是普通朋友；到了 7 月我们从各自的关系中解脱出来，走到了一块儿。

有一件事我们都很清楚，就是双方都对一段平稳的关系毫无兴趣。对啊，就是这样。但到了第二年的 2 月我俩就订婚了——订婚！——1983 年的 10 月我们结婚了，接着就幸福快乐地生活在了一起。

如果想摆脱不满的现状，跑步是个不错的选择（哪怕最终只是走走路罢了）。在途经的任何一家廉价商店里，弗洛伊德都会对我 1981 年夏天的奥德赛之旅点点他那睿智的头，然后轻轻抚摸下胡子说：啊，原来如此。那你究竟要逃避什么呢？嗯？接着他就会指出，只要琳恩一直陪在我身边，我就不再需要逃避任何事情，于是我停止了逃避，也停住了跑步。

好吧，可能这点很难证明，不过我认为还有别的因素在起作用。

比如说负荷超重。1981 这一整年里，我跑得实在太多太多了——四十场比赛，上帝啊，其中还有五场全程马拉松。显然在心理上和情感上我都对它产生了厌倦，很可能生理上也是。

还有更多同样重要的事情要我花时间去做。除了那会儿重拾的写书任务外，我还创建了一个互动式的写作研讨小组，几年来琳恩和我都在忙这个小组的事，每个周末都要飞到别的城市去。（我们给这个小组命名为“为你的生命写作”，后来发现这简直是个错误；许多各地的小组都认为自己有别的事要干，比如说关于人流话题的辩论，而这些都与我俩无关。）研讨小组从各个方面来看都非常令人满意，除了财政上的——对于我俩付出的时间，每小时的回报是五十五美分——而我们三年中花了大量的时间和精力在上面。

与此同时，1985 年的夏天，我们离开了纽约的公寓搬去了佛罗里达州。我们在海湾处买了栋房子，入住的第一天我就沿着沙滩向北散了会儿步。第二天我做了同样的事情，只是方向反了一下。第三天我待在了家里。

我们在佛罗里达度过的那些年里，我曾经想过要去沙滩上跑步。（在沙滩上竞走恐怕很难办到。）但是天气太热了，我的身材也变形了，不久我就抛弃了进取之心。跑步，或者说竞走，不管你怎么称呼它，似乎是我曾经拥有并且已经完成的事情了。有时我会穿上一件比赛纪念 T 恤，回忆起自己是如何努力去得到它。在沉思或者交谈中，我也会时不时地想起自己曾经参加过马拉松，并且在一年中完成了五个。当我再次提到时，这些事迹显得令人钦佩；我也感到很自豪，但也有些惆怅。它们都成为了过去，和过去的其他部分一样，都将不再回来。过去的一切都像歌中所唱的那样：过去了，唉，就像我的青春那样，消失得太快。

一天，我正坐在迈尔斯堡海滩上自家的客厅里，脑袋里突然蹦出一个人，我想象着他正向东穿越美国。在他行走的过程中，很多人加入了他的队伍。

那是1987年的夏天，我们已经在佛罗里达住了有两年了。在那期间我一直在写东西——包括一本基于“为你的生命写作”的书；一部根据电影改编的小说，但可惜没能出版，因为出版商没划清我们之间的权利配比；以及一个搁浅了的与人合作的非虚构写作计划。我还写了一些短篇故事，以及好几本书的开头章节，而那些书注定不会再有第二章。能安心坐下来写本新的小说对我而言已经是过去时了，我也想不出要写什么。

我一个冲动，帮自己预约了7月份去“作家部落”。我之前从来没去过这种地方，但阅读过一些相关的资料，知道他们提供房间和膳食，还有一块公用的净土来激发创作灵感。多年来我养成了一个习惯，就是一旦自己写作遇到困难就会出发去别的地方。和阿比林郊区的汽车旅馆相比，弗吉尼亚艺术创作中心[1]显然是个更欢乐的选择。我不知道自己到了那里要干什么，但是我相信肯定要比待在家里有效率。

也许我该写本关于伯尼·罗登巴尔的书，关于这个技艺精湛的家伙，我已经写过五本情节甚为轻松的书了，而我自己也很想写第六本，但是之前我的一些动机不晓得跑哪儿去了。我打算写一个关于棒球卡片的故事——有人收集卡片，而伯尼把卡片偷走——于是我买了好几本关于棒球卡片的书并且认真研读了起来，但是这一切并不表示我准备写这本书，或者说我已经有了故事的思路。

1　VCCA，专门给国内和国际的艺术家、作家和作曲家等提供创作静居处的地方。

我决定到了弗吉尼亚艺术创作中心后将这些零散的想法整合一下。我要在那里待上四周，就算不能完成一本书，至少也能写出个像样的开头来。其实这也就是我想要的——一个像样的开头。如果我能顺利完成这个任务，那剩下的部分我大可在家完成。

然后，大概在我即将出发前往弗吉尼亚的前两个礼拜，我脑子里幻想出了那个跨越国境的人。

接下来的几天里，关于这个故事的情节越来越多地浮现在我脑海里。我决定——或者说是我意识到，或者管他是什么——开启整个故事的人是一个来自俄勒冈州的酒保。另外一位女性人物双目失明，有一个年轻的儿子。而且——

一点一点地。伴随着这些人物的发展，我还感到有另一个故事在同时进行着，一个连环杀手在中西部晃荡，沿途谋杀各色女性。我看不出它和先前的故事有什么联系，或者说我怎么才能让这两个故事交汇到一起，哪怕不能出现在同一本书里，也能出现在图书馆里同一排书架上。我意识到发生在自己身上的是一种不同寻常的文学发酵，这种经历我之前从来没有体验过，因此我不愿意去妨碍它的行进。

很明显，我将要写的这本书里故事情节错综复杂，是一部多视角小说，拥有一大把角色还有许多小插曲。它需要相当多的铺垫以及详尽的故事梗概，我还需要不少时间才能开始动笔写。两个星期的时间自然是不够用的——也就是说我最好在弗吉尼亚艺术创作中心想个别的。

但当我坐进车准备北行时，我意识到自己别无选择。我的脑子里只有这么一本书，并且挥之不去。要真的坐下来开写不太现实，但我可以做些初步的工作，比如先马马虎虎把这些想法拼凑成一个提纲，等回到佛罗里达后再好好拓展。有了这个目标后，我就带着兰德·麦克纳利的公路地图册欢天喜地上路了；这本册子不仅能帮助我进行地理探索，还能防止我在途中迷路。

我在路上花了两天的时间，中间在诺克斯威尔停了会儿，参加了当地的定制刀具展。（我买了一把很小的折叠刀。我忘记后来它怎么样了，很有可能在我那件泽西海岸马拉松纪念夹克的口袋里。）到了弗吉尼亚艺术创作中心后，我找到了自己的房间，走了四分之一英里到了工作室，在那里安好打字机，把地图册放在旁边，再把一沓白纸放在另一边，接着去饭厅吃晚饭。

第二天早上，我来到工作室，在打字机旁坐下，写了二十页。接下来的二十三天里，我天天都如此，于是就有了四百六十页底稿。我花了一天来修改，一天去斯威特布赖尔学院把它们复印下来，接着跳进车里，开车回家。

很多作家都提到过，某些小说会自己从笔尖流出。尽管我没有这样的经历，但从某种程度上说，《随便走走》（*Random Walk*）这本书有点类似这样的情况。一个不知从哪里冒出来的想法主动找上门来，两周后我就坐下来开始写书，又过了三个星期加两天居然写完了。如果这玩意儿不是自己写出来的，那你说是谁写出来的？

好吧，我想是我写的吧。我就是那个在打字机上轻敲键盘的人，我是那个每天早上出现在工作室并且待上十个、十二个甚至十五个钟头的人。

这可不像把神仙的指点听写下来这么简单。我了解到一些这样把书“导引”出来的人，他们写作的过程无非是把萦绕在自己脑海里的句子誊写下来罢了。（如果莫扎特值得信任的话——上帝知道，他向来备受信赖——他创作曲子的过程就类似这样。“这没什么了不起的，”他似乎这么说过，“我所做的只不过是把我脑子里听到的音乐写下来罢了。”）

我不知道要花上多少精力和情感才能达到那样的境界，不管是对莫扎特还是对那个创建“奇迹课程”（A Course in Miracles）的女人而言；我也不知道真正的灵感是来源于内心还是外界。我只能从自己的经历来说，这种才思泉涌的灵感最初确实不是从可见的物体中获取的，这样的灵感还在写作过程中持续不断地激发着我，因此我从来不会为接下来要写些什么而感到苦恼。

这绝对不是什么容易的事。埃德加·劳伦斯·多克托罗曾把写作过程比作在夜间开车——你永远只能看到车前灯照到的地方，但是你能通过这样的方式横穿整个国家。我书中的这些角色，都被那个来自俄勒冈州罗斯伯格的酒保所带领着，他们在白天漫步，不在夜里行驶，我每天到工作室时就知道，我要做的是让他们的旅程再多持续一天。

当然，我完全没有故事梗概，因为对这个故事未来发展的设想从来没有多过一天的时间。我只有那本地图册，没有哪一天我不在那本册子上倾注大量的时间去研究他们的路线，决定让他们向哪儿转，在哪里停下。与此同时，我的这个连环杀手正开车在中西部做他的邪恶勾当，我也是靠这本地图册追踪他的路线。书里很多事件都在我从没去过的地方展开，但这并不影响我写下去。我不确定自己在写些什么，但肯定不会是一本旅游书。

如果有人认为这种灵感就如同物体一般毫无生命力，那他必定会认为《随便走走》这本书散发出了一股强烈的“为写而写”的感觉，并且贯穿始终。

唉，让人失掉了不少阅读的欲望。

一直与我合作的出版商威廉·莫罗说愿意出版这本书，但要求我做大量删减，并且把故事重新整合得面目全非。我压根不想这么做，于是我的经纪人把书给了另外两家出版商，这两家都表示愿意出版。我们去了 Tor 出版社，我做了点小小的修改，在情节里加上了一块水晶，让它在那些漫步者手中周转，这点让编辑很满意。（我不确定这是不是一个好主意，但也无伤大雅。）

接着书就问世了，但却很快消失得无影无踪。没人知道这本书，封面上写着一行字——“新时代的新小说”——一点忙都帮不上。封面设计也做得不怎么样，搞得像本科幻小说似的，仅有的几条书评反响很差。好不容易爬上书店书架的那几本，想要离开书架就更难了。

精装本发售一年多后，《随便走走》迎来了第二次生命——平装本出现了，但依然没奏效。这次的封面成功地将这本书塑造成了关于向西迁徙的史诗小说。然而那些潜在买主们还是想到办法找到了这本书，感谢上帝他们没把别的书带回家。

这很容易让人想去骂出版商，而我当时也确实这么做了，只是我不知道有谁能让《随便走走》变得畅销一点。写这个故事的过程已经相当神奇了，能看到它出版成书我已经心满意足，如果它注定要从此销声匿迹，那又怎么样呢？反正我也不是才二十二岁，这也不是我生平第一本书。我写过很多书，其中不少都在出版后就失踪了。

好吧，其实也不算完全消失。

总有那么几本会跑到读者手中，多年来我也一直听到他们的反馈。

“你知道吗，”有人在一次签名售书时说，“你写的东西我几乎都读过，不管是轻松的还是黑暗的，我几乎都非常喜欢，但是我前阵子买到一本你写的书，我从头到尾没看明白，我不知道你在写什么或者要说明什么，我也不明白你为什么要写这么一本东西，而且——”

我立马意识到他在说《随便走走》。

另外我还看到这样的字句："你的书我都看过，我都非常喜欢。但是其中有一本书我足足读了十七遍，我发誓它绝对改变了我的世界观，读完之后我的人生发生了很大的改变，每年我都会去重读它，从中获取不一样的东西，而且——"

《随便走走》。

很快这本书就停止印刷了，直到二十世纪九十年代中期我才获得机会，通过一家按需印刷的出版公司[1]让它重新展现在大家面前。他们出了平装版，当时他们和巴诺公司[2]关系很好，我的书很快就上了书店的货架。如今此书还在印刷，大概每六个月我都能拿到一张四位数的版税支票。这四位数中有两位是在小数点后面的，不过至少说明了书还在那儿，每过一阵子还会有人去买一本看看。

这些年来，或许我应该去说服哈珀·柯林斯出版集团来出这本书，不管是大众平装本还是普通平装本，让它能找到更多的读者。但当我一有这个念头时，我就想到了汤姆·罗宾斯《另一条路边的诱惑》(*Another Roadside Attraction*)里的一段情节。

书中有个人因慨叹蝴蝶的生命太过短暂而终日郁郁寡欢。于是她将自己催眠，深思这种现象，从中领悟到蝴蝶的生命其实与它应拥有的完全等长，既不太长也不太短。

我不确定是否有人会用这种方式来看待《随便走走》。也许我就该什么都不做，好让书本自己找到真正的读者。或许它已经找到了——并且在继续寻找着——最终找到它应该属于的那些读者们。读者群不会太大也不会太小，而应该和它应该拥有的一样多。

---

1 文中提到的是一家叫 iUniverse 的独立出版公司，他们专注于消费者的需求，既出版新书也重印老书。

2 Barnes&Noble，美国图书零售商。

14

《随便走走》并没有在美国文坛造成很大的反响，尽管某位粉丝说得很夸张，但我始终认为它没有改变很多人的生活。

不过，它倒确实改变了我的生活。

就在我从弗吉尼亚回来后紧接的几周时间里，琳恩和我都意识到住到佛罗里达来是个错误决定。迈尔斯堡海滩绝对是个好地方，遇到的人也相当友善，问题在于我们不适合这里。我们意识到，我们之所以来这儿是因为我俩在纽约的生活实在让人疲惫不堪；琳恩当时在做繁琐的会计工作，而我则在不停地写书，写杂志专栏，每个周末还要飞去别的城市举办写作研讨会。我们感到筋疲力尽，1985 年的某个周末我们到佛罗里达州的庞帕诺比奇拜访我的舅舅和舅妈，他们悠闲自得的生活让我们备受打击。

我不是在开玩笑。我的海舅舅基本已经算是退休了，一星期只要工作十五个小时。而我的敏舅妈则把大量的时间花在打高尔夫上。我们四下瞧了瞧，决定佛罗里达就是我们要的答案，接下来你们都知道的，我们搬去那儿住了。但不是在庞帕诺比奇。我们选了西海岸，听说那儿更安静。

很好。

过了两年，我们又非常确定不想再住下去了。但是我们能去哪里呢？回纽约？

也许吧。但也许不会。我们还不打算做这个决定。

我们设想着离开迈尔斯堡海滩然后上路，过上居无定所的生活，迎着微风步履轻盈。这是我俩多年来的憧憬，如今看来，到了试一试的时候了。

我们开始打包，把一些东西送人，剩下的暂时先存着。我们计划在 1988 年初离开，只是还不确定要去向何方。于是我拿起了那本公路地图册，回忆起我在弗吉尼亚与它相伴的时光。

我们注意到有很多城镇和村庄都叫布法罗。我是在水牛城[1]长大的，早就知道那不是国内唯一一个叫布法罗的。我知道在怀俄明州有一个，好像在得克萨斯也有一个，而且很有可能在别处也有。

在我写《随便走走》的时候，我发现全国布法罗的数量远远超出自己的想象。地图册的目录上就罗列了不少，而内页的各州地图里则出现了更多——于是我的“布法罗名单”开始激增，当然包括了一些含有“布法罗”的地名，例如布法罗格罗夫，布法罗加普，还有——找到了！——新布法罗。

我把这些发现都汇报给琳恩听。“全国至少有二十个这样的布法罗，”我说道，“而且它们大多在西部，另外有一批在宾夕法尼亚和弗吉尼亚，有一个在阿拉巴马。所以你瞧，我在想的是，既然我们本来就在漫无目的地乱走，那何不就去瞧瞧这些布法罗呢？”

“你有一个多么宽容的妻子啊！”不断有人这么告诉我。“能容忍你的疯狂，跟着你追踪全国各地的布法罗。”

确实，大家有这样的反应我觉得是很正常的。在我看来，我的确拥有一位在各个方面都极其宽容的妻子。因此听到这样的话，我通常点点头一笑了之。

只是我要在这里郑重声明一下，我当时只是试探性地建议了一下：我们也许，仅仅是也许，可以试着去看看这地图上的几个小点，而我那位无比宽容的妻子，她的反应是：

---

1 Buffalo，音译为布法罗，在英文里还有“水牛”的意思。只有在纽约州西部的那个布法罗城，也就是作者出生的那个城市，我们会俗称为水牛城，其他城市均用的音译。

“我认为，”琳恩站起身来，斩钉截铁地说道，“我们应该把它们跑个遍。”

嗯，我们一直在努力。

在我们离开佛罗里达前的一个月里，我有时会去图书馆待一会儿，在那儿我偶然发现了一本很喜欢的优质地图册。结果，到我们上路的时候，我们的布法罗名单已经从二十个左右增加到四十几个。

现在，差不多是二十年后，我们已经到过了八十四个这样的城镇，并且了解到还有一打地方等着我们去。

你知道吗？这让我想起了之前人们是怎么谈论伦勃朗的——他一生当中画了三百幅油画，其中有四百幅在欧洲，还有剩余的五百幅在美国。比喻到此为止。从这些油画可以看出，有不少冒牌伦勃朗作品在广为流传，然而有人会造出这么多假冒的布法罗似乎不太可能。

那这个数字又是怎么回事？我相信答案不在于地理位置，而在于混乱的现代物理学。根据海森堡[1]的理论，我只能说布法罗就像亚原子粒子[2]一样；在搜寻它们的过程中会有更多的新东西如雨后春笋般冒出来。

我们到的第一个布法罗在阿拉巴马州，兰德·麦克纳利的地图册上有标注，因此找到它很简单，只要把车开过去就行了。但这个地方似乎已经荒废了；路上没有任何欢迎的标示牌，只有一面墙上手写的“布法罗”三个字才能告诉我们这是在哪儿。

---

1 Heisenberg（1901—1976），德国物理学家，量子力学的创始人之一。1932 年因“创立量子力学以及由此导致的氢的同素异形体的发现”而荣获诺贝尔物理学奖。

2 亚原子粒子是指比原子还小的粒子，如：电子、中子、质子、介子、夸克、胶子、光子等。

当地的一个商人告诉我们，人们还是称这个地方为布法罗，它原本叫布法罗瓦罗[1]，因为这里曾是野牛们打滚的地方。不过这都是很久以前的事情了，并且其他所有东西也正在慢慢消失。

我们穿上了布法罗T恤——我们有很多这样的衣服，都是“布法罗新图案”公司的产品，上面印着我们这位高贵的动物朋友，以及城市的格言：布法罗，最真实的城市。经过这般妥善打扮后，我们掏出宝丽来相机，分别以这面墙上的字为背景给对方拍了张照，接着我们又发现，在一家杂货店旁边的半亩空地上有个指示牌。上面也没有关于布法罗的任何信息，只有一段言辞激烈的警告，说这片空地是私人俱乐部，只对会员开放，任何非法入侵者都会遭到起诉。乖乖，不就是块空地嘛，上面长满了成排的野草，还遍布着各色垃圾。谁要去入侵？谁在乎做不做会员？这个牌子竖着到底是干吗用的？

“为了阻止犹太人进去。[2]”琳恩说道。

密西西比的布法罗是我们的第二个目标。它开始暗示我们接下来将要面对什么。因为它不在任何一张地图上，也不在任何我所查阅的资料里，甚至没出现在我那份工业级的地图册上。自那以后，我也没见任何地方提到过它，我们会去那儿，纯属偶然。

或者，很可能政府的某个机密部门设在了那里，并且还通过民用波段无线电进行工作联络。琳恩之前就坚持认为我们要买一个这样的设备，但只要我在车里，我是不会让她打开那玩意儿的，因为我受不了。离开阿拉巴马州的布法罗后，我们到了莫比尔，我在那里闲逛了

1 Buffalo Wallow，在英语里意思为在泥水里打滚。

2 这里是琳恩在调侃布洛克，并非种族歧视。

一天，而琳恩开车去了密西西比州的乔治郡处理些家庭事务。

我在汽车旅馆里待了一天，给每个月的《作家文摘》专栏写东西，等我圆满完成时，琳恩也回来了，她告诉我拥有那无线电是多么好的一桩事。“有两个卡车司机在交谈，”她说，“其中一个人提到了密西西比州的布法罗。我甚至不知道密西西比州也有布法罗。”

“那儿没有。”我说道。

“好吧，”她说，“但现在出现了。我太兴奋了，于是我打给19频道[1]请求加入对话，就像你做的那样。”

“我做的那样？”

“大家做的那样。喜欢民用无线电的人都这样。我问了问这个密西西比的布法罗，这帮老男人中有一个告诉我它在麦克莱恩附近。”

去哈蒂斯堡的途中会路过麦克莱恩，于是我们第二天早上就出发了。某个加油站的伙计给我们指了去布法罗的路，“它离这儿不远，”他说，“不过你俩为啥要上那儿呢？”

对啊，为什么呢？我们按照他指的方向开，就在他说的那个地方，我们看见了一片旧墓地，有块指示牌上面写着“布法罗公墓”。这是唯一能说明这儿曾经是个社区的例证，但也已经足够了。我们穿上布法罗T恤，拿出宝丽来相机，同时布法罗的收藏数量也翻了一番。

“这太神奇了，”琳恩说，“你猜有多少人来过密西西比的布法罗？”

“肯定不单只有我们俩，”我回答道，“但是其他来过的人都死了。”

这些布法罗们压根不是重点。它们只是给本质上毫无目的的奥德赛之旅提供一个假想的目的罢了。我们想离开佛罗里达州游历全

1　民用波段无线电（CB radio）有1—40频道，19频道是卡车司机频道。

国，但光有这么一个想法的话，很难决定下一站该去哪儿。而追踪这些布法罗，总能告诉我们什么时候左转或右转。我们只要朝着最近的布法罗进发就行，沿途很可能会发现好玩的东西。

有些布法罗本身就很有意思，有些则不是。密西西比的布法罗只不过是一大批幽灵布法罗中的第一个，那些小镇曾经都是社区但最终没能发展起来。比如加拿大萨斯喀彻温省的布法罗加普就是其中一个，只有一片墓地证明它确实存在过，而其他很多布法罗的人口也相当稀少，不管是活着的还是死去的。

得克萨斯州的布法罗位于州际公路出口处，是为数不多有汽车旅馆的布法罗之一，我们在那里过了夜。那儿的彩虹咖啡馆提供的午餐也很棒。而德州的布法罗加普在离艾比利尼不远的南部，是朱迪会所的故乡，那里（以及朱迪公司）的食物简直太好吃了，绝对值得绕道再去一趟得克萨斯州尝尝。

不过大多数的布法罗只不过是个“到此一游式”的小镇，按个快门就可以走人了。它们有些就在地图标记的地方，有些则很难找到。我记得曾经花了半天时间去找北卡罗来纳州的布法罗湾；我都不确定我们是不是真的找到了；我们在某个小海湾那里拍了张照，我想也没人能证明这不是正确的地方，而且我想这也没什么要紧的。

在寻找布法罗踪迹的同时，我们在干吗？

我们在开车漫游，在廉价的汽车旅馆过夜。公路地图册以及一个又一个布法罗的景色为我们指明了方向，一套莫比尔旅行指南则告诉我们沿途可能会有哪些消遣活动。我们去了大量的国家公园和历史遗迹，包括一些非常著名的比如黄石公园、大峡谷、冰川国家公园，还有大本德河、锡安山、拱门国家公园、恶地国家公园以及火山口国家公园。我们在大峡谷骑了骡子，在锡安山骑了马，但大多数的公园里我们都只沿着山路徒步走上数英里。

莫比尔指南里列出了一些我们从没想过要走访的有趣地方。我记得在西堪萨斯州的某个早晨，我们找到了去道尔顿兄弟[1]藏身处的路，那里是众多银行劫匪的藏匿地点。据说有个逃生通道从房里通向后面的谷仓，不过无从考证。总的来说，还算有趣。

接着我们向南驶入了俄克拉荷马州，在西行去庞卡市和巴特尔斯维尔之前，我们去瞧了瞧俄克拉荷马州的布法罗。巴特尔斯维尔有个博物馆，当时一个石油商收藏的西部艺术品正在展出。随后我们向北再次穿过堪萨斯州到了科菲维尔，那里一家博物馆在纪念道尔顿兄弟同时抢劫两家银行的那天。

那次行动对他们来说不太明智了。法律在等着审判他们，还有很多子弹在等着打穿他们。（艾米特·道尔顿受了重伤但活了下来，在监狱里服完刑后去了洛杉矶，他在那里写了好几部电影，最后成功地做起了房地产生意。这些东西你是编造不出来的——如果你也打算漫游这个国家的话，不妨去查证一下。）

巴特尔斯维尔值得你绕道前往，但也并不是非去不可，因为我们见到的一切也都能在博物馆里看到。我们寻思着那场为开发好莱坞房地产而准备的银行抢劫，同时在 169 号公路上继续向北行驶到沙努特，向西拐弯到 39 号，几英里后就是堪萨斯州的布法罗了。

我们在科斯特堡的一家汽车旅馆住下，遭遇了前所未有的家蝇袭击。我们被迫换了房间，可新房间的状况一样糟。我们一直在拍打这些小恶魔们直到手痛，然后就睡着了。第二天早上我们开车穿过内华达和玻利瓦尔的城镇来到密苏里州，下一站，是的，布法罗。

1　Dalton brothers，又称道尔顿团伙，美国历史上有名的西部银行强盗。

人的记忆很有意思。我追踪着当年的路线——至少是部分的路线——因为我之前在地图册上把它标黄了。如今追寻起来，我会想起多年来未曾想到的一些事情。这倒不包括道尔顿兄弟那两处藏匿点，因为我时常想起它们，在《杀人排行榜》里凯勒[1]也去了这两个地方。(在同一趟旅程里，凯勒还去了印第安纳州纳什维尔的约翰·迪林格[2]博物馆。事实上我们也去了，只是路线不同。我们没在北行去印第安纳州布法罗的路上拜访这个博物馆，而是等去完了印第安纳州埃文斯维尔往东一点点的布法罗维尔之后才去的。)

但是我已经全然忘记科斯特堡那苍蝇横行的汽车旅馆了。至于那愚蠢的店主，看起来相当惊讶，一副完全不知道自己的房间里居然会有苍蝇的样子，但是他很快给了我们一个苍蝇拍。这些我都忘记了，但是当我再次仔细研究起地图，沿着这条通往密苏里州边境的黄线追踪往事时，这些场景又浮现了出来。

怀俄明州的布法罗显然是我们的目标。人口差不多有四千，是除去我出生的、自孩提时代就熟知的那个布法罗[3]外全国最大的布法罗了。它大到足以能让我俩尽情选择餐馆和旅馆。吃饱睡好后我们上车开去科迪。

我们在那里的伊尔玛旅馆住了一个星期，伊尔玛是这家旅馆最初的建造者以及第一任老板布法罗·比尔·科迪的女儿。之前有家图书馆委托我写一篇详尽的自我介绍给他们做参考资料，花一周的

---

1 劳伦斯·布洛克杀手系列的男主角，是一名不以完成任务为满足的杀手。《杀人排行榜》是劳伦斯 2006 年的作品。

2 John Dillinger，美国三十年代大萧条时期名噪一时的传奇人物，犯下了多宗银行劫案，也是联邦调查局当时的头号敌人。

3 纽约州的“布法罗”，即水牛城。

时间来写这个绰绰有余，同时科迪是个很舒适的地方，还有许多不错的博物馆。

离开科迪我们去了黄石，接着继续北行至蒙大拿州，我们先沿着 81 号公路开，接着转到 191 号。我们走 191 号是因为它通向蒙大拿州的布法罗，不过在那之前我们去了下哈洛顿镇，参观了某个不知名的小博物馆，里面所有的物件，或者说绝大部分物件都很不起眼。

我们在里面东瞧西看，度过了愉快的一小时。这些藏品中只有一件让我印象深刻，但它足以让这个地方充满风味。那是某个汽水制造商——百事，我想是，但也有可能是七喜——几年前想进行产品推广，决定给每个州出一款不同的纪念版包装罐。这么做的理念在于，当你买下一罐饮料喝光里面的玩意儿后（或者把他们倒进下水道，随你喜欢），还能把空罐子收集起来，并且骄傲地陈列起来，直到你老妈勒令你把它们统统扔掉。

好吧，还真有人把这五十款都集齐了，而且没把它们扔掉而是捐给了地方博物馆。如今它们就在这里，五十个迷人的小宝贝，不过在全世界的人看来，就是一个个空的铝罐罢了。它们散发出浓浓的后现代气息：壮观地呈现在你面前，构成强烈的视觉冲击。这些空罐子本身就是个屁；把它们陈列起来也依然是个屁，但却是个规模宏大的屁。

你完全可以嘲笑哈洛顿的这家博物馆——确实可以，貌似我刚才已经这么干了——但也有些东西值得思考。多年来我去过无数大大小小的博物馆，随着时间的流逝，那些博物馆和它们的展品渐渐融入了我的记忆。或者可以说统统忘记了。

但是蒙大拿州的哈洛顿却不是这样。我永远也不会忘记那些空罐子。

经过这样的高潮体验后，我本以为蒙大拿的布法罗会显得相当无趣。然而却不然。那是一流的布法罗，那里的一点一滴都和那排空罐子一样令人难忘。

那里，唉，非常萧条。虽然还有人居住，但规模不超过一个小镇。那里还曾有过一所学校，威风的红砖（或者说是红石头，总之是红色的）建筑依然屹立着，尽管大多数窗户已经不见了。

操场如今被用来放羊了，废弃的学校大门敞开，时不时有几只爱溜达的小羊进进出出。这不由让人想起玛丽来，还有她那只小羊羔[1]。我们穿上布法罗 T 恤，掏出宝丽来。咔嚓！

我们时常会打断对布法罗的搜寻，渐渐地整个旅程就被搁置了。有次我们飞到开罗参加了一个旅行团，行程最后的高潮是尼罗河游轮之旅。某些英国小说或者关于布林普上校[2]的书里都曾抱怨过热带腹泻，而当我下船后，我深刻地明白了它的含义。

同年的晚些时候，我们将两个邀请放在了一块儿参加，一个是卡托利卡[3]的印度电影节，另一个是在希洪的西班牙罪犯节。我们把车停在西部的某个地方，接着先飞到纽约再飞到了米兰。我们下了飞机，但三个托运行李包中只有一个安全抵达了。当发现其他人都有各自的安排时，我们自己先坐火车再坐巴士到了卡托利卡，在那里我们靠着一个旅行箱活了一星期。（说来也怪，我们有一个人在整

1 《玛丽有只小羊羔》是经典的英文儿歌，歌词里有提到玛丽带着小羊羔去上学。

2 Colonel Blimp，英国漫画家戴维 · 洛创作的漫画人物。布林普上校是一个自命清高的保守分子，对于一切的变革都抱有怀疑的态度。现在这个名字被固定成习语，用来指代那些“顽固的怀疑论者”。

3 Cattolica，意大利里米尼省的一个镇。

理行李时把东西搞混了，使得这一个箱子里我俩的东西都有。）

一周结束后我们从米兰飞到了马德里，带着仅存的一个旅行箱上了飞机。在马德里，我们和其他四五十个来自美国和英国的犯罪小说家同时登上了安达卢西亚特快，那是奢华的私人专列，它花了整整一天的时间把我们带到往北几百英里外的工业港口希洪市。那段旅程棒极了，途中他们提供了一顿午餐，我们和唐·维斯雷克以及他夫人艾比同桌进餐。

唐看着窗外西班牙乡村的景色，告诉我们关于他朋友杰克·希特的故事。那人几年前追随了一条古老朝圣之旅的路线，从比利牛斯山一直走到了圣地亚哥 - 德 - 孔波斯特拉市，横跨了这一带所有的区域。我们还得知，这条路线被一代代的朝圣者行走了上千年，并且如今还有人在走，他们追随着圣方济各和圣嘉勒的圣洁步伐从一个村庄到另一个村庄，一路上还有给朝圣者提供的避难所（refugio），并且——

琳恩和我并排坐着，与唐和艾比面对面。我现在还记得这些，是因为就在唐停下来去呼吸新鲜空气，还是去喝一杯什么的时候，我从这故事中感觉到了某种东西，而与此同时琳恩也默契地感觉到了，于是我俩互相看着对方齐声说道："我们也得去试试。"

15

1991 年 5 月的第一个星期，琳恩和我从纽约飞到了图卢兹，一个位于法国南部的城市。我们在一家旅馆过夜，第二天一早就背上行囊一路南行。我们要去圣地亚哥 - 德 - 孔波斯特拉市，预计在 7 月 25 日到达，因为我们得知朝圣者最好要在庆祝圣詹姆士节那天到。

我们还知道，传统的朝圣路线会穿过法国边境小镇圣让 - 皮耶德波尔到西班牙边境的龙塞斯瓦耶斯。但是我们不打算那么走，我们要用一种不同的方式跨越比利牛斯山，这样就能路过安道尔了。我们从来没去过安道尔，而这次似乎是个拜访的绝佳机会，尽管里面一个布法罗也没有。

我们离开图卢兹一路步行向安道尔进发。我不晓得第一天我们走了多少路，不过确切地说，我不晓得第一个礼拜走了多少路。我们走进一家咖啡馆，找点东西吃，接着继续往前走，直到看见旅馆，订一间房，第二天早上醒来，重复前一天。

当时我们铁定是疯了。

在搜寻布法罗前，我会在图书馆里待很久，仔细研究兰德 · 麦克纳利地图。这样才会熟悉地形，并且沿途拜访朋友和家人也很方便。

而为这趟朝圣之旅的准备则恰恰相反，我们只和杰克 · 希特吃了顿午餐，起初就是这家伙把这些告诉唐和艾比的。杰克这人棒极了，有许多奇闻轶事，对地方特色也很在行，但是午餐期间，他实际在做的事情是说服我们去。

于是我们真去了——关于朝圣的书一本也没看，不管是近代的还是现代的，也没有做调查研究，甚至没为即将遭遇的严酷生理考验做任何的训练。当时我们已经住回纽约有一年了，我们是在 1990 年的圣帕特里克节搬回去的，而作为纽约人，我们每天都习惯于走上几英里，因为这就是人们从一处到另一处的方式。我们每周还去健身房锻炼个三四次，练练力量并且在踏步机上努力。

琳恩认为走路不是问题；毕竟这是她生活中一直在干的事情。而我认为一开始也许我们会比较慢，但一路上会慢慢变快，最终很有可能从容面对旅途中的体力问题，可以这么说。

在出发前做一些城市里的长距步行也许是个好主意。一直以来这都是相当好的锻炼方式，尤其是背着背包。但我们大概是到了出发前一周才有了背包。

我们在某个下午匆匆忙忙把包买了，还买了两只睡袋和一顶帐篷。不过第二天我们就把帐篷给退了，因为要带的东西实在太多，及时发现这点是件好事，要不然我们准会在到法国的第一个星期就急切地要把它扔掉。因为即便没有它，我们的行囊依旧太重了。

我们不知道这两个包到底有多重。而第一天之后我的包更重了，因为琳恩包里的很多东西都转移到了我包里。这么做非常有必要，因为我更强壮，能承受更多的负重，况且她也已经背了超负荷的东西了。我们把衣服精简到最少，但是她要带上一整套奥伦纳素的护肤品，而那些小瓶小罐足足有一吨重。

所以我的背包成了比较重的那个，而事实上它们都比我们喜欢的要重很多。百丽宫的店员试图推销一款铝架背包给我们，它能在重荷时减轻点压力；如果我们听从了他的建议，那我们还能好过些。我们的背包不带这种减压设计，背带深深地嵌入了我们的肩膀。

没过多久，琳恩就发现背包的问题了。它弄痛她了，还让她筋疲力尽，因此也减缓了我们行进的速度。她意识到还有一种更好的运送个人物品的方式。

“我要一个购物推车。”她宣布。

我艰难地试着向她解释为什么这不是个好主意。我指出，人们在做这类事情时都是背包的，从来没人推购物车，然而一点用也没有。对她而言，她认为自己发现了别人没想到的办法。

我告诉她，一个装满了的购物车上山会很吃力，下山也很难控制。而且要不了多久它很可能会少个轮子，甚至会全部散架，因为那东西是为了在超市过道悠闲行走而设计的，停车场的粗糙地面是它们能忍受的极限了。它们绝对无法在肮脏泥泞的道路或小径上胜任这么多里程数的，而且——

反正我说了这么多却一点效果也没有。一天中她要重复唠叨好几次购物车的事情。

我跟她说的都是事实，但是对我毫无帮助。于是我变换了方式。我告诉她，也许购物车并不算是一个糟糕的主意，只是我无法接受。你瞧，和一个推着购物车的人走在一起我会感到极其尴尬。

“噢，”她说，“噢，好吧。”

一旦涉及形象问题，她就能接受了。

如今我时常看见年轻父母们推着三个轮子的婴儿手推车快速行走着。（有次，我在马萨诸塞州的韦克菲尔德第一次参加二十四小时赛，大概跑到第十八个小时的时候，我突然看见一位女士推着辆三胞胎手推车在慢跑，车里每个小隔间里都躺一个小婴儿。到现在我还不能完全确定她不是个幻觉。）

我开始意识到，婴儿手推车成了众多跑步者和竞走者乐于选择的交通工具，那些人拥有勇敢的灵魂，选择用徒步的方式横穿一个州、一片地区，甚至是整个国家，并且没有某个营地的后方支持。当我第一次看见有人这样装备自己的时候，我被他的足智多谋和别出心裁深深地打动了；接着等我回过神来，我意识到刚才自己看到了什么——琳恩的手推车，上帝保佑，以理想的崭新姿态出现了。

当然推着婴儿手推车的家伙们不用爬很多山，更别说比利牛斯山或者是加利西亚[1]的群山了。这些手推车是为了执行手头任务而设计的，并非西夫韦超市里结账队伍中那四四方方的篓子。

1 Galicia，西班牙西北部的自治区，首府为圣地亚哥-德-孔波斯特拉，是个多山的地区。

不过，荣誉应当属于有功之人。也许我的妻子也意识到了这点。

离开图卢兹的第一天，天下了点儿雨，但之后的天气就变得相当宜人了，每天我们都过得相当充实。每晚都能找到二星或三星的小旅馆住下，房间很舒适，饭菜也可口。步行让我们胃口大开，并且睡得极好。

每天早晨我们吃完早饭，把护照从前台收回来，接着再次出发。但是有一次在富瓦镇上一家非常好的小旅店住过一晚后，第二天早上我们忘了拿回护照。拿护照这事由我负责，当我们离开旅店走了一个小时后我才意识到自己的错误。我让琳恩在路边等我，我放下背包，急急忙忙回到富瓦，拿了护照，再匆匆回到琳恩身边。

对于我多走了这点路，琳恩表示同情，而我告诉她其实并没有想象的那么糟。重新走一段相同的路程确实很讨厌，但好在我不用背着包。在她要再提“购物车”三个字之前，我立马对她不得不站在原地等待也表示了同情。

“这没什么，”她说，“我也没有背包，况且我也不必走路。我可以坐在阴凉的地方。事实上这样挺舒服的。”

路变得越来越难走。因为我们慢慢走进了比利牛斯山区，只要不和喜马拉雅站一起，它绝对算得上是座峻山，这也意味着我们走的将永远是上坡。

出发后的第六天是个周日，海拔开始明显上升。地势极其陡峭，为了让上升的角度更便于行走，山路都建成了“之”字形。从生理角度上来说，“之”字形路十分必要——不然我们真会觉得自己是在登山了——但是心理上却有几分不爽；我们朝南走十五分钟，接着转向北走十五分钟，感觉走了那么多路却什么进展也没有。

天也变得越来越冷，因为我们已经到达了很高的位置，所以地上仍有很多雪，时不时还会有雪滑落到边上。这个时候，要是能找到个歇脚吃东西的地方该有多好，但是我们没得选，因为途径的每一个村庄，所有的店都关得紧紧的。这就是为什么我还记得那是个星期天的原因。

我不记得我们最终找到旅店的具体时间了，但是很明显天已经黑了。店主用有限的英语向我们保证确实还有间房给我俩住下，并且提供一顿晚餐。她问我们把车停在了什么地方，因为她没有听到汽车的声音。

我们告诉她我们是走上来的。她看着我们。“我们是从图卢兹一路走上来的，”琳恩告诉她，“而且我们打算翻过这座山，接着走到西班牙。”

“啊，”那位女士抬了抬眉毛，用法语说道，“体育爱好者。”

体育，一点儿没错。

从那次徒步穿越西班牙到现在已经有十六年了，如今这段经历让我印象最为深刻的并不是身体上的考验，也不是我们沿途看见的风景或者遇到的人，甚至不是这段朝圣之旅给我带来的精神收获，不管那是什么。这一切和一个惊人的事实摆在一起就顿显苍白——我们放弃原来的生活，三个多月间完全与世隔绝。那段时间里我们经历的是最接近自然的世界，卡米诺[1]的世界。

现代生活中手机和网吧无处不在，你很难想象我们当初切断原来生活的程度。没有人能用任何方法与我们取得联系，我们离开前就下定决心不要尝试联系别人。也许沿途我们能找到打电话的地方，

1 Camino，通往圣地亚哥 - 德 - 孔波斯特拉市的朝圣之路的传统说法。

但是打电话的目的又是什么？确认那些我们抛下的人是否安好？是不是还活着？

如果有意外，我们能做的也少之又少。甚至，如果真有家庭急事要立马召回我俩，要找到两个在西班牙乡下徒步的人，也不是件容易的事情。假设家里的一切都很好岂不是更简单？

更简单，但也不一定。因为我们之前在西班牙逗留的时候，就接到一通美国打来的电话，迫使我们赶紧飞回了家。

让我们暂时回到那辆安达卢西亚特快专列上，就是在那上面，我们第一次听说了这条朝圣之路并且决定要去走一走。我们当即就在心里报了名，但却等了三年才开始行动。

在希洪，我们这支由多国犯罪小说家组成的团队要为持续一周的“黑色星期”狂欢节撑场面，这个节日以黑暗电影及文学作为主题，但狂欢是其更明确的目的。我们参加了一系列座谈小组的讨论，就文学和政治话题发表了冗长的演说，而一群饱受折磨的翻译们正等着把我们所说的话转化成听众能懂的语言。这项工作最好是说话者能尽量使用精简的短句，这样翻译才能领会并且逐一翻出句子，而不是在脑袋里装上一大段东西；但我们中没人这么做，所以也不难猜出为什么听众们大多数时间都一脸茫然。

在某一点问题上，唐·维斯雷克引用了某位俄罗斯人曾说过的话，他说他的同僚和自己都是果戈理[1]外套口袋里的小老鼠。我猜想那位可怜的翻译都恨不得要自杀了。

琳恩和我过得很愉快，我们同唐、艾比·维斯雷克，或是罗斯、

1 Gogol（1809—1852），出生在乌克兰的俄罗斯剧作家、小说家和短篇小说作家。曾说过这句话的人是俄罗斯作家陀思妥耶夫斯基。

罗莎莉·托马斯，或是艾姆、马丁·克鲁兹·史密斯一起在很好的餐厅很晚才吃饭(尽管这不符合西班牙常规)。眼看这周就要过去时，我们得知我母亲经历了一场严重的车祸。(我的表哥大卫·内森很漂亮地追踪到了我们，即便地球上没人知道我们在地球上的哪里。)

第二天早上我们就飞了回去，心里完全没底她是生是死。她还活着，但在我们到达之后不久就出现了昏迷，接着在重症监护室里持续昏迷了一个月。我们搬进了她的公寓并且每天在医院中度过，直到她情况稳定并且不再需要我们照顾的时候才离开。

我们开车向西驶去，途中瞧了瞧俄亥俄州的布法罗，并且在黄温泉市拜访了几位朋友。接着我们就回去了，那时我母亲已经走出了昏迷状态，并且转移到了普通病房。

她恢复意识后显得有些尴尬，不是对我们，而是对于她自己。从某种程度上说，昏迷时她选择了活下来。而如今恢复神智后她显然不太乐意自己当初的决定。她不想在这儿。

我陪在她身边，想起斯蒂芬·金写的一本小说——《宠物坟场》(*Pet Semetary*)。在与书同名的坟地里，那些被埋葬的尸体能复活过来，但他们会变得和生前不太一样。有一阶段我认为我妈似乎就是刚从那样的一个地方回来，性格与之前有些不同——但也是臭脾气。她时常对护士恶声恶气，非常不好相处。

我开始慢慢了解到，恢复神智并不是轻轻拨弄下开关这么简单。它更是一个渐进的过程，不仅仅是回归意识，更是回归自我。日子一天天过去，她越来越像自己了。智力、性格，甚至幽默感都渐渐回来了。

关于最后一点，我犯了个极大的错误。我去书店想找一些能取悦她的读物，我自认为应该找些阅读量不太大的东西。于是我买了一套加里·拉森的漫画集《远岸》(*The Far Side*)，但是在给她之后我就意识到，为一个大脑关闭了一个月的人选这种书，是一个多么糟糕的选择。漫画原本是女士们难以抗拒的读物，但如今看来完全不奏效；整本书无法让她提起任何兴趣，她无法理解里面有什么好笑的。

我很难向她解释。因为她无法理解拉森那不同寻常的幽默，或者说要她的状况变得更好些才行，我很想把书从她那里收回，这样她就不会因为它们而感到抓狂了。但她不愿意放弃，她认为如果自己无法理解世人都觉得好笑的东西，那么她内心最深的恐惧要成真了，她害怕自己脑子出问题。

好吧，的确是有些问题，当然不是完全有问题，但是状况越来越好了。她每天的改善都很明显，即便《远岸》依旧让她困惑不已。不久之后她便拿起一本有填字游戏的书，并且以自己惯用的二十分钟时间解答出一个。我们都如释重负；显然，她很快就能痊愈了。

三年后，当我俩为那趟朝圣之旅做准备时，我无法不回忆起上一次在西班牙发生的事。但这一次，恐怕像我表哥大卫这么足智多谋的家伙也无法联络到我们了。

我一直担心会出事，担心琳恩和我将对之无能为力，当我们得知消息想采取有效行动时将会为时已晚。我母亲的身体状况不错，尽管和车祸之前已经大不一样。但她快要八十岁了，琳恩的妈妈也是，而且——

有一个朋友问我到底在害怕什么，我就把这些顾虑诉说了出来。

“嗯，”我说道，试着将恐惧说出来，“嗯，啊，我害怕她们中有一个人会死。”

“有这个可能。”他或者她回答道。（我不是在卖关子；这段对话我历历在目，但是跟谁讲的我真记不得了。）“但是你心里要清楚一件事。”

“哦？”

“如果她们中有一个死了，那么等你们回来她还是死了。”

我发现这位朋友的逻辑无懈可击，于是就把这事很快汇报给了琳恩，她也觉得如此。于是我们出发去了西班牙，与每天的生活道别——好吧，如果不是“永别”，那起码是“回头见”[1]。

与世隔绝，放弃与外界的联系，对徒步来说是非常重要的。我想我们舍弃的是一种控制幻觉。我们无法控制当我俩不在的时候都会发生什么，即便一天往家里打五个电话也同样如此。有人相信互动能满足他们某种程度上的控制欲，就像一部分人觉得读报纸就能让自己参与国际政治一样。

7 月 23 号到达目的地后，我做的第一件事就是在圣地亚哥 - 德 - 孔波斯特拉的旅馆里给家里打了个电话。就我所知，没什么特别的事情发生，每个人都很好。

我们不可能再这么走一次。卡米诺之路依然健在，一千年来它一直伫立在那儿，而且我认为人们还会继续在这条路上徒步。就算没有了教堂，朝圣者们依然会用自己的方式去孔波斯特拉市。（我们遇到的徒步者中有一部分是带着宗教目的的，而大多数不是；很多人过去是为了纯粹的冒险，还有大量的人不知道自己为什么踏上了去圣地亚哥的路，就像我们俩一样，仅仅是觉得这是他们想做的事情罢了。）

所以现在这条路还在那儿，仍旧有很多朝圣者在道上行走，并

1　原文为西班牙语 hasta luego，意为“迟些见，再见”。

且还有很多避难所为他们提供住宿。所以也许你会认为，只要我们有意向，再去一次应该是件很容易的事情。如果说有什么不同的话，那就是这对我们而言变得更容易了。我们的母亲都去世了，而女儿们也都长大成人，能很好地照顾自己。同时经济状况也更好，能够轻松应对三个月的时间而不必做任何赚钱的差事。我们年纪越来越大，精力自然不比以前，但我们都分别在做一些身体锻炼来延缓这种衰老，我一直在坚持步行和参加比赛，而琳恩会定期去健身房。我们会给自己买更好的背包，并且更合理地配置全套装备。如果这些山脉一开始就给我们下马威的话，我们大可沿途慢慢坚持下去，就像我们十六年前做的那样。

那到底为什么我们不能再那么做了呢？

因为我们无法应对那种被隔离的感觉。噢，我们是可以忍受，但坚持不了多久的。因为这个世界已经变了。

不带手机出门很简单。除非是要出城，我很少带着它，反正我们的手机在西班牙也用不了。当然，我们途径的每个小镇都会有手机卖，不过也许我们能很好地控制自己。

只是每个小镇上也都会有网吧，而我又能坚持多久不去查看下自己的邮箱呢？上次从西班牙回来后，过了三四年我才拥有第一个电子邮箱，而如今却很难想象生活中没有它。

如果说这个世界变了，好吧，那我肯定也跟着变了。我已经习惯于每天或多或少地和几个朋友或者熟人联系，并且习惯在网上搜索几乎一切的东西——定位几乎每一个人——通过谷歌。我没有偏执地认为自己太过依赖电子产品，以至于无法过上三个月没有它们的生活，但又担心这很有可能是真的。

好吧，要是不得不去这么做，我想我们还是能做到的。但事实上我们不需要，早在 1991 年我们就已经这样干过了。

我很开心，我们在还有机会的时候去了。

我不确定是为什么，要让我写下那段在西班牙的旅程真的很难。

这不是我第一次尝试着要去写它。之前《纽约时报》的旅游板块曾委托我报道一下那次的经历，并且在我回去不久就让我写一篇文章。这比我想象的要更花工夫，而且编辑们也对此不太热衷。他们想要大量的照片，而显然我们一张都没拍；因为在打包的时候我们就发现，在不带相机和胶卷的情况下，包已经很沉了。（并且很多年前我们就决定不再使用相机，我们要用眼睛去更好地看这个世界，而不是眯着眼睛从取景器里看。唯一一次例外，是带上宝丽来记录我们一路追寻布法罗的胜利成果。）

所以我是不是应该给点建议，让他们去找些什么照片？然后谈谈什么地方值得去，什么风景值得看？然后，嗯，写点别的让它看起来更像是篇游记？

我想了想，觉得以上几点自己一个都做不了。我认为这些编辑完全有权利改变下形式，因为我所能提供的这篇东西和他们预想的比起来，会让读者失掉很多的兴趣。我们这趟朝圣之旅是件极为私人的事情，我压根就不想写这些私事，同样我更不愿意写些沿途与我俩无关的东西。

给报社写稿的好处就在于报酬太低，就算你放弃不写，也不会对你的生活造成任何影响。我忘了自己本该拿多少钱了，但最后就拿了 20% 或者 25% 的毙稿费，这事儿就算结了。没有损失，也没有犯规，完全不伤和气。

而现在我能写了，是因为我想写了，这会让事情变得简单些。（我甚至可以借用当时给《纽约时报》写的那份稿子，从那里面开始着手。但我是在写完那篇稿子之后几年才买了人生中的第一台电脑，所以它显然不会在我的硬盘里。它铁定是以纸稿的形式躺在了我那黑暗沼泽般的工作室里，但是我不知道从何找起，况且也不是非找不可。)

我想，写这篇东西就跟徒步一样，或者说跟任何形式的走路一样，不管是随意的还是有其他目的的。如果我能一直保持对的方向，不断地让自己的一只脚在另一只脚前面，我就能到目的地。也许中途会迷路，但是没关系；在去孔波斯特拉的路上这样的事情发生得也不算少。

上次说到我们在哪里了？噢，对。在法国的比利牛斯山上，一位开小旅馆的女士用很委婉的方式在说我俩是疯子。

她做的晚餐很好吃，或者说，给两个热爱运动的素食主义者做这么一顿饭，任何一名法国女性都能办到。我想她给我们吃的应该是花菜，印象中很是美味，但那时我们饿得都想吃泡沫塑料了。

我是这么想的。要按时间顺序把那次旅行写下来似乎超出了我的能力范围，况且我也不清楚要那样写的理由是什么。既然我明显会写偏题，那何不任凭自己的思路，按照话题来写呢，如果它们算是话题来分的话。

食物

如今去徒步比之前要容易些，其中一方面原因就在吃的上。琳恩和我在上世纪七十年代晚期就决定不再吃鱼和肉，并且坚持到了本世纪初。这一点偶尔会很麻烦，特别是在朝圣之旅时。如果说在法国人眼里，素食主义者都是可怜的疯子的话，那么西班牙北部农村的人们则对素食一点概念也没有，他们几乎没有什么东西是我俩可以吃的。

途中我们发现有种叫 bocadillos de queso 的食物原来就是芝士三明治，你难以想象当时那种发现终于有东西能吃的愉悦心情。尽管这玩意儿没什么特别的——芝士的味道很一般，外面是普通的白面包，而且多半不太新鲜。但是感谢上帝，它们至少是我们可以吃的东西。再加上点沙拉——卷心生菜，不可避免——我们称之为均衡的膳食。

后来我们慢慢开始在途中的小店里买些备用食品。坚果和橄榄既好吃又方便携带，还能提供一定的营养。面包房里新鲜烤出来的面包口味从“不错”到“极好”不等，我们不停地买全麦面包，最终都知道它怎么用西班牙语说了。琳恩记得海明威曾在某处提到过，说你总能辨别出哪些是很穷的国家，这些国家的妓女更年轻，而面包也更好吃。这样的说法慢慢变成了我们沿途的暗语；某个街景会让我们其中一人认定这里的面包一定非常可口，而一条条的压缩木屑会让我们联想到努力工作的年迈女性。

曾几何时，我们还能找到好吃的东西。有些咖啡馆里甚至还有汤，但如果汤底有肉的话就和我们没关系了。我们开始素食与宗教毫无关系。(实际上我们很难说清楚这么做到底是为了什么。我们也不是善待动物组织里那种人道主义素食者，尽管我俩都不再穿皮衣服。我们只是觉得这么做也许对身体有好处，但我也不能说这全出自对健康的考虑。仅仅是直觉告诉我们，那个时候这么做是对的——同样，若干年后，似乎又到了该放弃的时候了。)

在布尔戈斯，我记得自己吃了一顿丰盛的烩菜，我小心翼翼地把里面较大块的肉都一一挑出来放在了旁边。近来我花了一些时间尝试阿特金斯饮食法[1]，如果同样一碗烩菜摆在我面前，我就会只吃那些之前被抛弃的肉块。

披萨到哪儿都是不错的选择，只要我们能找到。在法国到处都是，但在西班牙这边的比利牛斯地区，我们只在加泰罗尼亚看到了一家。店老板英语很流利，于是我们和他攀谈了起来；他之前在英国学习英语，并且还学会了做披萨。他在那里遇到了位英国姑娘，与她结了婚，并且把她带回了加泰罗尼亚，开了这家披萨店。

在韦斯卡，我们花了大量时间找吃饭的地方。大部分餐馆的定价都超出了我们的预算，如果说有便宜点的餐馆，那它们可藏得真够好的。后来我们找到一家很大的饭店，从外面看起来简直像家旅馆，我们在里面吃了一顿价格合理的美妙午餐。不过那地方有些奇怪，我们在吃饭时突然注意到琳恩是唯一一个女的，而且我们确定自己并没有晃进隐修院。

后看我们才意识到，那里是男同性恋们定点约会的地方，同时也是在韦斯卡吃饭最好的去处，于是我们停留期间的伙食都在那里解决了。我们还时不时看见一群年轻小伙靠在围墙上，一副求勾搭的样子。琳恩朝其中一个家伙热情地打了声招呼，那个可怜的小崽子突然一副罪孽深重的样子，就像是被老妈发现自己和爱达荷州的某位参议员同在一间男厕所里似的[2]。

在圣地亚哥 - 德 - 孔波斯特拉市所在的加利西亚地区，我们吃到了当地一家酒吧的招牌菜，叫帕德隆辣椒。约莫一英寸长的小青椒，和大蒜、盐一起烤，我吃了一盘又一盘。

1 美国医生罗伯特 · 阿特金斯创造的饮食方法，要求完全不吃碳水化合物，而可以吃高蛋白的食品。将人体从消耗碳水化合物的代谢转化成以消耗脂肪为主的代谢模式。

2 2007 年美国爱达荷州的共和党参议员克雷格因爆出厕所同性恋丑闻后辞职。

路线

最早，路线是我们自己定的。在告别“热爱运动”太太后，我们继续朝安道尔的边境、一个叫阿克斯莱 - 泰尔姆的小镇进发。我们在那里等了三天，前面的道路因为雪崩被封锁了。道路重新开放后我们就上路去了安道尔，从一个国家的这一边走进去，过了两三天从另一边出来，真是一件很特别的事情。

这个丁点大的国家一直以来都被法国和西班牙联合管理，使得大部分地区都变成了专卖相机和电子产品的大型免税商店。我们对购物毫无兴趣，但是周遭的景色却极其壮观。

就在我们穿越安道尔国境期间，琳恩才开始相信自己能走完这些路程。在此之前她认为自己所做的只是让情况变得更糟，并且迟早会坚持不下去而想要回家的；唯一让她坚持下去的理由，就是她不知道如何开口告诉我这个坏消息。

我很清楚她一路上都相当艰苦，这是出发前就预料到的。但是我自己的日子也不好过，一路上和沉重的背包做斗争，还要应付陡峭的地势和走不完的路。让我坚持下去的理由，是我认为一旦身体能适应这样的挑战，后面就会变得相当容易了。我能回想起在华盛顿广场公园自己一圈又一圈地费力行走，通过这样的方式我渐渐把自己练成了一名赛跑手。同样的道理，我如今正在让自己变成一位徒步旅行者，而琳恩也是。

只是她自己并没有意识到，而当我这么告诉她时，她也不相信我说的。

在她看来，我这只是在忽悠她，在她面前晃着改善体质这样的胡萝卜，同时预备了一根用来驳回她的木棒。她就是不相信我。我编造了一个如此美好的故事来诱惑她走完这段不可能的旅程，既然我能编出这个故事，那她也完全可以假装相信。但是她不肯，一分钟也不肯。

即便不抱任何希望，她依旧坚持着，并且一直在脑海里想象着与闺蜜们交谈，向她们诉说我的顽固，哀叹自己已经无法继续了，但是不知道如何开口告诉我。

我倒是希望她能把这样的话跟我说说，因为我完全没有概念她正经受什么样的折磨。但如果她真的和我说了呢？我所能做的无非是提供相同的保证，这个我沿途上一直在做，而她对此的回报将是点头笑笑，而心里却很清楚我是在满口喷粪。随着行走，我开始迷惑为何热情的伴侣变质成了唠叨的怨妇，同时她也在迷惑嫁给我到底是不是个好主意。

接着，在安道尔的某处，情况改变了。

到达比利牛斯山顶后，我们的路就变成了下坡而不再是上坡。但更重要的是，一直坚持步行使我们变得更加健壮。我想这种变强的过程不但是心理上的，也是生理上的，我们俩都已经很习惯每天走上一大段路途了。

琳恩告诉我她感觉自己真的变强壮了，背着包走上一两个小时虽然足具挑战，但也不再是令人恐惧的事情。我感到很宽慰，但并不惊讶。“这太棒了，”我说，“我告诉过你这事儿会发生的。”

“我知道，”她说，“但是我不相信你。”

经过这么一问一答后，我皱着眉头疑惑地问她：“如果你真的不相信我，并且确信事情不会好转，那是什么原因让你坚持下来的？”

她看了我一眼。下坡走了大约一英里，她找到了一条捷径。

那时我们正朝安道尔城进发，那是安道尔国的首都和最大的城市，而到城里的道路由几段非常复杂的“之”字形下坡组成。从我们站的地方能看到脚下城市的全景，下山的道路像条蜿蜒的河流，或者说像条蛇。琳恩指了指我们右手边的一条小径，它非常陡，但是一路向下直插城镇中心。

“来吧，”她据理力争地说，“我们能直接下去，省掉很多路。”

于是我们这么做了。倾斜的道路加上背包的重量让人很难保持直立，而试图不让自己跑起来就和试图不摔倒一样难，但不管怎样，我们居然做到了。这太令人兴奋了，我们猛冲下山坡，穿过条条曲折狭窄的道路，最终满脸通红、气喘吁吁地停在了城市的最中心，顷刻被卖烟、卖音响设备的商店包围了。

“瞧？”她说。“这是个捷径。是不是很棒？”

“这个过程中最棒的部分，”我说道，“是我们居然还活着。”

“简直太有意思了！看看我们省下多少路啊。这就是个捷径。”

“一条兔子走的捷径。”我表示同意。

这不是我们最后一次走兔子们的捷径，不过这次是最富戏剧性的。你或许也能感觉到，琳恩不是个墨守成规的人，她往往会选择一条没人走过的路，而不愿意跟随别人的脚步走。有时我们确实会省下很多路。而有时我们也会折回去重新走，并深深地被前人的智慧所折服。但只要我的同伴把视线投向了一条兔子捷径，我们都会去试一试。

住宿

最初我们都住在旅馆里。那些为朝圣者提供的避难所只在最传统的朝圣道路上。每个小村落都会有旅馆，或者更确切地说是招待所。一间房通常要十到十二美元，你显然不会把它们和雪莉 - 荷兰酒店搞混，不过对于一整天都在布满灰尘的路上行走的一对美国人来说，它们已经足够干净和舒适了。

村落与村落之间不过十英里之隔，而且我们的地图很靠谱，能告诉我们下一个村落会在哪里，所以只要能走足够多的路，找个住的地方是不难的。整个流程都非常顺畅，直到有一天。

那是我们离开韦斯卡和那个迷人的同性恋餐馆后的第一天或者第二天。我们在阿拉贡一路西行，接着第一次没能找到住的地方。我们定位到的那家招待所已经客满；一个临时在那里工作的工程队，把招待所里所有的房间都给预订了，而且还订了两个星期。

店主也给不出好的建议，就她所知，附近二十英里内已经没有空余的房间。那天时间太晚了，我们不可能再走上二十英里，况且就算走了那么远也无法保证能找到空房间。

我们可以睡在田野里，反正我们有睡袋。如果只有我一个人，那我很愿意尝试一下，但我不想让琳恩一晚上睡在星星下面。天空很清澈，应该不会下雨，但是会很冷，况且我也不能完全肯定这样做很安全。

我们搭了便车。如果路上能经过招待所，我就会让司机停下把我俩放下来，但是我们没有看到，他直接把我们开到了萨拉戈萨。虽然我们没打算要到这么南面，但它似乎是个很有意思的城市，那里有一根非常有名的柱子，圣母马不停蹄的“显灵之旅”其中一站就在那儿，所以我们觉得值得去看一看。不过，显然找个地方住下来比四处瞎晃要紧急得多。

我们立马就找到了一间空房，并且为观光萨拉戈萨预订了四天。房间看上去非常不错，但是随着日子一天天过去，我们开始一点点地注意到那房间有多脏。那地方简直就是个猪圈，而我们居然花了那么久才发现，于是我们马上逃离了萨拉戈萨。

欺骗

当我们离开了萨拉戈萨——除了住宿外，一个有趣的城市——我们开始意识到，走回到那条传统的朝圣之路、那条著名的圣地亚哥卡米诺之路上是个明智的选择。我们没有后悔去安道尔和加泰罗尼亚，但是时候回到正题上了。

所以我们使诈了。

去萨拉戈萨不是我们第一次搭车。我没有提，在那之前我们从阿克斯莱 - 泰尔姆镇到安道尔边境也搭了一次车。（那是在琳恩相信步行会变得越来越轻松之前；当时一辆车停在了我们旁边，司机问要不要载我俩一程，我得变成一个更狠心的男人才会拒绝这番好意。）

这次我们坐上了从萨拉戈萨驶向北方的火车。我发觉去纳瓦尔的蓬特拉雷纳是回归到卡米诺之路的最佳地点，我们可以坐火车到途中的某个小镇，然后住进一家特色酒店，那些酒店建在历史悠久的建筑之中，由政府负责经营。经历了萨拉戈萨的猪圈，我们打算住得好点。

但是我们坐在了火车上，这算是一种欺骗。

当我再次想到这个时，发现将朝圣之旅中选择一种更快、更简便的移动方式视为欺诈，实在有些言过其实了。一千年前，朝圣者们纷纷从欧洲各地涌向孔波斯特拉时，他们也没有故意选择一种更慢、更古老的方式。相反，他们用了自己所能办到的最快、最舒适的方式。大多数人选择步行并不是因为这样更能洗礼自己的灵魂，而是因为没有马可以骑或者马车可以坐。毕竟朝圣的目的就是到达神圣的目的地并且洗掉身上的罪恶，而不是在途中穿破一双又一双的草鞋。

然而这都是过去了，唉，当我们出发打算步行的时候，许多事情都不太一样了。你去任何一个神圣的地方都能叫做朝圣，而你是怎么去的则并不重要。那些每年去麦加朝觐的伊斯兰教徒们，他们并不会从印度尼西亚、巴基斯坦或者迪拜走到麦加。他们甚至连骆驼也不骑。他们坐飞机去。

而对于我们以及我们沿途遇到的每一个朝圣者来说，到达目的地并不是最重要的。圣地亚哥 - 德 - 孔波斯特拉本身就是个迷人的城市，确实值得去看看。但是如果除掉长途步行的艰苦磨炼，我们就完全没有出发的理由了。这过程不是大部分的乐趣所在；对于我们，这是全部。

坐火车也算合情合理（如果我们从萨拉戈萨开始步行，那得经过一大片无趣的地方，途中也极有可能找不到住处），但这不是我们计划要做的事。这是，呃，一种欺诈。

从下车一直到这趟朝圣之旅结束前，我们去的任何一个地方，都是靠双腿走到的。只有在那之后我们才登上了另外一辆火车，从圣地亚哥 - 德 - 孔波斯特拉南部出发先到了维戈，接着第二天到了里斯本。

比如说，卡米诺把我俩带到了洛格罗尼奥，我们就从城镇的一头走进去，然后另一头走出来。当我们要在某个城市待上几天时，就像在布尔戈斯和莱昂那样，我们不坐出租车或巴士，而是全程步行。要继续上路时，我们整理好背包继续步行。火车、公交、汽车、卡车和牛拉的板车——我们看着它们并向他们挥手，接着继续步行。

我们没有向别人提起坐汽车和火车的事，没有向同行的朝圣者提，也没有向国内的朋友和家人提。“你们俩走完了全程？”他们惊叹不已。“全凭双腿？所有的路？”

“路上的每一步。”我们表示肯定。

这么说更简单不是吗？为什么非要加上那段进出萨拉戈萨的烦

人故事呢？反正，和从龙塞斯瓦耶斯出发的大多数人比起来，我们已经多走了很多路了。我们甚至还绕道从图卢兹去了安道尔和加泰罗尼亚。总共算起来，我们也走了将近六百五十英里的样子。这样已经足够了，为什么还要给这完美的纪录加上一个注解呢？

但这一点确实让我俩大为苦恼。不然现在我为什么还要把它写出来呢？

景色

布尔戈斯和莱昂的大教堂都非常壮观，尽管我已经记不得它们具体长什么样了。当时我们在里面还看了很久，事实上沿途的每个小教堂我们都会进去看一看。

一开始，每个村落的小教堂顶上都会有鹳窝。硕大的鸟巢宛若尖塔上的皇冠，有时我们甚至还能看见鸟儿在那里逗留。遍布家泰罗尼亚、阿拉贡和纳瓦尔——

但是后来从途中的某个地方开始，我们既看不到鸟儿也看不到鸟巢了。不知道是为什么。

难道说鹳鸟有不在卡斯蒂利亚和莱昂的教堂顶上筑巢的充分理由吗？还是某个人类的机构设法把它们都赶走了？还是市政府或者教会派人拿了扫帚把鸟巢都扫掉了？还是有化学农药在屋顶上？抑或是——当时我们完全没有这个概念，但是最近不可避免地会想到——全球气候变暖？

和许多西欧国家一样，西班牙近些年来的出生率一直在下降。但是这纯属偶然，你们觉得呢？

我相信这样的旅程会让鸟类爱好者们欣喜若狂，能看到这么多鸟不仅仅是因为我俩通常在大清早出发（那时正巧有许多鸟在捉行动迟缓的虫子们充饥），而是我们压根没太在意天上的鸟儿，除非它们真的让人无法忽视。比如说鹳，我们时时刻刻都能看见它们，直到某天它们全没了踪影，还有老鹰。

我们只见过一次老鹰，但是足以留下深刻的印象。当时我们正走在纳瓦尔的某块田野上，突然看见一个巨大的鸟群盘旋在羊群的上方。巴斯克牧羊犬在到处乱窜，挥动着手杖，和老鹰们抗争。它们的确是老鹰，尽管我们花了点时间才认出来；它们不像美洲秃鹰那样头是白的，并且上看去个头很大，简直不像老鹰，尽管你也想不出它们还会是什么。我们没有具体去数有多少只，但是很明显多于一打，可能接近有二十只，它们以非常优雅的姿态纷纷飞扑上去，让你一时忘记了它们是多么危险。

它们想要抓走一两只羊，此时站在一旁的牧羊人显然需要一把AK-47。但是可怜的人只有一根曲柄杖，他只好将它来回挥舞着，而他的狗也只能一个劲地叫。这似乎有点用，至少暂时很有用；老鹰们飞走了，留下他和羊群们。我们接着赶路，坚信这不是他们最后一次见到这群老鹰。

然而却是我们的最后一次。之后我们再也没看见它们。后来我们在阿留申群岛上见过几只秃鹰，它们真是惊人的鸟类。但是我觉得在西班牙看到的那群老鹰个头更大。

我们徒步的时候正是罂粟花开的季节，加泰罗尼亚和阿拉贡的田野变成了猩红的海洋。这让我俩大为惊讶。尽管我之前就知道欧洲有很多罂粟，特别是在比利时。我想起了约翰·麦克雷[1]的诗：

1 John McCrae（1872—1918），加拿大医生、作家、诗人，他的《在弗兰德斯战场》被认为是一战时最重要的诗作之一。

在佛兰德斯战场，罂粟花随风飘荡
一行又一行，绽放在殇者的十字架之间
那是我们的疆域；而空中
云雀依然在勇敢地歌唱，展翅
歌声湮没在连天的烽火里

此刻，我们已然罹难。倏忽之前
我们还一起生活着，感受晨曦，仰望落日
我们爱过，一如我们曾被爱过。而今，我们长眠
在佛兰德斯战场

继续战斗吧
请你从我们低垂的手中接过火炬
让它的光辉，照亮血色的疆场
若你背弃了与逝者的盟约
我们将永不瞑目，纵使罂粟花依旧绽放
在佛兰德斯战场

于是我知道一战的墓地里有罂粟花；但我觉得那是有人特意种在那里的。当我们在西班牙看见那些罂粟花田时，我也猜想那是有人之前种的——但是为什么呢？据我所知，西班牙并不大量生产鸦片。

好吧，呃，没人去种它们。它们只是自己长在那儿，一年一年地自行播种，就像美国的蒲公英，但如果国内有被蒲公英染黄的山坡，我还真没见过。

我从来没见过什么东西能像那些罂粟花田一样。我怀疑住在那里的人们是否注意到它们。也许没有。当某样东西一直矗在那里时，

人们就停止留意它了。

我们还看到别的什么景色了？有一个给我们留下了难以磨灭的记忆，但从某种意义上说，它没什么特别的。事实上，它每天都在每个地方发生着。不过可以说，我们之前从来没见过这样的景色。

我不记得当时我们在哪个小镇上了，但是却记得那天的日期。那是 6 月 25 号，我还记得是因为前一天晚上我们吃过晚饭在回避难所的途中，遇到了三个西班牙青少年。她们听到我们在说话就主动过来搭讪，认为这是锻炼英语的好机会。这的确会是个好机会，如果她们有英语可说的话。可惜她们没有，于是我就抓住机会来锻炼我的西班牙语了，并且摸索着找出点东西来讲。

“今天是我的生日。”我用西班牙语说道。我是怎么记得西班牙语的“生日”连我自己也不知道；我确定自己之前从来没说过这个词。那三个还在上学的小姑娘——西班牙语是 las tres niñas de la escuela?——觉得这很有意思——那天居然是我的生日，而不是我居然会说“生日”这两个词——她们祝福了我，我们也祝福了她们，我们对对方母语的了解程度只能将对话带到这里，于是我们离开了。

她们会在镇上与陌生人交谈，是因为那天是圣约翰的斋戒日，一个属于施洗者约翰的节日，他同时还是这个小镇的庇护者。回到避难所后我们就睡觉了，但是派对才刚开始，天还没亮的时候，仍然有些狂欢者在庆祝，而我们则醒了，并且整装出发。

我们找到了出镇的路，继续着卡米诺之路，没走出多远，我们就发现前方有座山要爬。不过这座山和乞力马扎罗山是两个概念，说它是个大山丘还差不多，只是它绵延起伏而且还十分陡峭，要攀登起来还是有点吃力的，特别是肩上还背着很重的背包。

但我们还是继续前行并且最终到了山顶，我俩转过身去回头看了看上来的路。而就在那时，太阳穿破了地平线，而我俩站在了山顶——好吧，山丘顶——看着它一路升起。

就像我之前说的，这样的事情发生在全世界的每一个地方，每年每天。但就在那时，就在那个地方，这是我们见过的最美的景色之一。

语言

1953 年的童子军团大会让我对西班牙语产生了兴趣，一直到了高中我还像鸭子喜欢水那样热爱着西班牙语。如果有机会我会到大学里继续学习，但很可惜安蒂奥克大学在我入学的那一年取消了西班牙语课程，于是只好作罢。

虽然只在高中学了两年，但渗透在我体内的西班牙语远比我想象的要深，只要在一个说西班牙语的国家里待上一两周，我记忆中的大部分西班牙语都会涌上心头。然而我还远远没达到“流利”的程度。我的词汇量非常有限——尽管时常会有几个单词从某个记忆房间里无厘头地蹦出来，比如像飞往卡皮斯特拉诺的燕子[1]，让我自己都很吃惊。我只会一般现在时，如果我还学习过别的时态，那显然早就忘记了，但是你能用一般现在时进行完整的对话，不是吗？你甚至还能用一般现在时写出一整本书，如果你是达蒙·鲁尼恩[2]的话，或者来自爱荷华城的那种装模作样的人。

我时常会有想提高西班牙语水平的强烈欲望，于是就去买几本西班牙语的书，拿上一本西英字典开始看起来。我能饶有趣味地浏

---

1 此处燕子是西班牙语 golondrinas。据观察，历史上每年的 3 月 19 日是美国加利福尼亚州圣胡安·卡皮斯特拉诺地区燕子飞来的日子，因此当地人便将这一天定为燕子日，以表示人们对飞燕深厚的感情。

2 Damon Runyon（1884—1946），美国记者及短篇小说家。

览加西亚·洛尔卡的诗集，但对于一直想要尝试的小说则茫然无措，也许是因为我没坚持多久就放弃了的缘故吧。要是去墨西哥或者西班牙待上几天，就会唤起一大波即将被我遗忘的单词，并激起旧时的渴望。

我总认为如果能在一个讲西班牙语的国家待上几个星期或者一个月，就能迫使自己讲西班牙语了，因此我很确信能在徒步穿越西班牙的三个月内把西班牙语练好。而且我也不可能像在马德里或者巴塞罗那这样的国际大都市里那样，不行还能讲讲英语。朝圣之路沿途的居民不可能花上很多时间把英语当做第二语言来学习。他们已经会了一种语言，他们靠这种语言与他人交流，并且发现一种也就足够了。

没问题。吃我这些西班牙语的老本应该没问题。对吗？

呃，也不尽其然。

首先，我发觉当地人说的西班牙语和我之前学的完全不一样。其实三年前在希洪的时候我就该发现了，周围人讲起话来就像含了满口的碎牙。唯一让我稍微能听懂些的人是俄罗斯作家（据说是前苏联国家安全委员会的成员）尤利安·谢苗诺夫，他在某一天下午的会上所讲的是我心目中完美的西班牙语。他当时讲的是卡斯蒂利亚语[1]，我后来得知他的西语老师是一位来自中东的美国人。难怪他说话的腔调很像我在贝纳特高中的谢尔曼老师。

在加泰罗尼亚、阿拉贡、拉里奥哈或纳瓦尔地区，人们都不讲卡斯蒂利亚语。在加泰罗尼亚地区，人们甚至连说的话都不一样，他们不说西班牙语而说加泰罗尼亚语。里面有些词和西班牙语相近，

1 即传统意义上的西班牙语，卡斯蒂利亚原是西班牙历史上的一个王国，它逐渐和周边王国融合，形成了西班牙王国。如今西班牙北部和中部以及电视广播中讲的都是卡斯蒂利亚语。

而有些则完全两样。在西班牙语中“营业”是 abierto，加泰罗尼亚语是 obert。这还算能猜出个大概来。但是“打烊”在西班牙语里是 cerrado，而加泰罗尼亚语是 tancat。

Tancat 这个词渐渐成为了我俩的日用词汇，也是我们认识的唯一一个加泰罗尼亚词。我不知道它该怎么读，因为从没听到别人念过，但是我们经常能看到它，于是产生了很深的印象。我们穿越加泰罗尼亚地区时，路边一家又一家小店的门上都挂着一个牌子，上面只有孤零零这么一个单词。不需要花上很长时间就能猜出它的意思来了。

这么多年来，我们仍旧会时不时地用到这个词。“你去拿周日的《纽约时报》了吗？”“没有，我明天再去拿。那家该死的熟食店 tancat 了。”

在巴斯克地区人们说巴斯克语，完全可以理解。（嗯，他们说巴斯克语可以理解，但至于巴斯克语本身，除了巴斯克人外没人理解得了。于是我意识到“语言”是多么非凡，能让一个人理解另一个人。）在西班牙的每个地区，名义上都是讲西班牙语，但它们的元音和辅音都和我所学的卡斯蒂利亚西班牙语不同。

即便能习惯他们讲话的方式，我也还有是问题。你瞧，我会说点西班牙语（勉强能说点，而且仅限于一般现在时）。但是我听不懂。我能组建一个问句并且很好地说出来，尤其是能多给我一两分钟时间在脑子里检查一遍的话。除去口音的因素，被我问到的人总能理解我的问题。

接着他会回答我，但是我完全听不懂他在讲什么。

嗯，我能听懂他回答“是”与“不”。如果我问男厕所在哪里的话，他回答时总是伴有肢体动作。但要是他的答复是一整句的话，我就会呆站在原地，把他刚才讲的话回忆好几遍，并苦苦思索着句子里单词的意思。

每当我快要习惯某一种口音，我们就会走到另一处讲话明显不同的地方——我说明显，可能不算太确切。我们还是能凑合着应对，能买到想买的东西，也能找到厕所，但是语言障碍总比我想象的要大得多。

在卡斯蒂利亚，终于，他们说话的腔调是我所熟悉的了，虽然没有谢尔曼老师那明显的纽约州西部口音。但这也仅仅意味着他们更加能听懂我在说什么。而我则依旧不明白他们在讲什么，因为我的耳朵，唉，比我的嘴巴迟钝多了。我能说西班牙语。但我就是听不懂。

琳恩则恰恰相反。她对母语以外的语言总是抱着一种不经心的态度，觉得有个近似的替代词应该就足够了。你也许会记得马克·吐温曾说过，一个精准的词和一个差不多贴切的词，它们之间的差别就像闪电和萤火虫一样[1]，对此琳恩认为，和你对话的那个人应该清楚地了解你想要什么。"'噢，你瞧，雷电和萤火虫！'嗯，是啊。"

同时她还有超强的直觉，通常能猜出别人在说什么，即便她不知道那句话里每一个单词的意思。所以我俩一起上阵的话就能和别人进行交谈了。我马马虎虎拼凑出个句子然后抛出去，再由她把别人的答复解释给我听。

这样的合作方式很成功，只要我俩不互相交换角色。如果要我去搞明白别人在讲什么，那么最差也只是理解错误。但是要琳恩去说，那么奇怪的事情就会发生。

这让我想起某一天，天非常热，我俩在无情的艳阳下走了好几

1 在英文里闪电是 lightning，而萤火虫是 lightning bug，而 bug 这个词还有"缺陷"的意思。马克·吐温这里玩了一个文字游戏，意为差之毫厘，失之千里。

个小时。我不确定那是在哪里，很可能是莱昂。（朝圣路上的一个问题就在于气候。为了要在 7 月 25 日的圣徒纪念日之前到达圣地亚哥 - 德 - 孔波斯特拉市，你得翻越积雪未化的比利牛斯山——也就是说，雪崩也许会耽搁你的行程。而当你到达中心平原时，夏天已经到了，热浪让人难以忍受。值得一提的是，我听说有人会在春天从圣地亚哥出发，一路朝反方向走，但是这样的人并不多。因为这也太奇怪了。）

在烈日下走上很长一段路后，如果能看见一家咖啡馆，那真是上天的恩赐。我们点完咖啡找了个座位，我把背包扔在地上，瘫倒在一张椅子上。琳恩问要不要帮我做点什么。

我经常会买份西班牙报纸来看，一般是《国家报》，有时下午买了在喝咖啡的时候看。我的眼睛能应对这些文字，问题都出在耳朵上。在一本袖珍字典的帮助下，我能看懂大部分新闻报道。所以我告诉她，要是能搞到一份报纸就完美了。

那她该怎么问呢？“¿Tiene usted un periódico?”[1] 我说道。她重复了好几遍，确定自己会了之后就走向了吧台，不一会儿她就回来了，一脸焦虑的样子。

“我想我可能是说错什么了，”她说道，“吧台的小伙子看上去很慌张，脸也涨得通红。”

“你到底说了什么了？”

“你教我说的那句呀。”

“你再说一遍。”我说。她照办了，我叹了口气。“我不能完全肯定，”我说道，“但就我听起来，你好像是在问他，他是不是来例

1　意思是“您这儿有报纸吗？”

假了。”[1]

“噢，天呐。我敢肯定这就是他脸红的原因。”

“我猜也是。”

“我感觉很糟糕。”她边说边起身离开座位，一小会儿后她回来了，表情变得更加得不安。“我去道歉了，”她说，“但是我好像把事情弄得更糟了，我真的搞不懂。”

“你说什么了？”

“你知道的，我就是说我很抱歉让你感到尴尬了。”

“你说了这一整句英文？”

“嗯，没有，”她说道，“我当然没有那么说。我就指指他，然后你知道的，说‘Embarazada’[2]。怎么啦？你为什么这样看着我？”

“你先过去问人家有没有来例假，”我对她说，“接着你又在说他怀孕了。你快点把咖啡喝完吧。我想我们最好赶紧离开这儿。”

我们的西班牙语得不到提高是因为我们只在迫不得已时才用它。我们在很多标识上都能看见它，并且能相当熟练地猜出它们的意思。我读起《国家报》也越来越熟练，至少读那些熟悉题材的文章是这样。（那些财政报道或者关于西班牙政治的文章，哪怕是用英语写的我也很难理解，所以怎么能指望我理解用西班牙语写的呢？）

但是只要一跟西班牙口语搭上边，我们自始至终一点进展也没有。原因就在于我们很少有机会讲。我们只在吃饭点菜、订房间以及确定向左还是向右走的时候才会用到它，并且，在一个值得纪念的下午，我们还用它来询问药店的方向。（在一个不太卫生的避难所住过一夜后，我头上长了虱子。我不知道在西班牙语里怎么称呼

1 琳恩很可能是没把 periódico（报纸）念清楚，服务员误听成 periódo(月经)了。

2 琳恩用西班牙语的发音方式说了英文单词 embarrassed（尴尬的），但是这个发音在西班牙语实际是 embarazada（孕妇）。

这些小杂种，所以我凑合着用哑剧进行表演，而这过程我打算留给大家去想象。结果居然魔法般地成功了——感谢上帝，就像他们卖给我的那瓶东西一样奏效。）

这些话加起来，一天总共也没几句，而且每天基本上都在不断重复相同的对话。而在点餐和订房外的剩余时间里，我们都在结伴步行中。我们边走边聊天，说来也怪，我们使用的行话居然是英语。

当我们和其他那些走在圣詹姆斯之路上的朝圣者们交谈时，我们说的也是英语。

朝圣者

我们下了那辆从萨拉戈萨开出的列车后，住进了让人极不习惯的奢华酒店，第二天就朝蓬特拉雷纳进发，在那里走回传统的朝圣之路上。经过长时间的跋涉，我们终于在傍晚时分走完了一半的路程，停下来住进了路边一家小旅店。饭厅里有个电视，我们走进去时正好在播放新闻简讯。新闻里在讲近期埃塔[1]组织的爆炸活动，这引来了饭厅里一阵意味深长的寂静。新闻结束后，电视里继续放映刚才的故事片。我俩的目光被屏幕紧紧地吸引住了，电视机里，杰夫·布里吉斯[2]居然在讲西班牙语。

这是部译制片，名字叫《八百万种死法》，这部可怜的电影是根据我的同名小说改编的，五年前在美国上映了（瞬间涌来各种评

---

1 埃塔在巴斯克语里是 ETA，Euskadi ta Askatasuna 的缩写词，西班牙语是 País Vasco y Libertad，直译为“巴斯克祖国和自由”，是西班牙巴斯克人居住区内的武装分离主义恐怖组织。

2 Jeff Bridges，美国著名演员及音乐家，1986 年曾主演过布洛克小说的同名电影《八百万种死法》。

论，褒贬参半）。饭厅里的人们继续着刚才被新闻打断的话题，没人在意那电影。我也不能责怪他们什么。

第二天到达蓬特拉雷纳后，我们正式成为了朝圣者，并且很快就发现我们少了样东西。别人把我们带到一间办公室里，给我们每人一张朝圣者护照。那是由黄色硬纸板做成的，好让沿途的避难所给我们敲章。到达目的地后，这将是给教廷人员看的最好证据，印章会显示我们确实一路跋涉至此，因此有理由能得到大赦。

（在过去，这就是圣地亚哥 - 德 - 孔波斯特拉最大的卖点。到了那里，你过往的罪孽将被全部洗净。你将一身清白——只留下你在朝圣之路上的经历，不过当你再次回到家中，上天很可能已经帮你画上了新的印记。）

我们这支朝圣小分队由一名堕落的天主教徒和一名世俗的犹太人组成，一路上既不畏惧地狱也不向往天堂。尽管如此，我们还是看到了实实在在的大赦景象——也就是说，那又怎样？看看又有什么损失呢？

如果我们之中有任何一位同伴是为了去宽恕罪行，那么他肯定将这样的希冀藏得很深。因为在这接下来的两个多月中我们遇到了很多人，与他们简短或是冗长地交谈，我无法回忆起一个人是只出于宗教原因而去的。一般来说，他们说走就走，并不夸夸其谈；偶尔有个别出生在天主教家庭，或是从小接受天主教教育，很少去教堂，他们来朝圣只是回应内心不明的召唤。

但确实有人是出于宗教原因来朝圣，他们在寻找某种程度上的赦免。我们被告知过不止一次，一个德国牧师从他所在的教堂一路穿越阿尔卑斯山到达比利牛斯山，继而到了圣地亚哥——全程赤脚。我不禁猜测他究竟做了什么，需要这样苦修赎罪，但我怀疑会有一整代的祭台助手们热衷于此。

我不能说我们和沿途任何一个朝圣者都很熟，况且如今我也很难回想出任何一个名字或者任何一张脸庞。我只记得有一对英国情侣，他们全程都骑着自行车。他们不太赶时间，这也是为什么在一段时间里我们能齐头并进，但是最终他们比我们快上了一两天，接着就再也没相遇过。我记得最早是他们告诉我，有一个专门的教会认定骑车的朝圣者能够被赦免一半的罪行。

前往圣地亚哥的还有不少荷兰人，当然，他们的英语都非常流利，法语和德语也不赖。（并且，我认为他们还擅长荷兰语。）荷兰的朝圣者们全程都不坐飞机，也不坐火车。他们收拾好行李，打开前门，走下干净的台阶，接着一路步行下去。

有两位瑞士的牧师也是这样，这对兄弟很有可能是双胞胎，他们一路从瑞士走了过来。他们都超过六十岁了，高高瘦瘦，身体好得羡煞旁人，他们自信地阔步向前，翻山越谷。我们没有和他俩交谈过，但在他们赶上我们之前就听说了不少关于他们的传闻，很可能是从骑自行车的英国人那里听来的。接着某天我们就真的看到了他们俩，并且就在那天或者第二天，他们就超过了我们，之后也再没遇到过。

琳恩喜欢把我们这一大批朝圣者归类为某种流动的社区，一路流向孔波斯特拉。在很多避难所里，我们都发现了访客留言簿，它们和巴克斯郡那种花哨家庭旅馆里的留言簿并无区别，都写着访客的名字（“亨利和克劳迪·索普”）、地址（“堪萨斯州普拉特”）以及他们的评价（“大爱这儿的印花棉布床单——噢，还有早餐的蔓越梅松饼！！！”）。显然，在避难所里不会有印花床单，也没有早餐松饼，但是这本册子对于我们的吸引力绝不亚于消防栓对狗的吸引力，因为它提供了搜寻前人足迹的机会，同时我们留下了自己的信息给后来之人查看。

另外，各种小道消息让我们对其他旅行者的情况时刻保持更新。在穿过卡斯蒂利亚的中部平原之前，我们就听说了来自威尔士的一家子，一对夫妻和两个孩子，他们在任何一个地方都相当引人注目，据我们所知，他们是唯一敢带着孩子上路的朝圣者——但真正使他们声名大噪的是——当然，是在一个极小的圈子里出名——他们还带着一头驴。据说他们是在跨越边境时买的，而且那可怜的家伙一路上干得还不错，帮他们驮东西，甚至有时还背下孩子。琳恩发现，这就是她所说的购物车，只是这家伙吃草罢了。

后来，大家都称他们为“圣洁之家”。

这家威尔士人在我们之后几天到达了圣地亚哥 - 德 - 孔波斯特拉，我们很快就碰到了他们，而且立马就猜出了他们是谁，因为那头驴还跟在后面。我们告诉他们，一路上听说了很多关于他们的传闻，而他们也声称在避难所的留言簿里看到了我们的记录；如果说他们的名气走在他们人之前的话，那我们的走在了我们的身后。

和其他人一样，我们询问他们是否会把这头小驴子带回家，而他们也很坦白地说那是几乎不可能的。英国的牲畜进口条例相当严厉，宠物猫狗都要接受大概六个月的检疫隔离来防止狂犬病毒的流入，所以一头驴又有多少机会呢？

所以他们很可能不得不卖掉它，那位父亲说，或者给它找一个家。这样的离别对于孩子来说会很痛苦，母亲说道，但是她也无能为力。

“等你们回国后可以再买一头。”琳恩建议道。这对夫妇诧异地盯着她，觉得她疯了。

见面会

自从过了蓬特拉雷纳，我们的生活像是回到了大学。沿途的路上，路边的咖啡馆或是歇脚休息的小村落里，都能遇见形形色色的朝圣者。而在避难所里相处的时间则更多，因为睡觉的寝室和大学宿舍差不多，等洗澡的这段时间给了大家相互交谈的机会——而且，如果等的时间够长的话，总能找到些话题可以讲。

但绝大多数时间里，我都和琳恩在一块儿。一路上我们并非每一步都肩并肩地走着；我的步速稍快些，有时会不自觉地走到很前面，而她跟在后面，直到我放下背包坐下来等她赶上。不过大多数时间里，我们都走在了一起，而且基本上一路只有我们俩。偶然会有大部队形成，但不会持续太久。

结果，这趟旅行就变成我俩增进情感的经历。在此之前我俩已经充分验证过了一种奇特的能力，就是能够长时间、近距离地待在一起。搜寻布法罗的那几个月已经十分清楚地表明了这一点，但这次朝圣之旅的强度急剧增加。我们切断了一切，只留下身后刚走完的十到十五英里，以及明天要走的同样多的路程，而这两样东西都在视线之外。我们不是总在闲聊，但是我们之间默契的无言，就同绵延不断的对话一样亲密。

我已经无法回忆起我们讲过了什么，但同样，我也找不出来我们没讨论过什么。我们的关系从一开始就是开诚布公的，这点和我们之前各自的经历都有所不同，所以多年来一直无话不谈。但仍旧，这趟朝圣之旅感觉很不一样，因为路途本身太多，而别的东西又太少。

况且我们之间不单单只有交谈。每过一段时间我们会去参加见面会。

我之前提到过，早在 1977 年我就戒了酒。四年后琳恩也开始了同样的生活，事实上我们第一次熟识就是在这样的见面会上，会里都是戒酒或者戒毒的人，他们会固定时间在西村[1]的一个小暗间里召集，交流自己的经历、勇气与希望。

参加这样的见面会渐渐成了我们日常生活的一部分。我们有时一起去，有时分开去，我们去得很勤快——平均算来，一周要去好几次。这样的见面会在全球各地都有，我们在佛罗里达逗留期间以及开车兜遍美国的时候，一直都参加见面会。甚至在国外旅行时我们也试图找到这种见面会的地方。

可惜到了西班牙就不太行得通了。西班牙有这样的见面会，之前参加马德里马拉松的时候，我就在马德里和巴塞罗那参加过用英语交谈的见面会。但如今我们这两个城市都不去，我们在西班牙北部的荒郊野岭，那里没人会说英语，因此要找个见面会的地方几乎是不可能的（而且也极其麻烦）。即便找到了，我们也听不懂他们说的话。（况且，我们能说什么呢？“我的名字叫劳伦索，我是一只喝醉的猪。”“你好，劳伦索！”妙极了。）

保持清醒不醉的状态不是我俩担心的问题，那时候我们都非常确定自己不再会沾染酒精。见面会的首要目标是让成员们保持清醒状态，但这并不是它唯一的作用。在某种程度上，它还能使你保持平稳的心态，让你在清醒状态下感到自在，这一点真的非常奇特。

只要两个人带着同样的目的，就能组成一次见面会。于是我们俩成立了“朝圣小组”，我们中的任何一个都能随时要求开会并邀请另外一位加入，念上一段固定的开场白，然后请大家来谈一谈。

国内的见面会通常会由一个人说上二十分钟，谈谈他以前的生活，后来发生了什么，以及如今他的现状。我和琳恩已经相互倾听了数年，但是新成立的这个“朝圣小组”则谈了许多我们之前在见

1 West Village，位于曼哈顿格林尼治村的西部，有“小波希米亚”之称。

面会或者是私下里没时间细说的东西。比如说童年和家庭史，以及在大型聚会中不宜说出口的醉酒小插曲。几乎所有事情，真的。

这样的会议不仅仅是亲密的交谈，因为我们保留了见面会中的固有程序。只有发言人可以说话，没有互动；另外一个人听，中间不得打断发言人。当发言人说完了，倾听者才可以发言——谈谈刚才发言人讲的东西，或者联想到的任何问题。最后我们会背诵《宁静的祈祷》并总结一下会议。

这种二人会议积聚起来的效果是非常显著的，能时刻提醒我俩要保持清醒状态，同时也说明那些在酒吧和咖啡馆里花的会议时间并没有白费。（在其中一家避难所，负责的小伙子在我们抵达时正忙着挥舞手中的瓶子，里面装着透明的液体，据他说是一种白兰地，他打算用来招待每一位来客。尽管朝圣之旅中我们的戒酒小组作出了不少成绩，但那瓶玩意儿不能说毫无吸引力。）

除此之外，朝圣途中的会议和家里的差不多。它们让我们感到舒适，改善我们的性情。让我们平静，让我们安定下来。

而且，在那些彻底迷路的日子里显得特别有用。

迷路

每个人多多少少都会迷路。虽然我大概知道路的方向，但我很清楚我们肯定会迷路，殊不知迷路是任何朝圣之旅中不可避免的部分。

我们在蓬特拉雷纳挑了本旅行指南，里面有一张相当棒的线路图。但卡米诺的情况是这样的——很多时候它都不在大路上，而在车辆到不了的小道上。

这让整趟旅程的不稳定因素大大增加了。一般来说我们都走在双车道的马路上，但在加泰罗尼亚地区的一些支道，我们不得不和大型卡车共用一条狭窄的路段。甚至，有的道路没有路肩[1]，有的道路一侧是陡峭的悬崖，走在上面真的一点也不好玩。

当你走在穿越田野的小径上时，你压根不必躲避卡车或者吸入一氧化碳，而且很容易忘记自己仍然活在二十世纪。那里的山丘、树木和天空，和数年前朝圣者们看到的并没有太多变化。

（由于法西斯独裁，西班牙在这几十年来一直停滞不前、穷困潦倒。我们走过了一些这样的地方——特别是在加利西亚——那儿刚刚开始发展；我们看见农民在用牛耕地，但一英里外还没通电的村庄里停了好几辆日本小轿车。如果我们是在几年前走的卡米诺之路，我们就看不到那些车了；而如果我们现在再去，我想我们会发现公牛已经被拖拉机取代。）

卡米诺上的路标指示得很清楚，并且在古老的道路上有了很大的修整，但这些都不代表走对路是件很容易的事。这些小径天生九曲十八弯，随意地从一条道换到另一条上，除非道路标识很明确，可怜的朝圣者很有可能全然走错方向。

许多地方机构都需要承担养护道路的职责，而一部分机构显然没有其他一些做得到位。然而，我们第一次走丢倒不是地方机构的错。他们在道路上做了明显的标识，只是我们不知道该去向何方。

我们沿着路走到了一个小村庄，但在穿出村庄后却不知道接下来要怎么走。那里一个标识也没有，最终有一位妇女看见我们在踌躇徘徊就走上前，问了一个我们听不懂的问题。

我试着告诉她我们是朝圣者，想找那条通往圣地亚哥的卡米诺之路。“Flechas！”她说道。

1　一种道路设施，设在道路旁边，供车辆发生故障或其他紧急事故需要停下时使用。

“Fletchers？”[1]

“是的。Flechas！”

这样的对话一点用都没有。我们又在那里徘徊了良久，一半原因是想找一个写着 fletchers 的标识。我说我们压根就没有找到，你应该也不会觉得很惊讶。另外一个乐于助人的当地人也好奇地走上前来，试着给我们详细地解释。“Flechas！黄颜色的 flechas！”

“又有一个人提到了 fletchers，”我说道，“但这次更具体了，是黄颜色的。我也不清楚他到底要告诉我些什么。”

“我也不知道。不过，fletchers 是什么？”

“西班牙语的意思？我不晓得。在英语里，这是个由古代职业演变来的姓氏。但我一时想不起来是什么意思了。同样发音的单词在德语里是屠夫的意思，你知道，那种肥肥的家伙，但我们现在谈的是另外一种人。哦，我记起来了。Fletchers 是造箭者的意思。

“是个摇滚乐队？”[2]

“不是的，是指专门造箭的工匠。我猜想以前这个职业还有更多的叫法，但是——哦，真他妈的见鬼了。”

“黄色的箭头。”

“我们整天看到它们，”我说，“还记得吗？我们还在猜测那会不会是某种政治主张呢。”

“而它们实际上传达的讯息是‘跟我走’。”

黄色的箭头。

于是它变成了一个我们新学的词汇，还是个有用的词汇。不过黄色的箭头没能完全消除转错弯的可能性；因为路上的转弯标识比

---

1 此处为作者的误听。

2 上文劳伦斯说的“造箭者”用的是 arrowsmith 这个词，和美国一支硬摇滚乐队 Aerosmith 发音极其相近。

箭头标识要多得多，况且有些箭头设置在那儿，意思不一定是直走。于是没过多久我们便学会了另外一个词，senda，意思是小路。

记住这个词远比不走丢，或者说走丢了再找回原路，要容易得多。琳恩不止一次地唱道：

返回小路
地址不详
查无此号
查无此地……

我们不断地走错路，但多数情况都不算太糟；我们只要走回原来走错的地方，从另一头接着走下去就行了。

直到有一天，我们中了邪。

那天我们和往常一样出发上路，天气非常讨人喜欢，太阳在无云的天空中闪耀。我们已经走出山区，进到了西班牙中部的平原，步行起来很省力。所以我们走啊走，走啊走，直到发现迷路了，全然不知自己身在何处。

这怪不得我们俩。我们从一个省跨过一条无形的边界到了另一个省，突然发现黄色箭头的标识不见了踪影，取而代之的是一群跷班的懒货。这条路显然不对，而且我们绝对不是唯一走错的人。

接着我们发现有位妇女窜出家门，警惕地看着我们，问："你们是朝圣者？"

"是的。"我骄傲地用西班牙语回答道。

"啊！ perdido！"

Perdido 是另外一个我们都知道的单词。它的意思是走丢了。

显然她之前也遇到过这样的情景。她告诉我们现在这是在哪儿，并且试着告诉我们怎样才能回到对的地方。我们已经走岔了很多路，而且烈日当空，路上一点遮阴的地方都没有，如果说我们心里没有完全不爽的话，那也不能说我们感到很爽。

结果情况变得愈加糟糕。我不记得所有的细节，只是事情一件接一件地出错。我们意志消沉，我认为似乎到了召开紧急二人会议的时候了，于是我背诵了开场白，琳恩讲了会儿，我也讲了会儿，最后我们做了祷告继续前行。

接着，当然，情况依旧没有好转。我们早餐吃得很马虎，这会儿连个吃午饭的地方都没有，所以我们干脆就没吃。于是我们错失了在午餐馆灌满水壶的绝佳机会，况且这一路上要再找个这样的机会也不太现实，我们的水快不够了。当你走在炙热的阳光下，这可不是什么好兆头。

之前我们徒步穿过安道尔时就发现喝水的重要性。如果你水喝得不够多，那么你的脾气就会变得相当恶劣。

这也是透过经验才发现的，因为我们意识到，我俩在没有明确原因的情况下，在相互咆哮和呵斥。我不知道是为什么，但很快意识到自己已经好几个小时没上过厕所了，琳恩也是。于是我喝了点水，同时建议琳恩也喝点，接着我们的情绪马上得到了提升，那些咆哮和呵斥也停止了。从那以后，我们会时刻保证自己有水喝，并且视其为不再自相残杀的重要条件。

但如今，在迄今为止最热的一天里，我们快没水喝了。不管下一个走到的是什么村庄，我们一定要在那里灌到水。根据手上的地图来看，下一个人类聚居地应该不远了。

在这样的一天中，要点坏脾气根本不是我们担心的问题了。我并不认为我俩真的会渴死，但人们确实会时不时地因为缺水而死，而且这样的情况不单单发生在现实生活中。想想那些电影里的男主角们，在撒哈拉、莫哈维沙漠或是戈壁上爬行，从裂开的嘴唇间大喊着“水！”，他们的舌头肿了，脸上的妆都结成了块。

我告诉你们，我们确实想到了这些场景。而且，想到它们以及其他一些惨淡的场景时，我们所能做的，也是我们擅长做的，就是努力适应环境。

我们又迷路了。

我完全不明白这是怎么回事，但也能猜出个大概来。肯定是之前那个没给我们提供黄箭头标识的猪，这次老毛病又犯了。我们铁定是走过了一个需要转弯的路口，于是就又完全迷了路。

不过，只要让太阳时刻保持在前方，就表示我们在一路西行，至少不必担心在兜圈子。而要知道太阳在哪儿，这一点也不难，因为它就在那里，朝着你咧嘴猛笑，强光刺入我们的眼睛，热浪烘烤着我们的大脑。

最后是西班牙的军队拯救了我们。当时我们走的压根就不算是条路，只是一条穿过大块空地的小道，所以完全没料到身后会有车驶上来。我们转过身，发现有好几辆敞篷的吉普车，上面全是穿着制服的年轻人。我们居然稀里糊涂地走进了一个军事演习点，那天他们的日程安排是驾驶和军礼，还好不是什么大炮和迫击炮的演练，我们真是太走运了。

我们告诉他们，我俩是朝圣者，不是来这里搞突袭的，而他们告诉我们，我们是走丢了，这点我俩也很清楚。接着他们给了我们满满一瓶水，上帝为此一定要保佑他们，还向我们详细解释了要回到正道上该怎么走。一大堆微笑和握手后，他们开走了，继续在这前不见村后不着店的地方，进行着毫无意义但不得不参加的演习，而我们也继续自己的旅程。

我们史无前例地在同一天进行了两次会议，但是我忘了是在那些士兵拯救了我们之前还是之后。我们坐下来交谈，而不是边走边谈。我们把身上的包放下，坐在了上面，其中一人道开场白，然后开始。我不能告诉你我们当时讲了些什么，但是我相当确定那次我们更多地交谈了当时的状况，而不是个人的往事。

结束后，我们站起身来继续行走。

白天在无休止地继续着，太阳依旧烘烤着我俩的大脑，快到晚饭的时候我们才到了一个小村落，但是村里或附近都没有避难所，而天黑之前要赶到下一个村庄显然不太现实。我们开始寻找小旅馆或招待所，但似乎一家也没有，于是一个村民把我们带到了一座很漂亮的小房子前，墙壁被粉刷得十分鲜艳，一位英俊的年轻男子微笑着应了门，还用简短的英文向我们寒暄了几句。

进门后的景象令人叹为观止。房子里到处是插满了鲜花的花瓶，墙上布满了淡雅的水粉画，而整个屋子里充满了檀木的香味。他把我俩领到了一间一尘不染、精心布置好的卧室，并指给我们看了看大厅另一侧同样一尘不染的卫生间，他还告诉我们不要拘束，把那儿当做是自己的家。他真的完全不需要再说一遍了。

我们分别洗了个舒服澡。不紧不慢地回到卧室后，我们开始讨论起男主人提供的各种香皂和深色的毛巾。“我无法相信这村里还有这样的地方，”琳恩说，“也许是我们没有及时补充水分。”

“你认为这都是我们的幻觉？”

“我觉得我们已经死了，”她说，“他们让我俩进了天堂，尽管我们还没有得到大赦。世间哪有这么迷人的小伙在西班牙东部的乡下经营这么完美的旅店？”

“那些鲜花和蜡烛。对了，你注意到那些香皂了吗？”

“怎么可能没注意到？那一块块小小的法式香皂，每种的形状和颜色都不相同。”

“你该不会认为——”

“没错。他还把钥匙挂在了外面。”

“你在开玩笑吧。”

“不是。你看，紧身牛仔裤，把钥匙挂外面。”

“呃，他是做旅馆生意的嘛，”我说，“他得能打开这里所有的房门。况且把钥匙挂在外面，在这儿也许和在克里斯托弗街[1]上意思不一样呢。”

“是啊，你说得对。”

“那他在这儿是想干吗呢？”

“那他应该在哪儿呢？韦斯卡？”

“天哪，”我说，“我们怎么会说到这些东西？我觉得你可以把我俩的思绪带出西村了，但你无法让整个国家离开沙龙烟[2]。坦白地说，我不在乎他怎么会出现在这里，我也不在乎我们怎么会到这儿。我只是很庆幸这会儿他在这里，我们也在这里，而这该死的一天马上就要结束了，因为我已经不想再过今天了。多么悲惨的一天啊！我迷了路，累得都要散架了——”

“嗯，我也不知道为什么，”琳恩说，“但是不要忘记，今天你开了两次会。”

避难所

如果我俩没有中邪般一而再再而三地走丢，那我们很可能错失在这个同性恋天堂的美好夜晚。我们会直接穿过那个小村庄走到下一个避难所。

---

1 曼哈顿西村的一条街，这条街道是二十世纪七十年代末纽约同性恋权利运动的中心。

2 此处引用了著名香烟品牌沙龙（Salem）的广告词，原文是“你能把沙龙带出国，但整个国家离不开沙龙”。

避难所在卡米诺之路上的布局能让朝圣者们感到十分方便。像在萨拉戈萨没地方住而不得不绕道的事情，已经不会再发生了。避难所里总会有房间，我们只需按照指南书上写的走，铁定就能找到睡觉的地方。

虽然里面不可能会有大量的鲜花和芬芳的香皂，一些避难所确实非常舒适。我记得在圣多明戈 - 德拉卡尔萨达就有一家；每个去过那里的人都会说那是避难所的典范。我觉得它就是普通青年旅馆的平均水准，但在去圣地亚哥的路上，这绝对算得上是出乎意料。

我必须指出，这个村庄所处的位置，就是当年“神鸡”发生的地方。关于这个故事我们听到了很多版本，但大致的意思就是有个人去向一位坐在餐桌旁的地方君王请命。这位贵人说，要是他面前的那只烤鸡能从盘子里跳出来，跳到桌下并且啼叫的话，就答应他的恳求。于是那只没了头的鸡就真的那么做了，这一切都被描绘在当地教堂的壁画上。

我认为这是个很好的故事，同样，壁画也很出色。琳恩同意我的看法，但她把这事儿当真了。不过话说回来，琳恩会相信一切她所听到的奇迹——在我们被西班牙军队营救、被那家同性恋旅馆拯救后，我不得不承认，我很理解她会这么想。

后来我们听说这个“神鸡”遍布了整个欧洲，几乎每个国家都有这么一只被烤得金黄的家禽，为了拯救一位无辜者的性命而跳下餐桌奋力喔喔啼叫，但琳恩对此事的热衷程度依然不减。难道她就没觉得，这种奇迹在整个大洲遍地出现有点不太可能吗?

“这仅仅表明了，”她说，“鸡的超能力。”

另外有一家避难所，就是给朝圣者提供白兰地的那家，房顶上有一个生态水箱，利用太阳能为淋浴提供充足的热水，这简直就是朝圣者的福音。虽说大部分的避难所都有淋浴设施，但很少能提供充足的热水。如果不想洗冷水澡的话，你需要十足的运气和很好的时间把控。

有时避难所会设有一到两个私人房间，一旦有这样的空房间，我们都会抓住这珍贵的机会。但更多的时间里，我睡在上铺，琳恩睡在下铺，而每间房间里会有两张甚至一整排双层床。

然而，拥有私人空间并不表示能住得舒适。我们到过一个小镇，据说那儿有避难所，但我们得去教堂找到神父才能知晓它在哪里。他给了我们一把钥匙，指了一串方向；这把钥匙把我们带到了一间二十平方英尺的屋子，角落里残留着各种残渣，煤渣砖墙上布满了匪夷所思的涂鸦。那里曾是个车库，如今变成了避难所，唯一能表明它新身份的是一张躺在混凝土地板上光秃秃的床。我们睡得比预期的要好，但一晚上已经足够了；第二天早上我们交还了钥匙，出发。

随着时间的流逝，我们发现连续两三个晚上睡在避难所里是我俩的极限。每到第三或者第四个晚上，我们就会设法停在一家商业旅馆的门口，订一间房，洗个热水澡。有时旅馆、房间或是小镇足够吸引人的话，我们会多住上几晚，但多半我们会在第二天早上启程。

活动

当我们不在走路、吃饭或睡觉的时候，我们怎么消磨时间？

我们不怎么看电视。避难所里很少会有电视机，同样，廉价旅馆里也不会有。不过，我们吃饭的小饭馆里偶尔会有。有一次我们走进当地的一家便利店（相当于地方上的 7-11 便利店），吃惊地听到彼得 · 詹宁斯[1]的声音；法国第四频道正在转播 ABC 的晚间新闻，

1 Peter Jennings，美籍加拿大裔记者及新闻主播，ABC（美国广播公司）晚间新闻的王牌主播。

我们在原地呆站了好一会儿。另外，我之前也提到过在巴斯克地区看了配音版的《八百万种死法》，不过显然当地人有他们自己消磨时间的方式。

但我发现有一部剧总在我们身边出现，那就是《摩登原始人》[1]。我在听得懂弗莱德和威尔玛说什么的时候对这剧就不着迷，而且我也不觉得台词经过翻译会给它加分。另外一个我能回想起的节目是类似《美国滑稽家庭录像》的西班牙搞笑视频合辑。我们在国内从不看这类节目，我也没想到自己会在那里看，如果有选择的话。

但我很可能想错了，因为这个西班牙版本放了一些你在美国完全看不到的东西。除了那些愚蠢的宠物和堕落的小孩把戏之外，他们还给广大观众提供了一则惊人的视频，是——抱歉，想要找一种更文雅的说法实在不容易也不值得——是一只兔子在干一只鸡。

周围所有的对话都停了下来。每个人都盯着电视机屏幕，接着一阵狂笑并伴随着言语的鼓励，我想这不用翻译也能猜得到。“我希望你刚才看得够仔细，”我对琳恩说，“因为你这辈子都不可能再看到这样的东西了。”

我错了。节目的最后观众可以投票选出最喜爱的短片，显然，兔子和鸡赢了，于是他们又给我们看了一遍。一个星期后，当我们又在电视机旁时，你猜猜电视里在放什么？上周获胜的短片本周又入围了，而显然那该死的玩意儿又赢了。如果说这档节目还在播放的话，我敢说这兔子和鸡仍端坐在冠军宝座上。

我不想承认，其实我不介意再看一遍……

我们还有什么消遣活动？我们可以观光，如果有风景可看的话。我们还看书。我例行钻研《国家报》里的故事梗概，同时我们一直

1 *The Flintstones*，六十年代美国风靡一时的动画片，后于九十年代被翻拍成真人电影。

在阅读随身携带的书。有几本小说并没持续太久；我们在离开法国之前就舍弃了它们。但我带的《圣经》却是我俩一晚都没落下的。不过，这不表示我们为之着迷，只是在这样的旅程中，这么做比较适合。

我另外还带了本哈伊姆·波托克写的《犹太人的历史》，想着能平衡下此次纯基督教的探险活动。如果我打算一路追随圣方济各和圣嘉勒的步伐，并在沿途的每个教堂让自己接受圣水的洗礼，那么我所能做的，也正是我一直在做的，就是不断提醒自己我们自家人的历史。

我想是时候说说琳恩和我的故事了。我俩并不算真正意义的异教通婚，而算是两个个体的结合。在新奥尔良的乌尔苏拉学院接受了点天主教的教育后，琳恩踏上了一辆到纽约的巴士，并开始和一堆艺术家们交往。我绝对是她生命中第一个善良的犹太男生。

至于我，在第一段婚姻结束后，我发现自己在搜寻附近的教堂，为的是在喧嚣的曼哈顿找到一块安静的地方。在前任警察马修·斯卡德的故事中，我让他做了同样的事情，去教堂为逝去的朋友点上悼念的蜡烛。

开始在一起的时候，可以说，我俩多多少少都有些乡村调调，但也有些摇滚调调。我们这种宗教杂交程度早在两年前就非常明显了，特别是有一次，某个新墨西哥州北部的呆瓜在一段结了冰的公路上把我们拦下来。

“噢，天呐！[1]”我们的圣伊丽莎白带着傲气大喊道。那位来自贝丝锡安的男孩一言不发，直在胸前划着十字架。

不过，这么做奏效了，不是吗？我们没出任何事故。事情就是

1 此处琳恩用的是意第绪语，即犹太人的语言。

这样，我向上帝发誓。随便上帝你拿我怎么样……

话说回来，我认为波托克的历史书将是旅途中一个不错的选择，而且事实上也是如此，但有时它过于勾起了我阅读的好奇心。一切都很正常，直到我读到了十五世纪，我们压根无法继续前行，因为那天晚上我要把手中的章节读完，我要看看，为什么洗劫犹太教堂并把当时的犹太人活活烧死对西班牙宗教法庭[1]如此重要。

噢，好吧。除了这部分，这本书确实是个很好的伴侣。我把这些都告诉了琳恩，她也觉得波托克是位很棒的作家，我们俩都很喜欢他的小说《我的名字叫阿舍 · 列夫》，讲述了一位来自正统家庭的年轻艺术家。“这书好像还有本续集，”我说，“但是我忘记叫什么了。”

“《现在我的名字叫阿伦 · 刘易斯[2]》。”琳恩不假思索地回答道。

走路

旅途中有很多美好的时光，我想之前已经分享了不少，至于那些糟糕的经历，我们有一整天的时间来慢慢走出它，因此也显得不那么差劲了。一路上我们不缺消磨时间的有趣办法，但做得最多的事情就是走路，特别是在西班牙境内的那几个月，步行是我们的主旋律。

之前我也提到过，有人一路上是骑自行车的。沿途总有些路不适合骑车，但我相信那些单车朝圣者们总能找到出路，从一个避难所迸发到下一个。

有一队西班牙骑手完成了其中的一段路程——我记得是从莱昂

1　1480—1834 年的天主教法庭以残酷迫害异端著称。

2　琳恩这里是取了阿舍 · 列夫（Asher Lev）的谐音随意编了个常用名 Allen Lewis。

到圣地亚哥——他们骑在马背上，英姿飒爽、光彩夺目。如果这一切都能由我来决定的话，我定会爽快地给予他们大赦，还会给他们的坐骑分配粮食和水。

同时，每年还有不少开车来的观光者，他们会在节日期间出现在圣地亚哥 - 德 - 孔波斯特拉。（我想他们不会自称是朝圣者，也不指望通过这趟旅程缩短他们在炼狱里涤罪的时间，不过我怎么知道别人怎么想？）一些旅行公司在卡米诺沿途提供起了各种护卫服务，有拉行李的工具以及给脚痛之人坐的马车，甚至还有简略的旅行指南和部分路程的巴士运送。

这一切的种种，一点问题也没有……

但关键是，如果你不打算步行，那么说真的，这一切的意义又在哪里？

徒步走完这段广阔的路程，特别是地理学概念上的广袤无垠，完全是不同意义层次上的事情。谁能看着西班牙的国家地图，然后说自己可以徒步穿越整个疆域？而就在我们走完这段旅程时，我们是真的做到了，一次一个二十四小时，一次珍贵的一小步。

我们每天走的路程不会超过二十英里，最长的一次是在卡斯蒂利亚，那是块啥都没有的平原，卡米诺穿过那儿一路向北通往莱昂。我们知道将要面临什么，于是那天起了个大早，带上必备的食物和水。那天长路漫漫——我们的平均时速是三英里，当然在复杂的地势下会慢很多——但最终我们毫无压力地走到了终点，那儿有个避难所在等着我们。

随着里程数的不断累积，我们感到了巨大的自主权。在生活中，我们总是依赖自身之外的东西把我们从一个地方送到另一个地方。不管这种交通方式是公共的还是私人的，不管是巴士还是飞机，不管是买来的还是租用的汽车，我们总在被那些不受自己控制的东西运来运去。我们不用动任何脑筋；汽车、巴士或飞机会去某个地方，我们只需要搭上它们就行了。

那次在西班牙，我们才算得上是真正靠自己游历，我们也时常惊叹居然能做到这一点，并且常常回忆起这段经历。在此十年前，我还在俄勒冈州一心抵制买自行车时，从没想过自己会去徒步。数年之后，我在《随便走走》里让虚构出来的小乐队翻越了卡斯卡底山脉，在小说里这完全没问题，但琳恩和我在搜寻布法罗的日子里曾试图追踪《随便走走》里的路线，我们选择了驾车。我们也幻想过自己能像书中那么做，但想象和实际行动是有差别的，不管那些自救大师们要你相信什么，我们从来都没想过真要那么干。

我们徒步不为健身，也不为减肥，但它们却成为此趟旅程必然造成的结果。我之前就向琳恩保证过，徒步能让她变得更强壮，进而完成这段远距离的征程，即便她不信，也真的奏效了。到达圣地亚哥时，我俩都更强健、更苗条，浑身上下身材也变得更好。我们彻底迷上了步行，这项本身就令人愉悦的运动，还给我们带来了巨大的益处。我们向对方保证，将在今后的日常生活中继续坚持。

我们一致认为，既然能在西班牙徒步那么远的距离，那么完全没理由不能在我们居住的城市中行走。比方说，我们搭乘地铁一号线到第242街的百老汇站，接着就从那儿步行回家，还有比这更美好的一天吗？让我们来算算，二十个街区差不多是一英里，从第242街到243街是多少？十或十一英里？嘿，简直小菜一碟嘛。一点问题也没有，况且要在百老汇附近找点吃的喝的，总比我们走过的那些地方容易得多吧。

琳恩想知道我们到底要不要背包。“虽说我们压根不需要它们，”她说，“但背个包可能会达到更好的锻炼效果。”

“我们可以两种方法都试试，”我建议道，“然后看更喜欢哪一种。或者你也可以试试推个购物车。”

“我确实要这么做，”她说，“为的就是把你逼疯。”

除了能探索城市，我们还能步行度假。随便选个镇与镇相距十英里的州，然后直接杀到那儿开走，这又有什么难的？要是选个地势平坦的州，穿越全境也不会太困难。

另外——我们甚至可以重走卡米诺。第二年就去有点太仓促了，可能要到第三年。再次出发的时候，我们会选择合适的背包，也知道该往里面装些什么了，同时我们可以和其他人一样从龙塞斯瓦耶斯出发。我们甚至能根据天气来安排行程，可以在夏末翻越比利牛斯山，这样到达卡斯蒂利亚平原时就是舒爽的秋天了。

或许我该在某一年独自一人尝试下这条路。和琳恩一起走感觉棒极了，如果再一起走固然很好，但一个人走会是种截然不同的有趣经历。显然我走得更快些，也不会花上好几天时间观光，我还能时不时地在星星下面露宿。更重要的是，这种独处的状态也许能让我更有效地自省。

噢，我们有无数个主意。但有一点很清楚。就是从那时起，步行将成为我俩生命中不可或缺的一部分。

我们在圣地亚哥 - 德 - 孔波斯特拉待了几天，吃得很好，邂逅了不少之前在途中碰到的人，还遇见了一些名声在外的人们，比如“圣洁之家”。杰克 · 希特也出现了，就是唐和艾比 · 维斯雷克向我们提过的那个人，正是他的经历才让我俩开始了这一切；有传闻说他在我们之后到的这里，他把这条路又重走了一遍，这距离他首次朝圣已经十年了，而这会儿他在圣地亚哥打算写一本关于卡米诺的有趣书籍，名叫《启程》。

从圣地亚哥我们坐火车去了里斯本，中途在维戈停下来住了一晚。那里是安妮女王时期西班牙王室继承权战争的重要地标，之前我曾获得过一枚现代的银制奖章，其中一面展示了法国舰队在维戈港的轰炸盛况。我确信这就是为什么我会选择在维戈逗留一晚上的原因。我拥有这枚奖章很久了，但我依旧清楚地记得它，甚至比任何我们在维戈当地看到的景色还要清晰。

我们本打算在里斯本待上一个星期，我们很喜欢这座城市，但在我们心里，在到达圣地亚哥的那一刻，旅程就结束了。里斯本的教堂、瓦片工厂和法多民谣都不足以吸引我俩的注意力。我们在那里住了四天，接着换了机票，登上了一班回纽约的飞机。

我们整理行李、洗澡，调整时差，做了一切出远门回来该做的事，我们知道，开启长距离徒步的伟大事业，只不过是时间问题罢了。

有趣的是：这事儿压根就没发生。

我觉得很多事情往往是这样。对于一项令人愉悦的活动，人们总想把它变成接下来生活的一部分。它简直太重要、太必需了，不坚持下去几乎是不可能的。

这就是为什么很多人出国后会带烹饪书回来，并且坚信自己能烧出一整桌孟加拉、多哥或是特罗布里恩德群岛的菜来，也许他们中真的有人做到了，但我感觉大部分人会跟琳恩与我一样，把那本书放在书架上一处神圣的位置，然后再也没翻开过。

这就跟带着相机出门时对照片的态度一样。我们在西非无休无止地拍照，然后回来冲印好，接着让它们躺在无人问津的盒子里好多年。后来突然有一天，琳恩心血来潮买了本相簿，把那些照片全都放了进去，接着把相簿放到了书架上，最终我俩到现在还没将它打开看过。

一张相片往往是对一段经历的坚持，想要定格一个瞬间，然后永远地拥有它。从第242街走回家有什么不一样吗？我们本该去努力留守住这段记忆，尝试身体力行地去做，而不仅仅是温习照片，但其实也都没用。你能留下相片，你甚至可以远足，但那样的经历转瞬即逝，当它结束时，它就是结束了。试图让它鲜活地留在你心里，就跟毕业后试图留住学校乐队一样。

因此我们回了家，继续过起了自己的生活。

第三部

PART 3

16

一直以来人们都说生活是一连串的选择。你选择一种就预示着放弃另一种。你走了其中一条路，就无法去游历剩余所有的路。

我认识一些人，他们很早就意识到自己命里注定会怎样，于是自始至终坚守在一条鲜明的道路上。我有这么一位密友，他就拥有这种自我认知的天赋。他会率先告诉你，这些年来他都没怎么变过。他离开纽约快二十五年了，仍旧全情支持纽约尼克斯和巨人队[1]。五十年来，他都保持着相同的发型，穿着同种风格的衣服并热衷于同样的音乐，甚至连政治观点也未曾发生改变。你也许会认为他是个相当无聊的人，或者日子过得一成不变、毫无惊喜。那你就错了；他是个非常棒的朋友，而且生活也精彩丰富、充满快乐。

我的生活也精彩丰富、充满快乐，但这些年来我并非始终如一。狂热来了又去，激情满了又退。

你应该还记得，我在 1981 年完成了五场马拉松以及三十五场短程比赛，但到了下一年，我完全放弃了比赛。还有，我俩并没有刻意地放弃布法罗的搜寻，但这事儿在我们 1990 年搬回纽约后就搁浅了。可能因为我们的生活起了变化，我们不再开着车到处跑，事实上我们没再买车，那次西班牙徒步之旅结束后，我们发现比起发掘新的布法罗，探索新的国度更有意思。我们已经去过了安道尔和葡萄牙，在接下来的几年中我们花了不少时间旅行，去了这个星球上一些比较偏远的地方。

---

1 纽约尼克斯是篮球队名，纽约巨人队是橄榄球队名。

有时也会走点路。我们花了两周的时间和我的三个女儿在托斯卡纳区[1]徒步，其间一直有人陪同护送，把我们的行李从一家旅馆运送到下一家，当我们在巷子里东转西跑的时候，每天中午的豪华野餐总会突如其来地出现在我们面前。另一个夏天里，我和一个女儿以及外孙女一起去阿尔卑斯山进行了更为严格意义上的徒步，并将瑞士和列支敦士登囊进了“此国已游”的名单中。

在那之前的1993年，我曾考虑要不要重走卡米诺。这次我将独自一人在9月份爬过比利牛斯山，整个行程将花费五到六个星期。我将有大把的时间可以仔细考虑这件事，但就在我预订机票和买个更好的背包之前，我发觉自己并不真的那么想去，那是种解脱和遗憾混杂的感觉。我不想离开琳恩这么久，同时我越想着自己睡在那些避难所里、一路寻觅芝士三明治的场景，再次出发的吸引力就越小。况且，真他妈的，这事儿我已经做过一遍了，也许一次就足够了。再去的话，那些东西要么已经变掉了（我讨厌改变），要么会和上回完全一样——所以再去干吗呢？

不过这并不代表从里斯本回来后，我就任由自己的腿开始萎缩。作为一个纽约人，每天走上几英里路是毫无疑问的。这是人们在这个城市中生活的方式，因此琳恩在没有任何事先准备的情况下，也能顺利完成一个朝圣者的任务。

我依旧坚持去健身房，即便去的频率反复无常；有时一星期去上三次，有时一个月去不了三次。健身房也开开关关，如果我常去的那家关门了，我会花上好长一段时间去找家新的然后加入他们。

有一次，琳恩突发奇想给我买了个阶梯踏步机。我们把它放在

1 Tuscany，意大利中部的一个大区，首府是佛罗伦萨。

我的办公室里——一间位于我们住所两层楼之上的公寓，起初我每天都会去用它，就像任何一个刚买下它的人一样，接着我就慢慢地停止了——也像其他人那样。而当我再次想使用它时，这台机器发出了一阵噼里啪啦的声响之后就歇菜了，比起找人来上门修理，把它变成一个放衣架更简单。我很庆幸我们家没有车库，不然这玩意儿至今都会待在那里，我们后来找到了一名大楼里的员工，他愿意把它从我俩手中解救出来。我想他估计是把它修好然后卖了出去，要不然就是把它堆在了自己的车库里，因为我从他的身材完全看不出他在使用它。

在健身房里我通常会做重量训练，但也会时不时跳上跑步机跑个二十分钟出出汗。我也会在上面行走，为的是保护膝盖，不过我用的是竞走的步速，手臂会在身体两侧摆动。每次这么做，我都会回想起自己曾经作为一名马拉松赛手的日子，但我从未想过要回到那黄金岁月中去。

即便我有这么想过，真要回去也是不可能的。因为我的脚出了点小问题，尤其是右脚，它时而会失去知觉，时而会感到疼痛。有时我走在路上，脚会突然钻心地痛；痛感会持续好一阵子，然后消失。

医生说这很可能是我的坐骨神经出了问题，我应该试着多做做伸展运动。但事情不是这样的，伸展运动不会给我带来任何伤害，但也没让问题有任何好转。我不清楚什么地方出了问题，而且也不太想知道。我上网查阅了一些关于间歇性跛行和糖尿病性神经病的资料，这些症状似乎都能对得上号，但是我坚信自己的问题和这两个玩意儿无关。

其实问题也没那么严重。我的脚只是在早晨会有点麻木和刺痛罢了，随着时间的流逝这些不适会渐渐消失。我还是做着和往常一样的事情，到往常一直去的地方。所有这些都意味着我的马拉松生涯结束了，好在我一点也不怀念它们。这也预示着我不太可能重走卡米诺之路了，反正我也早就决定不会再去。

好吧，他娘的，我都六十多岁了。很快地，能站着走路或者还能找到回家的路，就已算是很幸运了。

我的大外孙女萨拉·雷赫尔长期以来十分迷恋企鹅，于是在 2001 年的 12 月琳恩和我为了庆祝她的成人礼，带着她和她的阿姨吉尔去了南极洲，让她看看自己崇拜的小动物在栖息地里的样子。

接着 2004 年的春天，我无意看到了一本地球观察研究所的册子。这家值得称赞的机构为志愿者们提供以环保为目的的旅行；不需要很高的费用，你就能加入去特罗布里恩德群岛的考察队，细数濒临灭绝的红熊猫，或是到疟疾的沼泽中为人们分发免费的苍蝇拍，抑或是去某地帮助河狸修建水坝。琳恩和我多年来一直能收到他们的宣传册，于是开始不情愿地承认自己还不够高尚，未能参加这种旅行；除非变成精神层次更高点的人类，我们才会去喀麦隆给当地的村民接种登革热[1]的疫苗，而不是在南太平洋悠闲地泛舟。但我总是迫使自己把册子里的内容读完再扔掉——这至少是我能做到的——但后来我居然帮萨拉和我自己报名参加了南非的企鹅拯救计划。

我之前甚至都不知道那里还有企鹅。但事实上的确有过，而且有很多，直到数年前的石油泄漏事故大幅缩减了它们的数量，并且威胁到了它们最终的生存。罗宾岛，那个曾经关过纳尔逊·曼德拉的监狱，如今变成了众多鸟类的家园，作为地球观察研究所的志愿者，我们要参加一个户外项目来观察这些小家伙。

我们要在 8 月份飞到开普敦，当我开始打包行李时才顿悟，8

1　一种热带传染病，骨关节及肌肉会奇痛无比。

月份是他们的冬天，这就意味着我要带长裤。整个夏天我都穿着短裤，当我试着穿上长裤时发现它们不合身了。我在不知不觉中发了福，那些短裤是在夏初买的，而且……噢，别管了。我变胖了，那些长裤都穿不上了。

这就意味着我要先去趟地下室，里面的储藏间有一大箱大码衣服在静静等候我穿上它们。这显然让我感觉不太好，而且临行前我还巧遇了一个朋友，然后发现自己对这事还真的非常在意。

“嘿，等你回来得为身材做点什么了，”他说道，“还记得我们是怎么认识的吗？有一天你去了在第 12 街上的艾蒂克健身房，但接下来的三年里你就再也没出现过。你很可能会重蹈覆辙。”

结果他说对了。

旅行总的来说很不错，尽管日复一日地面对企鹅会显得有些乏味。每天都有几项任务，其中一项是把我们分成两人或三人一组去检查一个个鸟窝，及时关注哪个鸟窝会有小鸟出生，如果有，就估算下小鸟的成熟度。(“嗯，她真的好可爱，但我觉得她还不能喝水。”) 有些鸟窝即便是废弃了，我们也还会做个记录。所有鸟窝都臭气熏天，但我们没必要把这点也记下来。

我们还会做些路边勘测，在路边站上一个小时，然后数企鹅。这些小家伙们早上会走到大海边，接着下午上岸，穿过马路回到它们臭哄哄的家里。我们要守在那里，然后用铅笔在笔记本上做标记。如果看到两只企鹅穿过了马路，我们就在本子上划上两道。接着是一只。接着四只过去了，但又有一只折回去了。接着又有一只穿过了马路，接着——

回到住所后，萨拉会把这些数据都输到电脑里去。萨拉是个数据导入的专家，这让她在志愿者当中赢得了点小名气，其他的志愿者都要比她大上好几岁，而他们全体都要小我整整一代。作为萨拉的外公我感到很快乐，但在这片企鹅天堂里我感觉自己是每个人的祖父，这点就不好玩了。

整个项目中还有一项是要我们从企鹅窝里抓一只企鹅，然后拎着它的脚将它上下颠倒让它呕吐。（我忘了最终大家是怎么做到的。反正要是让我来，我就会让它们看西班牙语版的《八百万种死法》。）接着那滩从胃里翻腾出来的东西会被送到某地去分析。

接着我飞回了家，去了健身房。

我早就是会员了，但如今我决定用更为严格的方式来利用这个地方。我打算每天都去，第一件事就是到跑步机上锻炼半个小时。之后再练练力量，大概一周三四次的样子，但跑步机将是我锻炼的核心所在。我想要燃烧卡路里，我唯一希望的是我的脚不要从中作梗。

7月的早些时候，一桩由橡胶凉鞋引发的怪事把我大脚趾的趾腹给撕裂了，我只能一瘸一拐地到圣文森特医院去缝针。伤口恢复得很好，但那只脚一直让我感到疼痛。早晨它时常发麻而且刺痛得要命，而且那只被撕开的大脚趾还有长期的关节炎。我完全能忍受这些，因为这是人老了必须经历的东西，我唯一担心的是这很可能会妨碍我制订的跑步机养生法。

让我惊讶的是，步行似乎对我的脚有帮助。我也不明白事情怎么会变成这样，好像在遇到跑步机前我路没走够似的，但我也不打算和这次的成功作什么争辩。我一直坚持着，每天早上都去健身房，一周七天。

就这样坚持了一个月左右，我突然得到了四十年来第一份正式工作。我的两位朋友布赖恩·科派尔曼和大卫·莱维恩雇我做电视剧的特约撰稿人和助理故事编辑，那部剧会在ESPN[1]播放，讲述一位红极一时的扑克牌手的内心世界。突然之间，我就在曼哈顿中城有了一间办公室，一周要上五天班，每天都会过得相当有规律。

这将是放弃健身，或是减少出勤率的绝佳借口，但同时我又为自己建立起来的健身习惯而沾沾自喜，于是我要做的只是在上班前去下健身房就行了。健身房五点就开门了，进去练上一个小时，然后洗澡穿好衣服，再坐地铁E线到中城又有什么难的？一点也不难，最终在制作《疯狂扑克 !》[2]期间，健身房我一天也没落下。

一开始我每天会在跑步机上竞走半小时，然后休息五分钟。几周后我就开始偶尔延长到一小时，然后休息十分钟。

跑步机允许你选择步速，我一开始会选每英里十五分钟，接着每过五到十分钟就提高一挡。我总结出了一条提高总体锻炼速度的方法，就是近乎细微地慢慢增加，于是几个月后每天的步速能达到每英里十二分钟。我总会在身边放一瓶水，每次休息都补充下水分，这么做很有必要，因为这样的运动会让你出汗。每次结束时我都大汗淋漓。

我看到有人在跑步机上能边跑边看书看报，我无法理解他们是如何办到的。在我看来，如果运动的同时还能连带着阅读，那你似乎对运动本身还不够认真。而我则是全身心地投入其中。

这么做很有成效。我渐渐看到了效果——从体重秤上，从衣服的合身程度上。那些肥大的裤子又一次回到了地下储藏室，甚至到现在还在原地期盼着我去找它们。我身材变得很好，这感觉棒极了，尽管脚趾仍旧患有关节炎，某些早晨还会有神经性疼痛，但总的来

1　一家二十四小时专门播放体育节目的美国有线电视联播网。

2　原文是“Tilt!”，指玩家在被连续爆冷输了之后情绪失控，像疯子一样地胡乱玩。

说，我的脚好多了。

当然我不能完全摆脱它的干扰。

就在那年的最后一天，所有事情都发生了戏剧性的变化。琳恩和我选择了一种简单的方式来庆祝新年，我们很早就在附近吃了顿晚饭，傍晚时分已经待在家里了。接着我们打开电视，开始等新年演出。在此之前我们要找点乐子，于是我坐到电脑前，打开谷歌，把自己送进了麻烦堆里。

几天前，当我在跑步机上完成了一小时的训练时，其中一台机器的表盘非常友好地指出，我已经走了 4.8 英里或者 5.2 英里了，也可能是其他的一个鬼数字。但我想应该是一个刚过五英里的数字，因为我当时就想到自己正好够资格去参加五英里比赛了。

比赛。真是个危险的词。

好吧，我有任何不能参赛的理由吗？我不会走很快，但之前我也从来没快过，所以有什么差别呢？我当时打消了这个念头，但我想它肯定还藏在我脑海的深处，因为新年前夜我在谷歌里搜索的是“纽约公路赛跑者协会”。

这是一个我还在参加比赛时所属的俱乐部。1982 年我的会员身份过期了，我没去续会，因此和他们断了联系，但我知道他们肯定发展得很好。弗雷德 · 勒博是个富有创造力的偏执狂，他单枪匹马创办了城市马拉松赛。几年前他输掉了和脑癌的长期战斗，但他带头建立的机构至今还在东 89 街的褐沙石房屋里，而且还在经营着纽约城市马拉松比赛，连赛道也和二十五年前我跑的一样。因此他们肯定会有自己的网站，事实证明确实有，于是二十分钟后我又成了会员，并且报名参加了两场比赛。

这就是该死的网络带来的问题。它让每个人都成了冲动消费者。

几年前，要是我发现了一本看着很有意思的书，我得在下一次去书店时记得去找，但到了那会儿，我很可能觉得已经没有买的必要了。书店也有可能没库存了，甚至我可以站在店里读上几页再决定要不要买。

但如今，我前一秒刚上了亚马逊或是阿里不里斯[1]，后一秒就把书买了下来，等回过神来才发现自己买了两本根本不需要也不想要的书，只是之前留在了购物车里没删掉罢了。

要是同样的情况发生在别人身上，特别是一不小心买了我的书，那就一点问题也没有了。所以我安慰自己这就算扯平了，但我不确定自己会不会真那么想。

如果我有时间思考，如果我需要开张支票，写封信，并在信封上写上地址，还要再去找张邮票的话，那么结果很可能就不一样了。但实际上我只要在键盘上轻敲几下，再点两下鼠标，就立马能成为纽约公路赛跑者协会一名信誉良好的会员，并且在注册完后还预付了一场 1 月 9 号的五英里赛，以及三周后的十英里赛。而且，因为我已经超过了六十五岁（不过显然还没老到能明白世间所有的事理），所以成了他们的老年会员，这还能为参加比赛减免一部分费用。就这么定了！

琳恩对此表示支持。她认为这是个很棒的主意，还问我会不会发 T 恤。我说很有这个可能，她说那样就更赞了，一件免费的 T 恤。我告诉她，天下没有免费的 T 恤。

我的投入不单单是在网上花的那些钱。我每次都会跑上五英里，但都是在室内跑步机上进行的，我想主办方应该不会这么体恤我，

1　Alibris，美国一家在线书店。

把比赛移到我的健身房。我要在中央公园那些有名的山间比赛，那时是 1 月份，也就是说天气会很冷，地上很可能还会有雪。我得去体育用品店买些高科技装备来穿，不但保暖还要透气。我花出去的这些钱足足能囤上一堆 T 恤了。

我发邮件告诉了孩子们自己接下来要迎接的冒险。我女儿吉尔的反应让我大吃一惊，她居然也报名参加了那场五英里比赛；她家离协会总部很近，于是她决定帮我去拿 T 恤和比赛号码。那个星期天上午，我到她家会合，花了十分钟把我的号码别好，走到公园的时候正巧赶上比赛。

比赛进行得很顺利。天虽然很冷，但我装备得很好，我的脚也能承受公园里山丘的挑战。我从公园最北面、全程一英里的大山开始进入比赛，这极富挑战性，但值得注意的是，我在陡峭的上坡超过了很多背着背包的选手。他们中的许多人不得不停止跑步换成走路，而作为竞走赛手的我则像一阵微风吹过了他们身边。

"一阵微风"用在这里可能并不合适，因为它意味着不费吹灰之力，但事实并非如此。比赛耗尽了我全部的体力，当我完成比赛时，吉尔已经在终点线上等我了，她比我早到了几分钟。我们在外面吃完早餐后回到她的住处，换上平常的衣服，我还把刚赢来的 T 恤穿了起来。这场是弗雷德 · 勒博的纪念比赛，T 恤上有张他的肖像，穿着它我感到光荣极了。

接着我回了家，想都没想就走到书架旁，取下亨德森的《跑得更远更快》，这本书已经等了我很久了。（呃，事实上，自从我俩搬进这间公寓，它已经在原地等了十一个半年头了。在此之前，它总跟着我到处跑。）

我把它从架子上拿了下来，翻到最后一页空白处，上面有我之前比赛的记录。上面最后一条记录是 1982 年的万圣节八公里比赛——58 分 05 秒——竞走——1265 号。

我在接下去的一行写道：2005 年弗雷德·勒博五英里纪念赛——1 月 9 日——1 小时 21 秒——竞走，然后加上了我的参赛号（5203 号）以及我每英里的步速（12 分 04 秒）。

哇哦。

随着时间的推移，这张单子开始逐渐变长。1 月 29 日在中央公园的十英里赛。一星期后在拉斯维加斯的五公里赛。2 月 13 日在公园的另一场十五公里赛，接着是 3 月第一个星期在华盛顿高地的五公里赛。

两周后我参加了一场之前完成过的比赛。就是布鲁克林半程马拉松，之前的记录是在 1981 年；那是我作为竞走赛手的第五场比赛，也是伦敦马拉松前的最后一场比赛。赛道和我印象中的一样，一开始在康尼岛的木板人行道上来来回回好几英里，接着是穿过行政区的海洋大道，最后到达展望公园，琳恩会在那儿迎接我。比赛结束后，主办方还提供一趟免费的地铁回家。一件免费的 T 恤和一趟免费的地铁——你怎么能抵挡住这样的诱惑？

但当我把成绩录入书后时，我把这次的 2 小时 36 分 04 秒和 1981 年的 2 小时 22 分 25 秒做了个对比。每英里的平均速度几乎慢了有一分多钟，这让我无法理解。那时我才刚学会竞走，而且还只是我参加的第五场比赛，如今我的进步非凡，而且——

"亲爱的，"琳恩温柔地指出，"你比当时老了二十四岁了。"

"噢。"我说道。

于是我才开始明白，到了这个年龄，做任何运动都会大打折扣。在橄榄球场上，会减慢投手投出去的快球速度，阻碍外接手与侧卫的对抗，在高尔夫球场上，会缩短开球的距离，甚至轻击时对不准球洞。所以当然会降低赛跑手的跑步速度。这就是为什么他们颁发的奖项是按年龄分层的，这就是为什么某些到达里程碑式年龄的赛跑选手们会对自己的新状态产生一丝慰藉。一旦到了四十岁，你就不能和三十五到三十九岁的人比了，你得关注四十到四十四岁的人群。这样的安慰也许一点用处也没有，不过，总比没有安慰的好。

这些我都知道，但显然我不在乎；是的，每个人肯定都会死，但我与别人不同。

我还没准备好要放弃我将永生的念头，我得承认半个世纪后，每英里慢上一分钟是意料之内的。而且事实上，把所有事情都考虑进去的话，这个结果也不算太差。

况且，我还在不断进步，不是吗？我以自己的方式将训练的时间不断加长，强度也在渐渐加大。有理由相信，这会让我半程马拉松的成绩提升个几分钟。虽说要达到 1981 年的成绩有点不太现实，但至少我在朝这个方向努力，不是吗？

速度对于我而言并不是真正的问题。它只是一种自我检测的方式，其本身并没有那么重要。

我真正关心的，是能够再次跑完一场马拉松。

这次我没办法再责怪互联网了。因为我是在《赛跑时刻》里看到 10 月 23 日有场尼亚加拉瀑景赌场马拉松比赛的。比赛会从水牛城的奥尔布赖特 - 诺克斯美术馆开始，在街区跑上几英里后，我很清楚整个赛道将会穿过和平大桥[1]进到加拿大，接着沿着尼亚加拉河一直到瀑布处。

比赛在周日举行，而下一个周末则是贝纳特高中 1955 届毕业

1 Peace Bridge，一条连接加拿大安大略省与美国纽约州的国际大桥。

生的第十五次聚会。我和琳恩计划着要去，我是绝不可能缺席的，真不知道在完成一场马拉松后，再次走进水牛城的同学聚会，会是一种什么样的感觉。

当我发现有这么一场比赛并且报名参加后，我还有整整六个月的时间来做准备。时间看起来似乎很充裕——如果这 26.2 英里在我实际能力范围之内的话。但我不确定自己是否能够胜任这么长的距离，在这样一个年龄，在这样的腿脚状态下。我所能想到的唯一验证方法就是努力尝试。

在冬天的几个月里，我一直坚持在室内跑步机上训练。到了春天，我发现了哈德逊河公园。于是每周我会在跑步机上进行速度的训练，但大部分时间会去公园逐步练习行走的距离——十英里，十二英里，十四英里，十六英里。我跑到巴特利并且回来，在码头上绕了一圈又一圈，于是我的里程数开始慢慢地增加了。

同时，我还在不断地参加比赛、收集 T 恤。兰德尔岛上的五公里赛，中央公园的十公里赛。我的女儿艾莉森还陪我参加了华盛顿特区的八公里赛。（我的大女儿艾米曾对这种东西避之不及，但最近她也开始从森林山的家中步行到阿斯托利亚上班，有时还在市里进行数小时的散步，不过通常都由她的妹妹吉尔陪同。）

连续两个周末在中央公园的两场四英里比赛，在新泽西州萨米特的五英里赛。（参加这场比赛不但能拿到 T 恤衫，新选手还能得到一顶由 The Street 网站提供的棒球帽，这都要感谢某位萨米特土著，吉姆 · 克拉默，就是那个一直在商业新闻频道里尖叫的家伙。）

一场在赖克斯岛的五公里比赛，不停地有囚犯从牢房里对着我们大喊大叫；出发前我们的手都被敲了章，他们才能保证没有犯人从监狱里溜出来，混到选手中间。一场皇后区的半程马拉松在大学点开始，和两个月前在布鲁克林的成绩相比，这场比赛我快了五分钟。我十分得意，这次的成绩只比 1981 年布鲁克林的慢了八分钟，也许我还能像以前那么快的。谁说我不可以呢？

三场中央公园的比赛，一场十公里，两场五英里。接着布朗克斯区的半程马拉松赛，成绩比皇后区的慢了两分钟，但是赛道比较崎岖，而且 7 月份的热浪也是一个原因。接着三个星期没有比赛。

然后到了 7 月的最后一个周末，琳恩和我租了辆车，开到了马萨诸塞州的韦克菲尔德，就在波士顿的西边，参加我人生中第一场二十四小时赛。

嗯，我一直都想尝试下二十四小时赛。第一次听说有这项赛事，我就默默告诉自己，六十岁前还有很多时间去完成。转眼之间我已经六十七岁了，我准备好要来试一试了。

在不清楚自己是否能在完成一场全程马拉松之前就参加二十四小时赛，我不确定这个决定是否明智。我立马联想到了那种为写了一封长信而道歉的家伙，他们会解释自己没有时间去把它改短了。这真是种礼貌的措辞，但我总认为这样的人是在满嘴喷粪。我写过短信、长信，写过短篇、长篇故事，写过短篇、长篇小说，依照我的经验看，长篇的东西总是耗费更多的时间、心思以及精力，并且从你身上掠夺更多。

难道比赛就不是这样的吗？如果我没把握跑完一场马拉松的话，那报名参加这玩意儿干吗呢——如果你能正视它的话——它简直就等于四个马拉松啊！

“但我不想参加四场马拉松啊，”我向琳恩解释道，“我很愿意花上一天的时间走上一百英里路，好让我的骨头像百夫长那样硬朗，但我离那样的水准实在太远了，很可能今生都难以实现。我不会在韦克菲尔德走上一百英里，甚至连一半都走不下来。但我应该能完成其中的 26.2 英里，特别是给我二十四个小时的时候。”

这就是我看待这个比赛的态度。如果我能完成等同于马拉松的这段路程，不管要花上多少时间，我都会在退出比赛的时候明白，自己有能力完成 10 月的尼亚加拉瀑景赌场马拉松赛。而要是我在到达这个距离之前退出的话，我也能清楚还有多少提升的空间，好让自己在同学会中以马拉松赛手的身份出现。

我只能说，在当时这种想法真的相当完美。

韦克菲尔德的赛道周长 3.16 英里，是按顺时针方向环绕奎安纳波威特湖的环形赛道，这个湖的名字在印第安语里意思是“你是在开玩笑吧”。起点设在圣韦克菲尔德汽车旅馆的停车场，这很是方便。我们周四到了那里，预计要住上三个晚上，周五晚上七点主办方用一种亲切随和的方式开始了比赛，他们不像其他比赛那样会有号角和枪声。“好吧，”一名女性负责人说道，“五，四，三，二，一。开始。”于是我们出发了。

这次主办方一下子承办了两个比赛，一个是二十四小时赛（你可以以个人名义报名参加，就像我这样，或者也能以团体名义参加），另一个则是标准版马拉松赛。马拉松赛手路程短些，只要绕着湖跑上八圈，就正好是 26.2 英里。再过三四个或者五个小时，他们就能揣着奖牌回家了，而对于剩下的我们，好戏才刚刚开始呢。

除了每圈一开始都有个很陡的三十码下坡之外，韦克菲尔德的赛道可以说是景色优美，右手边还有一个名字极为拗口的湖始终伴随着你。其中一段是穿过绿地的沥青小道，其余赛道都是城市中的人行道，它们大部分是由混凝土修建，蜿蜒穿过这美丽的小镇。在环形赛道最后的几百码处，赛道和湖之间有块墓地，当你经过那儿时不必屏住呼吸。

在起点附近有供应食物的帐篷，还有饮料桌为选手提供矿泉水和佳得乐（在赛道过半一点点的地方还有另一个饮料补给站）。志愿者们在这里服务，还有一些人坐在桌子上，为你跑完的每一圈计时。因为没被记录下成绩的话，这圈就不算在内了，因此每回到起点时，我都会大声而且清晰地喊出自己的号码。“三零四。”我大喊道，接着计时桌旁就会有人重复这个号码来与我确认，我会喝下琳恩递来的水，继续我的下一圈。

一开始赛道上挤满了马拉松赛手，他们中的一些人每英里用时才六七分钟，就算再慢的人也比你这个老迈的竞走者要快多了。我不讨厌他们，但看到他们中的最后一个都走了，心情还是很愉悦。

他们在我完成比赛前，早早地完成了一个马拉松的赛程，而那时我正在跑第九圈。比赛后的一个礼拜，我在马拉松竞走者网站的一篇报道里写道：

第七圈：晚上 11:46，22.12 英里。

我们经常被告诫，心智不容荒废。

嗯，也许吧，但有时听从心智会更糟。我的内心正在诉说两件事情——我能够完成马拉松赛，能办到这点就足够了。毕竟 1981 年后我就再也没能完成这项任务。我到底是要证明什么呢？

在比赛前我给自己设定了三个目标——完成一个马拉松，将自己的里程数提升至五十公里，如果有上天保佑或是从身后吹来的顺风，也许能完成五十英里。我不单给自己下了这些目标，我还把这些告诉了我的朋友。我现在怎么能停下来呢？

第八圈：凌晨00:29，25.28英里。

据说赛道上的马拉松终点线是为超级赛跑手设置的，这是我后来才发现的。粗略的估计下我跑完26.2英里的时间是5小时50分钟。这可比想象中的要好。是不是走太快了？

第九圈：凌晨1:13，28.44英里。

我从来没考虑过要在第九圈后停下来。只要再跑一圈我就完成了五十公里，我的第二项目标，比我之前完成的距离都要远。完成这个目标只需要继续前行就可以了，我也是这么做的。“再有一圈就五十公里了。”我告诉琳恩，接着我出发了。

但事情开始变得困难。身体状态还不错，但是我的意识却给我添了不少麻烦——我很清楚问题所在。什么东西能让人在这样的一场比赛中放弃？我不断提醒自己，是缺少坚韧的意志。而如今我缺少这坚韧的意志。我正在试着寻找一个让自己停下来的理由。

第十圈：凌晨1:55，31.6英里。

我花了七个小时完成了五十公里，我想要坐下来休息了。事实上，我确实想停下来。我不困，因为还不至于精疲力竭，但有种力量将我拉到了椅子那里，而我的身体欣然地躺了进去。我大口地喝佳得乐，还喝了很多水，决定要换双袜子。

我穿了两双袜子，一双薄的脚趾袜，防止脚趾间相互摩擦，外面还套了一双作为缓冲。我把它们都拖了下来，换了套新的，我确信琳恩从补给台上给我拿了点东西来，但记不得是什么了。我就坐在了那里。琳恩问我要不要回房间放松下，我非常乐意那么做，但我心里却还没准备停下来。

11月底有一场纽约公路赛跑者协会主办的六十公里赛，地点在中央公园，我一直计划着要参加。如今再走两圈就是六十公里了。难道我真的办不到吗？妈的，区区两圈罢了。

我站起身来，出发。于是，所有身体器官都开始疼了起来，我只能蹒跚着走，小腿肚和腿筋都绞在了一起。我在停车场里停了下来，倚在一辆车上让小腿放松，这么做有点儿帮助，但是效果不大。我走了几步，发现右脚不舒服。脚趾都聚在了一块儿。我把鞋子脱了，把外面一层的袜子扒下来，接着穿好鞋子继续前进。

这下子好多了。

在这一圈里，我遇到一名赛手并与他交流了几句。比赛前我们就交谈过了，而现在他告诉我，他已经停下来睡过一小时了。上帝啊，试想下能停下来。试想下能睡上一觉……

第十一圈：凌晨3:04，34.76英里。

我最终找到慢下来的办法了。只要坚持走到五十五公里，你的速度会自然而然地降下来。后来我看了琳恩细致的记录，发现我第十圈的成绩是42分05秒；而第十一圈是47分15秒。

继续下去变得越来越难，要保持正确的姿势也越发困难。我能感觉到自己的身体开始前倾，努力想要保持正确的姿势相当困难，而我的背部也快吃不消了。同样，要保持以臀部为中心并提高步幅的双臂规律甩动也变得相当吃力。这圈我犯规了很多次，如果旁边有位竞走裁判的话，他会毫不犹豫地取消我的参赛资格。

但是我依旧坚持着。当转到最后一个弯、朝着终点线进发的时候，我的状态和姿势开始明显提升了，因为那里有人会看着我。

啊，自尊心。作为动力只有贪婪才能与之匹敌。

第十二圈：凌晨3:50，37.92英里。

完成了六十公里，我直接走到椅子旁，小心翼翼地坐了下去。我已经比第二目标多走了十公里了，还有四圈就能完成我梦寐以求的五十英里了。我想起那个打了个盹又回到赛道上的家伙。如果现在停下来，我还会再回来吗？我告诉琳恩我想躺会儿，于是我们回了房间。

我非常想洗个澡。外面又冷又湿；出的汗无法蒸发。但我最想做的是立马躺下来。我短裤和汗衫都没脱，只脱了鞋子，袜子都还在脚上。接着我彻底放松了。

琳恩问我要不要设个闹钟，一小时后叫醒我。我叫她设一个半小时。我闭上眼睛，瞬间没了知觉。

早上5:20，重新开始。

不可思议的是我居然听到了闹铃响；更不可思议的是我居然立马从床上跳了起来，内心急切地想完成那四圈。这股强烈的意愿能把我带到五十英里处。我从来没想过自己会走那么远，直到现在还无法相信，但事实就是还有四圈了。琳恩已经准备好和我一起出去了，但我认为这样的支持毫无意义。我试着说服她躺回床上睡觉去，告诉她我自己在外面不会有事的。还好，她不是那么难以说服。

洗完澡，我又回到了赛道上。之前我曾设想着在赛道上看天慢慢亮起来，从黑夜走到白天，但现在为时已晚；我出门的时候，天已经亮了。就好比是，嗯，黑夜到白天。我的状态好多了，高高地走在赛道上，速度也很快，并且对整个计划满意极了。这四圈我都没有成绩，因为我的记分员休息去了。但我觉得自己的速度应该和刚开始比赛时的差不多。

走完两圈后，我停下来给水疱缠上绷带。同时还在乳头上贴了邦迪。当我还小的时候，我很不理解为什么男人要这么做，但现在我明白了：在和衣服的不断摩擦中，它们很容易被擦伤。过去这样的事情从来没发生过，但之前我也从来没走过那么多的路。

在食品补给区我发现无限多的垃圾食品，品种极为多样。在平日里，我总坚持着阿特金斯营养减肥法，而且效果相当好，但如今这种极端的情况，给了我一个像猪一样狼吞虎咽的绝佳借口，而且我也是这么做的。奥利奥？花生黄油和果冻？燕麦曲奇？甜甜圈？全都拿上来！噢，太棒了，还有咖啡！我有足够的时间来大吃大喝，因为还剩下两圈我就能有五十英里的纪录。我喝下第二杯咖啡后又出发了。

第十六圈：早上 8:57，50.56 英里，结束。

从比赛开始到现在，已是十四个小时两分钟了，我绕着这湖已经十六圈了，完成了五十英里。（精确地说是 50.56 英里。）不算上睡觉时间的话，我只花了十三个小时完成了这么长的距离（如果我能胜任这个强度的话）。

我感觉棒极了。他娘的，我刚走完了五十英里。

我回到了房间，琳恩醒着。我扒了个精光，洗了澡，躺倒床上。她问要什么时候叫醒我。我告诉她别叫我。

我醒来的时候是下午一点。我退出比赛已经六个小时了，但似乎没什么理由能阻止我再把这个里程数往上加。毕竟，再走四圈的话就是一百公里了。

我从来没把这个想法告诉任何人，甚至连自己都没想到过，但就在比赛快开始的时候，我似乎觉得一百公里——六十二英里——也许是能实现的。而如今我则非常肯定自己能办到。

外面阳光炙热。上午九点的时候天还阴阴的，但现在天上一朵云都没有，气温非常高。我决定至少等到下午两点再出门，结果在房间里磨磨蹭蹭到了两点半。我只是不想在正午的太阳下，在没有阴凉处的赛道上花那么多时间。

我想起某个超级赛跑手在赛前邮件里提到的一条忠告。他提到了下午四点到六点这段情绪衰落期，会让赛手感到很难克服。对我而言，这不是问题——我把它们睡掉了。

下午 2:30。

我把比赛号码别到了短裤上，把汗衫留在了房间里，赤膊出门了。起初我感到僵硬和疼痛，但好在还能走，但我不得不说，太阳让人感到舒服极了。四圈似乎也是能胜任的距离。但我发现自己的双臂会时不时不自觉地垂下来。我的脚步和之前的速度差不多（我知道是因为我在数步子；早在第八或者第九圈的时候我就放弃了跑步，但还是止不住地在数呼吸；这能让我的大脑有事可做，并且清楚自己在本圈的什么位置）但是我的步幅变短了，于是每圈的呼吸次数变多了（步子也变多了）。

有意思。

更有意思的是，由于我的手一直在上上下下，我的背阔肌也开始疼了。这事之前从来没发生过。肯定是这距离惹的祸。

第十七圈：53.72 英里。

我干完了这一圈后继续向前走。没过多久，我就遇到了另外一名选手，他的速度和我差不多，于是整场比赛中，我第一次和别人肩并肩走着。他的名字叫保罗，我们开始交谈起来，这感觉真是美妙。这圈，是我的第十八圈，是他的第二十八圈。他一直在比赛，从来没休息过，但这是他的最后一圈了，因为他得早点离开去赶飞机到旧金山，第二天早上他要参加旧金山马拉松赛。

两个星期前他刚完成了巴德沃特超级马拉松。就是那个穿过死亡谷、途中要沿着地上的指示，不然鞋子都会融化的比赛。而如今他跑了二十八圈，差不多有 88 英里，接着还要横跨整个国家去参加一场马拉松。

后来我在网上查到了他，发现他还只是个孩子。原因就在此。我的意思是，这家伙才五十八岁。

他表扬了我的速度，并且说自己很有可能跟不上我的步伐了。而我则告诉他，我一直在迫使自己跟上他的节奏，并且不确定自己还能坚持多久。后来在某个点上，我叫他先走，于是他走到了前面，而我则跟在他的身后，钦佩他这种省力的跑步方式。接着在另一个点上，他换成了步行，即便我已不再是标准地在竞走了，但还是比一个走路的赛跑手要快，于是我就会超过他。大概在最后的一英里处，我又换成了竞走。我在终点线上等着祝福他；他在两三分钟后赶到了，当他拿好奖牌，寻找去机场的办法时，我大口地喝了点佳得乐，继续回到了赛道上。

第十八圈：56.88 英里。

还有两圈。第十九圈的时候，我是走路和竞走混合着来，有时我会让手摆动一会儿，有时会让它们垂下一会儿。到了这份上，真的不用着急了。我的腿很痛，脚也是如此，所以最好是停下来，但我真的不急着休息。同样，我不打算放慢速度好让自己轻松点儿，我不打算做任何事情。

大概在第十九圈还有半英里的时候，我脑子里突然蹦出了一个念头，如果情况不会变得更加糟糕的话，那走完这圈后再走一圈，一点问题也没有。接着，天哪，在这个念头产生的十五秒内，我右脚的小脚趾突然一阵钻心的痛，这种疼痛我从来未经历过。我每踏出一步，这种疼痛就像谋杀一般刺痛你。

我没有停下来，情况没有变得更糟，反而越来越容易忍受。况且，如今已经没有任何东西能阻止我了。

第十九圈：60.04 英里。

我停下来喝了点东西，接着宣布，"最后一圈！"并且又一次出发了。这次我还是混合了走路和竞走，但竞走更多些，特别是到了最后冲刺的时候，我开始奋力竞走，双臂规范地摆动着，我很高兴自己还有力气完成一个漂亮的冲刺。

第二十圈：下午 5:38，63.2 英里。

"你还有时间再跑一圈。"一位工作人员告诉我。这简直是我听过的最搞笑的事情了。我笑着走过他身边，到成绩登记处，告诉他们我跑完了，于是我拿到了一块奖牌。我大口大口地吃着东西，一口气吸光了一整包能量胶，吃了块能量棒，还抓了一大把糖，换句话说，我做了一切让阿特金斯博士在坟墓里头痛不已的事情。

回到房间里，琳恩告诉我，其中一位工作人员问她，是否觉得我明年会再来参加比赛。“嗯，有两种可能，”她说，“要么你这辈子都见不到他了，要么他年年都会来。只有这两种可能。”

她是多么了解我啊。

洗完澡休息了一会儿后，我们出去看了结赛仪式。有个照片展示环节，为所有的赢家提供了一种纪念方式，有一张照片是一位汗衫上印着火焰图案的男子在奔跑，他不间断地跑完了四十圈，所用的时间和我二十圈的一样。我相信这是真的，因为每一圈我都能看见他从我身边经过。我没能知道这位火焰男子的姓名，但我告诉琳恩他刚开始比赛时汗衫上并没有火焰。一定是他燃烧的速度才让汗衫着了火。

我不知道有没有和我同龄的人跑得和我一样多。琳恩说有一个看着更老的人跑了二十一圈，我告诉她，我宁愿不知道这个事情，不然我会忍不住重新跑一遍。

我们在那儿过了夜，回家的路上去看望了康涅狄格州的几个朋友。他们带我俩去了家有名的冰淇淋店，帮助我把比赛耗尽了的脂肪和碳水化合物补充回来。实际上，我已经补足再跑一千英里的能量了，但这里的冰激凌据说很特别，在过去了的四十八小时内我吃了不少垃圾，如今放弃这个显得相当愚蠢。

绝对不能辜负这么好的名誉。“有些罪孽，你乐于付出代价。”琳恩说道。

周二下午。

完成这样的比赛带给我莫大的成就感，这种感觉一直都没有消散。我右脚后跟磨出了不少水疱，之前垫的缓冲物让我在比赛中坚持了下来，在比赛结束后，我也没必要戳破它们；如今它们已经收干了。但我必须对脚趾上的一些水疱采取措施，其中一个脚趾情况非常糟糕，但好在不难处理。我一瘸一拐地在大街上走着，压根不想进行竞走训练，但我找不到任何不去健身房的理由，我去做了些上半身的锻炼，这让我整个世界都变得神清气爽。我还去椭圆机[1]上运动了会儿，因为我在比赛中惊讶地发现，大腿上的股四头肌承受了多大的打击。（在训练或者短途比赛中，我的股四头肌毫无问题。又是这距离惹的祸。）使用椭圆机（英文缩写居然是ET？）时我感觉不到一丁点儿疼痛。几个月来我时不时地会去用它，发现对锻炼股四头肌很有用处，我决定日后要多多使用它。

如今我不再一瘸一拐，也许是时候进行短程的竞走训练了。让我们拭目以待吧。

我开始啰唆了，不是吗？

我看到欧利[2]在超级竞走的留言板上留了条消息，试着说服大家11月底到达拉斯郊外参加一场二十四小时赛，这场比赛竞走者也能参加，凡是在二十四小时内完成一百英里的人都能授予百夫长的荣誉。届时还会有裁判到场，唯一的要求就是至少保持一只脚着地。（大多数时间里，我是双脚着地的。）

有人说跑马拉松就像生孩子，当你有足够多的时间忘记

1　Elliptical trainer，一种常见的心肺适能运动训练工具，其运动形态类似于越野滑雪的动作。

2　全名是欧利 · 南耶斯，作者认识的一名竞走者，在第十九章有介绍。

前一次的痛苦时，你会想再做一次。但显然这种情况在我身上还没发生。我是绝不可能在二十四小时内完成一百英里的。

但是我能应对得了裁判。而且那时我应该准备好迎接另一场长距离比赛了。

不得不说，我受到了诱惑……

17

过了三个月不到，琳恩和我就开车到了尼亚加拉瀑布，并住进了一家加拿大旅馆。星期天早上，由一些大巴组成的车队会带着参赛者们穿越国界，到达水牛城的奥尔布赖特 - 诺克斯美术馆，那儿离我母亲人生最后二十几年住的公寓只相隔一英里。近百个穿个短裤和汗衫的男男女女花了一个小时欣赏馆内的抽象油画，其间不断有人蹲下来系鞋带，或是猛冲进厕所。接着我们集体去到外面，在阴冷的雨中排成一队，听完两个国家的国歌后，开始了瀑景赌场马拉松比赛。赛道一开始会在城市最美丽的街区绕上几英里，接着就穿过和平大桥到达加拿大；随后紧挨着尼亚加拉河一直通往大瀑布。

我跨过起点线，穿过大桥，接着，5 小时 45 分钟之后，我到达了终点线。比赛真是种煎熬；我一直逼迫自己在六小时内完成，大风大雨夺走了不少好心情。但我从没怀疑过自己完成比赛的能力。毕竟，这只不过是个马拉松罢了。

为什么会有那么多受虐狂去参加超级马拉松赛？为什么要没完没了地训练，为的是用更长的五十、一百公里或是五十、一百英里的距离来惩罚自己？为什么要花二十四小时绕着一片湖无止境地跑？

（甚至还有更长的。还有一种多日比赛，这项比赛的名字比参赛动机要好理解多了。四十八小时赛，七十二小时赛。皇后区有六日赛。还有三千一百英里赛——是的，你没听错——这比赛也在皇后区；安迪·凯布尔的一个朋友就曾参加过这样的比赛，安迪告诉我，当第一名已经到达终点线时，他那位朋友离终点还有五百英里。试着想想看，好吗？比赛都结束了，第一名已经脱掉鞋子、袜子躺了下来，而这家伙还要从圣路易斯到堪萨斯城跑一个来回。）

为什么要让身体和精神承受这种苦痛？那些超级马拉松赛手一定都厌倦了这样的问题，但如果你能找到一个人来回答，那他很有可能会告诉你，这种必要的磨炼给了他生活的方向，能够迫使他冲出自我的束缚，提升自己对可能性的理解，漫长的赛道给他带来心灵的洗礼。花哨的、深奥的解释比比皆是；孤独的超级马拉松赛手确实让人联想起内敛的诗人、内在的哲学家、内心的霍尔马克卡片[1]。

你真的需要个理由，是吗？这儿有一条。一旦完成一次超级马拉松，那么，你就能把下面的九个字轻轻松松甩进余生任何一次对话中：

不过是场马拉松罢了。

韦克菲尔德的比赛给我带来莫大的鼓舞，记忆中没有任何事能与它匹敌。这是我人生中最有成就感的一次。我把这些告诉一个朋友时，他看了看我。他提醒我，我曾出了那么多的书，我去过世界上那么多地方。那些对于他而言才是真正的成就，而我却因为绕着一个很难发音的湖走上一天一夜后，就把它们都给磨灭了？

嗯，是的，并且我深知其中的缘由。我大大地超出了自己的期

1 美国人十分喜欢相互寄送贺卡来交流感情，因此生产并销售贺卡的公司很多，其中最大的就是霍尔马克卡片公司。

待，完成了一件我认为自己无法完成的事情。我期待着自己能完成一个马拉松的距离，试图完成五十公里，并梦想着走完五十英里。但我从来就没抱有完成一百公里的幻想，但不知怎么地，我却做到了。我把这些都告诉了他，但不确定他是否能明白我的意思。

但他绝不是我告诉的唯一一个人。你知道这个故事吗？一个老头在忏悔室里向神父生动地叙述了他和一位姑娘的风流韵事，而这位姑娘的年龄只有他的三分之一。"抱歉，"神父打断了他，"从你说话的方式来看，你似乎是个犹太人。"

"我是。"老头回答道。

"那你为什么跑来跟我说这些？"

"神父，我在告诉每一个人！"

我也是这样告诉每一个人，部分是出于骄傲，但同样是出于自我提醒的需要。因为我潜意识里一直在尽量弱化这种成就感。内心深处一直有个声音在告诫我，我并没有想象的那么厉害，我中途停下来睡觉了，还有时间再跑一圈的时候我放弃了，我只是完成了心中预设的目标而已。实际上我为这个目标走了 63.2 英里，但这个声音渐渐让我不以为然。如果我都能办到，这事儿又有多难呢？这东西又意味着什么？

我带着酸痛的肌肉和水肿的双腿，从韦克菲尔德回到了家，这些都不是立马能恢复过来的。我慢慢地恢复了训练，在下一场马拉松前我参加了两场半程马拉松作为热身，一场是 9 月份在泽西城的，另一场是瀑景赌场马拉松比赛前一周在史泰登岛上的。在我看来，史泰登岛的比赛只不过是个长距离的训练而已，马拉松赛前最后的训练，我轻松地搞定了。

马拉松赛后，琳恩和我在水牛城参加了我第十五次同学聚会。

我完全没有掩盖自己在一周前完成马拉松的实情。我甚至还甩出“不过是场马拉松罢了”这样的字句。对此我一点也不惊讶。

尽管我有了韦克菲尔德的傲人战绩，但我依旧不考虑参加 11 月得克萨斯州的二十四小时赛。同样的时间，纽约公路赛跑者协会在中央公园有场六十公里的比赛，我打算去试试。

那是一个很冷的周日上午，我出现在起跑线的人堆里，超级马拉松赛手和短程赛手被很好地区分了开来。协会在中央公园里全年都有比赛，大多数是四公里、十公里赛，每场都会有成百上千的男男女女为挑战自我、为免费 T 恤而参赛。就在这场六十公里比赛前三个星期，将近三万人聚集在史泰登岛上的沃兹沃斯堡，为的是参加纽约马拉松赛，但他们中没几个能胜任比赛，或者赢得彩票；如果主办方通过所有申请人的话，估计人数会达到十万。

然而，大概只有五十个坚韧不拔的灵魂聚集在第五大道和第 19 街路口，等待尼克博克六十公里比赛的开始。

难以想象，是吧？

不错，纽约马拉松赛确实值得一去。它是一场具有国际声誉的重要赛事，赛道横穿纽约的五个行政区，沿途风景优美，还能吸引热情观众的注意力。但相反，尼克博克赛只是在中央公园里，绕着一个四英里的赛道走上九圈，并在一开始加个短短的来回，让总距离凑成 37.2 英里。没有大量的记者，没有电台摄像机，没有成群结队的观众，没有乐队助兴。只在起点和中点处设有饮料台，提供水和佳得乐，以及超级赛手们最爱的无糖可乐。

你甚至连 T 恤也拿不到。

尽管如此，难道你不以为，那些不能参加纽约马拉松的几万人中，仍然会有人愿意花十分之一的参赛费来参加比马拉松还长十一英里的比赛？

就我而言，尼克博克赛比想象中的更有挑战，因为时间成为了一个大问题。八个半小时后，终点线上的员工就收工走人了，如果那时你还没到，那你就没有成绩了。我现在有点儿回想不起来当时为什么会如此担心，但就在那刻，我下定决心要在规定的时间内完成比赛。

对于赛跑选手来说，这点时间不成问题。如果你的状态能胜任这点距离，那么时间绰绰有余。但对于一名竞走选手，特别还是年迈的老家伙来说，走完这段距离的平均步速要达到每英里 13 分 30 秒确实需要付出很大的努力。那一年我参加过的所有比赛中，平均步速都比这个要快，尼亚加拉瀑布赛我的平均步速是每英里 13 分 10 秒，但这次的比赛要比它多上一半的距离，况且寒冷的天气意味着臃肿的着装，连停下来小便的时间都会变长。

于是我强迫自己前行，尽管我一点也不喜欢这么做。长距比赛最让人最舒心的就是我能以漫游的速度顺着人流放松地前行。但如今我不能这么做，我必须走在自己舒适区的最前端，这让比赛丧失了部分乐趣。但最终我的成绩是 8 小时 21 分 50 秒——而且，更不可思议的是，居然还有几个人落在了我后面。

一周后我又回到了中央公园，参加一场四英里赛。2005 年就这么结束了，记录显示我参加了二十五场比赛，总距离达到 277.2 英里。1 月份的第二个星期天，我又去了那个公园，参加弗雷德 · 勒博的纪念赛，这场比赛我在上一年也参加了。当时我的成绩是 1 小时 21 秒；而现在我把这个成绩刷新了三分钟，57 秒 36 分。一个星期后，我飞到了阿拉巴马州的莫比尔，据说那儿有个特别有意思的比赛……尽管，它也不过是场马拉松罢了。

18

为什么选择去莫比尔？

嗯，就我所知，那里的比赛很不错。时间也正合适，就在新奥尔良州的嘉年华马拉松前三个星期。而且是在阿拉巴马州，如果我打算在每一个州都比场马拉松的话，那么我迟早要去阿拉巴马。毕竟，按名称首字母排序的话，它在第一个。我没办法真的按字母表进行比赛，因为四分之一个世纪前我已经录入了三个州的成绩（它们的首字母都是N)，不过2006年我肯定能把阿拉巴马州拿下。

话说我真打算去全国五十个州跑马拉松吗？

我不得不承认，这种想法很有吸引力。我研究了一些痴迷于这种想法的赛手，发现他们和我是同一类人。他们经营着一家俱乐部，并把它分成了两个小俱乐部，一个专门为赛手组织安排五十个州的比赛，另一个则精选了部分州还加了个哥伦比亚特区。（全国五十个州，绝大部分在这两个俱乐部里都有。）

这帮家伙在几年前干成了这么一桩事情。他们为特拉华州（美国的第一个州，从车牌号就能看出来了）没有马拉松赛而沮丧不已，于是在地方上寻求各种资助，并且成功地举办了一届马拉松。这场处女赛中，参加的特拉华人极少，却集结了一大帮来自全国各地的疯子，他们都为能在这个难以琢磨的州里比赛而欣喜若狂。

对于一个花上好几年从萨斯喀彻温省[1]的布法罗加普到宾夕法尼亚州的布法罗，并顺道去了得克萨斯州的布法罗普林斯以及密歇根州的新布法罗这样的人来说，怎么可能错过这个？我觉得他们的追求实在令人钦佩，事实上，这让我想起1981年参加第一场马拉

1 Saskatchewan，位于加拿大的中心地带。

松赛时的场景，那年我去了英格兰和西班牙，除此之外，一直晃荡在北达科他、纽约和新泽西州。我想要把它们玩遍了再去别的州看看——但最终我放弃了这项消遣活动。

如今我自己心里都不确定了。这个目标对我而言现实吗？我真的能坚持跑遍这些州吗？如果每年跑五个，那我就得制定一个十年计划。等我七老八十的时候，还能走完二十六英里的路吗？我真要这么去尝试下吗？

这些问题压根就找不到任何答案。与此同时，既然我打算要参加一场马拉松，那何不挑个没去过的州呢？为什么不从莫比尔开始呢？

去莫比尔还有另外一个原因。它是少数拥有竞走小组的马拉松赛之一。在全程和半程的两天比赛中，都有裁判驻守在赛道上，确保竞走选手们始终遵守运动规则，而最先到达终点线的男女选手都将获得奖励。

在纽约，我一直试图避免参加竞走比赛，因为我担心自己的姿势不够标准，在专业的比赛中会被取消资格。我很清楚，这种情况也很可能在莫比尔发生，但万一真发生了，我也还是能混进赛跑手组里，用他们的标准来记得分，还是同样的马拉松赛，我照样能拿到那件 T 恤。况且我觉得裁判不会像专门的竞走比赛中那么严格。

比赛本身还算愉悦；天气很好，赛道也很漂亮。有些人抱怨山丘太多，但经历了那么多中央公园的比赛后，我觉得它们完全在掌控之中。我对自己的表现也很满意；我本想着要在尼亚加拉瀑布赛的 5 小时 45 分钟基础上更进一步，非常渴望能在五个半小时内完成比赛。最终我用时 5 小时 21 分 10 秒，在男竞赛选手中排名第二……不过比赛中只有三名竞走选手，两个男人、一个女人，所以我事实上我没能击败任何竞争者。（有一打左右的竞走赛手参加的是半程马拉松赛。)

我不必通过击败其他选手来获得成就感。我心满意足地回了家，后来我的奖品还寄到了，是一幅由彩纸拼贴而成的抽象画。它被装在了画框里，但我拿到手时，玻璃已经碎了，显然，它仅仅是被塞进了马尼拉信封，然后重重地投进了信箱。

“究竟什么样的蠢货才会做出这种事来？”琳恩问道。

“一位有诚意的人。”我告诉她，这些奖品都是当地智障收容所里的人亲手制作的，他们是比赛的受益方之一。琳恩感到很难过。而我，恰恰相反，感到十分骄傲，我在书架上腾出一块地方，放上我的奖品。

莫比尔比赛结束后一星期，我到中央公园参加了一场十英里赛，再下一周参加了曼哈顿半程马拉松。接着琳恩和我飞到了新奥尔良，这是“卡特里娜”飓风后她第一次返回家乡……同时也是为了我参加嘉年华马拉松比赛。

“卡特里娜”让整个城市的旅游业受到重创，但从参赛的人数中你完全看不出这一点。和莫比尔的比赛一样，竞走选手被专门划分开来，在登记处我领到了两张号码；竞走者必须在身前、身后都别上参赛号，好让裁判和工作人员立马与赛跑手区分开来。

这次我没指望能在比赛中赢得什么。参赛的人很多，主办方也不可能给参赛并完成比赛的人都发个奖吧。我也没指望能打破在莫比尔的成绩。比赛进行得很顺利，不知怎地，我每英里的速度居然比尼亚加拉瀑布赛的快了五十五秒，于是我又开始相信自己能跑出好成绩了。

况且，这个赛道比莫比尔的平坦。所以，说不定我能在五个半小时之内完成呢。

当我试图回想这场比赛时，印象最深刻的是我老是停下来小便。

那天天一亮我就起来了，就像往常那样，喝了杯巴拉圭茶，没吃早饭，结果比赛的前两个小时里，每经过一棵树时，我比得了肾病的德国牧羊人还要煎熬。沿途每英里都设有移动厕所，但在前一半的比赛中，厕所门口总是排了很长的队，在我看来这是对时间的残酷浪费。

我说，这是场比赛，不是吗？你看见有人在树后面排队吗？拜托，好好算算。

在史泰登岛比赛前的集合地，厕所门口也排了很长的队伍，我听到一位年轻男子在向他同伴高调地宣布："全世界都是我的尿。"

当我回忆起那些四分之一个世纪前的比赛时，我完全想不起来有哪场比赛我会中途停下来上厕所。诚然，人的记忆有选择性，很可能我已全然忘记早期参加的马拉松赛中那短暂的停留了。

但我清晰地记得每场比赛前都必须排空膀胱。这是每个人必然要做的，甚至比重新系紧鞋带还要迫切。这绝大部分是由焦虑所致，不管原因是什么，起跑的枪声会终止这一切。枪声一响，我就不用再把鞋带系来系去了，接着就再也不会去注意它们是否太松、太紧，或者是否是赛前我所认为的那个样子。而且，就我所记得的，我也不想小便了。

但是，跑完或走完整场马拉松而没受到大自然的召唤，这现实吗？伦敦、马德里、北达科他、纽约、新泽西——我告诉你，我非常肯定，从开始到结束我没有一次停下来小便。

实际上，比赛的距离和这完全没有关系。参加长距比赛，从某种程度上来说，会让你机体里某些功能处于关闭状态。不断地出汗也会让身体脱水。甚至现在，在后半段比赛中，我都能轻松地飘过那些移动厕所。

不过到那时，估计我已经给很多棵数洗礼过了。

啊，黄金年代里非凡的快乐。

在新奥尔良的每一次停留，我都在努力地掌控时间。我很清楚哪些人是我的竞争对手，我该跟着谁的步法，我该赶在谁的前头。只要一停下来小便，我之前迫使自己做的努力就都白费了。我总在不断地赶超某个选手。

一半以上的竞走赛手参加的都是半程马拉松，完成 13.1 英里的距离后，他们就离开赛场回到超级圆顶体育馆。而剩下的我们继续比赛，向北到普里坦尼亚，绕一圈奥杜邦公园，再回到普里坦尼亚，接着到终点。当我朝着普里坦尼亚走的时候，我发现有个竞走选手已经在回程的路上了。我前面还有好几个竞争对手，在还有四分之一路程的时候，我超过了他们。并不是因为我速度变快了，而是他们速度减缓的程度超过了我的，所以我能超过他们。

在最后的一英里处，我发现不远处有个人在我前面。我铆足了劲儿，加快了速度，追上了他，于是他也开始提速。我们肩并肩并行了有大概五十到一百码的距离，接着我速度激增并甩开了他，我很清楚，在终点线的这一头，我将不会再见到他了。

我的成绩是 5 小时 17 分 26 秒，比莫比尔的快了差不多有四分钟。我又是男选手中的第二名，不过是八九个人中的第二，而不是两个中的第二。（另外一个客观事实是，获胜者是个来自佛罗里达州的年轻小伙，他比我快了有四十分钟。）

真是场美妙的比赛，我回了家，满载着成就感和对未来的希望。1981 年我参加的最后一场马拉松是在新泽西的海滨；也许你还记得，我迫使自己在五小时内完成比赛，为的是得到那件夹克衫。整场比赛我用时 4 小时 53 秒，这是一个我从没想过要打破的纪录。

但谁说它是此生无法触及的呢？如果我能将每英里的速度减少一分钟，那么全程用时将是 4 小时 51 分钟多点。每英里少一分钟真不是个简单的事，听上去也有点不可能，但我似乎觉得自己还有提升的空间。我在新奥尔良的平均步速是每英里 12 分 07 秒，上一年 6 月的中央公园五英里赛中，我的步速能达到每英里 11 分 18 秒，而皇后区的半程马拉松赛中，每英里又快了十秒。那场皇后区的比赛用时 2 小时 30 分 22 秒，同样的步速能让我在五小时内减少不到一分钟时间。

也许我能跑进五小时，甚至能跑进 4 小时 53 秒，为自己设定一个新纪录。这看起来似乎是不可能的，但在新奥尔良赛后，这种不可能性大大降低了。

为什么这么说？因为一个人内心对自己潜力的认知会直接影响到现实。想想之前每英里四分钟的故事，在罗杰 · 班尼斯冲破这道坎之前，人们都认为这是不可能的事情。但紧接着，有大量的赛手突破了这道不可能的屏障。因为他们深知，这是可以办到的。

莫比尔的 5 小时 21 分钟，新奥尔良的 5 小时 17 分钟。也许我真的无法打破 4 小时 53 分的纪录，甚至连五小时都突破不了，但我能做的就是尽可能地接近这个数字，不是吗？我显然能再提升点。我能训练得更努力些，把注意力同时集中在速度和距离上。在比赛当天的早上不喝巴拉圭茶，而是在胃里填充些食物。比如说一些咸的东西，这很可能会帮助我的机体锁住水分，而不会看到一棵就近的树就想尿尿。

同时，我还能保持住体重，甚至减掉一点点。不知在哪儿，我读到一条马拉松经验法则：一磅等于一英里。瘦十磅你就能在比赛中少花十分钟。显然，这只在某种程度上奏效，你不可能瘦上一百磅然后去和肯尼亚人比，但不可否认，体重越轻，反应越灵敏。

有一种说法，马拉松是瘦子的游戏，只要瞧一眼那些第一批冲过终点线的人，你就会同意这种看法了。获胜者的身材从超模般的苗条到厌食症似的枯瘦。而那些徘徊在队伍最后的家伙们，体重明显更接近于国家的平均水平。赛场上没有过度肥胖的赛手，不少人最多算是敦实，而你能看见他们中的一部分人穿着印有五十个州的T恤。某些比赛甚至把过重的赛手重新分为一组，并且给他们当中最快的颁发奖品。(男士们被称为克莱兹代尔，女士们则被称为雅典娜，你一定会奇怪这都是谁想出来的。胖男人是一匹耕地的马，而胖女人是个女神？嗯，好吧，我想就是这么个意思吧。随便你怎么想。但谁知道雅典娜本人一开始是不是只小肥猪呢？突然一下子从宙斯的额头中蹦了出来，不是吗？肯定帮他的脑袋减轻了不少负荷。叭咚滋！[1])

跑步能减轻重量，但吃东西让体重反弹，一个月跑上几场马拉松后一盎司都没瘦下来是相当可能的。跑上几英里后，吃上一品脱冰激凌。嘿，这没什么大不了。

但如果我走完几英里后不去吃加西亚樱桃味的冰激凌，我很有可能瘦上几磅，从而能让每英里的速度提升几秒。年龄是个问题，在一年多前我恢复竞走后，变老的速度丝毫没有减缓，尽管如此，我的成绩依然在不断提高。我已经到达5小时17分了，谁说这就是我的极限了？

啊，好吧。我在新奥尔良创造的这个成绩，最终成了我无法超越的纪录。

1　原文是Rim shot，代表连续三声击鼓的声音，通常跟在一个恶俗的笑话后面作为起哄。

19

当我从新奥尔良飞回家时，我为自己的表现欣喜不已，甚至开始梦想着再减掉点时间。但三周后，当我坐在去得克萨斯州的飞机上时，我满脑子想的却不是时间。这场比赛关乎的是距离。

休斯敦的“超级周末”包含了一系列的比赛，全部都在熊溪公园内一个两英里的沥青环形赛道上进行，整个赛道非常平坦。除了二十四小时赛之外，还有六小时、十二小时、四十八小时赛，同时还有一百公里赛。我报名的是二十四小时赛，被安排在周六上午八点开始，当我周五下午到赛道处领取比赛号码时，四十八小时赛已经在进行了，有八名英勇的选手正在兢兢业业地比赛。他们在内场搭起了帐篷，来进行周期性的睡眠休整。我则住进了先前订好的旅馆房间。

周六早晨我见到了同样参加二十四小时赛的选手们，我们一共七个人——六个竞走选手和一位孤独的赛跑手。现场有两名专业的竞走评委，为的是让比赛成为名副其实的百夫长大赛，延斯·博雷洛特地从丹麦飞了过来，为的就是成为美国的百夫队长。（自从在澳大利亚得胜后，他已在英国和欧洲大陆连获这项殊荣。）

参赛选手中有三个是我认识的，不过在比赛前见过面的只有一个。她的名字叫贝丝·凯契尔，我们是在比赛网站的留言板上认识的，她和家人在 1 月的最后一个周末来纽约玩。我们约好了周日上午在哈德逊转转，之后不久她就报名参加了休斯敦的比赛。通过留言板我还认识了安迪·凯布尔和欧利·南耶斯，不过这次比赛是和他们第一次见面。

当四十八小时赛刚好过半时，我们的比赛开始了。

一两个小时后，下起了雨。

如果不下雨，这将是场完美的比赛。天气很凉爽，没有冷到要添加衣物的程度。赛道和北达科他州马拉松一样平坦，放在公园里再理想不过了，安静隐秘，景色优美，完全没有公共交通的打扰。相对多的竞走选手让我们觉得自己是训练有素、正儿八经的赛手，而不是混在赛跑蜜蜂窝里一群古怪的、慢吞吞的雄蜂。

自新奥尔良赛后，我就没参加过比赛，我的腿脚状态不错。比赛一开始，我就以非常轻快的节奏保持在漫游速度的最高限度上。不出意外的话，我应该能完成赛前三个目标中的两个。

我的第一个目标是赢得乌利·卡姆奖，这个特定的奖项是颁给任何一个在二十四小时内完成一百公里的人。我在 7 月份的韦克菲尔德比赛中表现比这个更棒，如果能再次办到，那我就能得到一块奖牌。我的第二个目标是绕赛道三十二圈，也就是六十四英里，刷新韦克菲尔德的 63.2 英里的纪录。

我的第三个目标和延斯·博雷洛以及其他任何一名赛手一样。我希望自己能走完一百英里。我想成为一名百夫长。

走这么远真的现实吗？对我来说，答案似乎只能在赛道上揭晓了。每英里的平均用时需要在十五分钟以内，而我状态好的时候每英里的速度在十三到十四分钟之间。从数学角度，这似乎是可行的，要是不考虑疲劳因素的话，因为它会在比赛的后半段给你点颜色瞧瞧。

我觉得自己希望不大。每每抱有这种希望的时候，我都尽快地将它甩走。

比赛前一天，一位工作人员曾跟我聊起下雨的事情。这是个非常完美的赛道，他说，但有个小小的缺陷。赛道无法排水，一旦下雨，雨水就会在地面上积起水塘。如果雨下很大很久的话，积水将成为一个大问题。

比赛时雨下了很久，有时下得也很大，相信我，积在赛道上的水确实是个大问题。有的水塘足足有几英寸深，有的大水塘则会完全阻挡你的去路。你毫无选择，只能硬生生踩上去。

我的鞋子和袜子全湿透了。显然，干脚竞走比湿脚竞走欢乐得多，但这也无关紧要；毕竟参加二十四小时赛没有任何欢乐可言。重要的是，湿嗒嗒的脚会让我在赛道上花费更多的时间。

踩过几个水塘后我立马发现了这一点。我双腿的速度没变，至少我是这么感觉的，但是我的步幅变小了，我要花上更多的步数来完成相同的距离。

那，你也许会问，我是怎么发现的呢？嗯，你瞧，我一直在数着步子呢。

要承认这一点让我很痛苦。自从 2004 年秋天开始在健身房的跑步机上训练，我就养成了数步子的习惯。（更准确地说，我还会数自己的呼吸。早在二十世纪七十年代，我在华盛顿广场公园锻炼的时候，就开始将自己的呼吸和步速结合起来，一个呼吸走六步——吸气，左右，呼气，左右左右。所以我有个跑步计数器在脑袋里——吸气，一百三十二，吸气，一百三十三。就是这样。）

我不清楚自己怎么会有如此异常的举动。当时我在跑步机上，天呐，有一整套仪表设备不间断地告知我时间和距离。也许我是想让大脑有点事情做吧，但很快这个程序变得相当自动化，我能想其他有意思的事情而不会丢失数过的步数。但也有例外；如果我沉湎于数学计算，那么这些新的数字就会搅乱我数的步子。不然，我能认真想着《雨人》，同时能告诉你还有五分钟就到瓦普纳[1]。

当我把训练场所从跑步机换到了大街上，这个古怪的习惯就派上用场了，就像一块植入的计步器。当我数到三百的时候，我就知道自己已经走了一英里了。在不熟悉的地方进行长距离训练时，我能估算出自己走了多远，同时知道自己是否完成了当天的目标。不得不承认，只要瞄一眼手表，也能知道个大概的数字，于是我打算放弃数步子，忘记距离这回事，而专注于自己训练的时间。

在比赛当中，一旦跨出起跑线，我的计数就自动开始了。某些赛道设有里程标志牌，好让选手知道自己的位置，而我的计数能让自己知道，我还有多远能到下一个里程标志牌。有一次，在兰德尔岛的一场八公里比赛中，我数到三百五的时候发现自己在两块里程标志牌的中间，于是我知道它们被放错了位置；其他赛手在为自己的速度担忧，但我的计算让自己安心。还有一次，中央公园一场稍长的比赛中，我们几个还在赛道上奋战的时候，志愿者们已经开始收工了，他们抽走了前面的几块里程标志牌。我的计算让我知道这些牌子原来的位置。不能说这样的计算能帮助我更快地冲过终点线，但它能让我知道自己在哪儿，这让我很安心。

在长距离比赛中我也会数，但会做些改进。在马拉松赛中，每过一英里我就开始重新数。在韦克菲尔德赛中我没有计算总数，而是算了每圈的步数。这场熊溪公园赛我也是这么做的，所以我知道自己脚湿掉后步幅缩小了。我的脚在鞋子里滑来滑去，而鞋子在湿滑的路面上抓地力不够。我多花了二十到三十个“六步”走完了这两英里长的一圈。

我的手表和比赛的官方时钟都清楚地表明，这一圈我花了更多

1　改编自《雨人》的经典台词“十分钟到瓦普纳”。

的时间。而我的计算则告诉了我原因。

我倒是多带了一双鞋子和几双袜子，但我找不到合适的时间去换。我没办法避开这些水塘，要不了一英里，新鞋子就会进水。

于是我继续坚持着。在中点之前的十二个小时我用这个速度完成了五十英里，但雨势一点儿也没变。这不代表我有机会冲刺一百英里，因为在未来的十三到二十四小时里，我不可能保持住这样的速度，但我觉得乌利 · 卡姆奖是拿定了，说不定能在韦克菲尔德赛的基础上多走十五到二十英里。

雨一直在下。夜色降临，我的步速和精神都开始下降。湿透的双脚在湿透的鞋子里打滑，我的大脚趾顶到了鞋子的内包头上，当我脱下鞋袜，我一点也不喜欢自己看到的景象。两个大脚趾上的指甲都松动了，变成了毫无生气的一小块灰色的东西。我带了把瑞士军刀在身上，于是用上面的锯片弄掉了指甲上面的几英寸，穿上袜鞋，继续出发。

所有地方都很痛。我起了不少水疱，真是惊讶，我又疼又痛，感觉糟糕极了。我每过两圈都会在食物补给区里停下来，我不会停很久，吃上一个三明治或者一把 MM 巧克力豆之类的，坐下来休息几分钟。我强迫自己走完一圈又一圈，走完一英里又一英里，大概到了凌晨两点左右，我走完了三十二圈。也就是 64.26 英里——每一圈的距离要比净两英里多一些——这意味着我已经赢得了乌利 · 卡姆奖，而且还比韦克菲尔德赛的 63.2 英里多走了一点点。

我还剩五六个小时，有足够的时间增加自己的里程纪录。就算我二十分钟走完一英里，就算我每走两圈都要去食品区休息下，甚至花上一小时走两英里，我还是能走完七十五英里的。那才算是在韦克菲尔德赛基础上的巨大提升，是一个值得骄傲的数字，即便在天好的时候。

但这些都没发生。三十二圈后，我窝在了食品区里的椅子上，根本无法站起身来。我坐了有十五到二十分钟，显然时间太长了；我的肌肉开始收紧，双脚脱离了保护性的麻木状态，开始还原现有的状态。当我站起来一瘸一拐地走回赛道时，每一步都引发出一阵难以承受的疼痛。

如果我强迫自己开始竞走，那么疼痛感会逐渐减弱，这是我在7月份的韦克菲尔德赛中发现的。休息会让疼痛乘机释放；而在疼痛中竞走会迫使它消退。

但这个时候，我无法让自己再这么做了。除了疼痛之外，我已经精力溃散。我不想再走了。我要睡到床上去。我要睡觉。

我坐进出租车里，开到了旅馆，今晚就到此为止吧。

我离开的时候，贝丝和安迪都刚刚跑完三十一圈，也就是62.25英里。（食物补给区后面有几张折叠床，贝丝爬上其中的一张昏睡了过去。几个小时后她醒了过来，接着回到赛道上跑了两圈，最终比我多跑了一圈。早知道她会这么做，那我就……啊，算了。）

我洗了个澡，睡了几个小时，当我再次回到赛道上时，延斯已在几分钟前完成了百夫长赛。他完成时才七点一刻，他还有足够的时间再跑一圈，但他甚至都不愿意从一百英里处跑上几百码到起点/终点线。他为自己设定了一百英里的目标，把这个目标时刻记在心里，接着他办到了——就他而言，目标达成了。

那是个阳光灿烂的上午，舒爽、清新、明朗，如果比赛能推迟一天的话，结果会非常不同。我觉得自己能再多跑一圈。欧利也在场，他再多跑一圈的话就能达到76.3英里了。我能加入他的队伍，也能加入贝丝66.26英里的队伍。

这纯粹是在瞎想。那时我穿着牛仔裤，就算穿上赛跑短裤，我的状态也不可能再回到赛场上。我的比赛结束了。

第二天坐飞机回家时，乌利 · 卡姆奖就躺在了我的行李箱里。那是块相当好的木制奖牌，长十英寸、宽八英寸，上面刻了一只熊。(因为熊溪公园，当然；而熊碰巧是我的守护动物。）还刻有“休斯敦超级周末”,“为褒奖在二十四小时内完成一百公里的人，这项乌利 · 卡姆奖授予——”接下来是一块空白，前后有两个螺丝钉，它们是用来固定名牌的，带有我名字的黄铜名牌会很快寄给我的。

直到现在我还在等这块名牌，但这没关系。这是个了不起的胜利，我不需要自己的名字在上面才知道这是属于谁的。我也不可能忘记自己是怎么赢得它的。我很开心能拥有它，还在琳恩面前骄傲地炫耀了一番。

但这都无法抵消我心中的失落。

在韦克菲尔德我走了 63.2 英里，感到了空前的荣耀。在休斯敦我踏进水塘顽强前行，最终多走了一英里，可我感觉自己是个失败者。

我能做得更好，不管下不下雨，不管有没有脚趾甲。我应该坚持待在赛场上，或许还能多走几圈。再有三圈我就能完成七十英里。而我却苟延残喘地在食物补给区里待了很长时间，以至于重新开始走路时感到了真正的痛楚，于是我投入了疼痛的怀抱，并以此为放弃比赛的借口。

疼痛的强度确实厉害，疲倦的程度也是一样。但在长距离比赛中，伤痛和疲劳是不可避免的，这我知道，我还知道如何逼迫自己坚持下去。

但我没有那么做。

20

雅典马拉松的纪念 T 恤一直是我最喜欢的纪念品之一。它是一件长袖衫，剪裁得相当好，颜色是柔和的棕色，不过这些都不是重点。衣服上写着“雅典马拉松”。另外，经典的桂冠图案中有一名戴着头盔的希腊勇士在奔跑。

你一定猜不到，这是俄亥俄州的阿森斯[1]。

比赛在 4 月 2 号进行，我提前一天到了哥伦布，接着开车到了阿森斯。比赛场地很小，有一百三十五名选手完成了比赛，赛道很漂亮——一条穿越乡间的平坦沥青小路，和自行车道靠得很近。比赛的终点设在俄亥俄州大学的足球场，最后的四分之一英里就是沿着椭圆的赛道绕一圈。

我的成绩是 5 小时 41 分 08 秒，比莫比尔和新奥尔良慢了不少，但那天我没打算打破任何自己的纪录。我回到旅馆里吃了披萨，第二天早晨我穿上新 T 恤，快乐地回家了。

我继续参加纽约公路赛跑者协会组织的各种比赛，同时安排着马拉松和超级马拉松的赛程。在休斯敦和阿森斯之间，我还参加了两次比赛，分别是华盛顿高地的五公里以及再战的布鲁克林半程马拉松。我在布鲁克林赛花的时间比 2005 年的慢了将近四分钟，这点让我吃惊不已；其间做了那么多的训练，参加了那么多的比赛，你一定会认为我的成绩会更好才对。我把这归咎于休斯敦超级周末挥之不去的阴影。

---

1 Athens 根据音译为阿森斯，希腊首都的英文也为 Athens，但习惯上翻译为雅典。

阿森斯赛后，我有三场地方比赛要参加，接着就是一场马拉松，时间是 6 月的第一个周末，地点在南达科他州的戴德伍德。三场比赛中最长的是皇后区的半程马拉松，我的成绩是 2 小时 37 分 55 秒，比上一年的成绩慢了七分半钟。

嗯。

琳恩和我去戴德伍德进行了一次真正意义上的旅行，在比赛前好好玩了玩这座小镇，并在比赛结束后花了一星期在南达科他州兜了一圈。在之前搜寻布法罗的旅程当中，我们带着宝丽来给对方拍照，穿着布法罗 T 恤站在相关标识的前面，而如今我们进入了照相的新纪元，开创了一套虚拟的相片集。站在某个喜欢的地方——我们最喜欢的景点是南达科他州休伦市的"世界上最大的雉"[1]——我们中的一个人会摆出适当的姿势，而另一个人拿起隐形的相机，构出完美的图画，然后按下隐形的快门。最有意思的是看旁观者们迷惑的反应，不过最终结果还是很好的；回家后我们没有胶卷要冲印，没有照片要放进相框，也没有电子照片来让朋友们厌烦。

比赛本身很有挑战性。是一场在戴德伍德 - 米克尔森古道上的点对点比赛，这条赛道原本是条铁路，但如今被用来消遣了。（铁道变赛道，他们如是说，我完全同意。）巴士把我们载到了起点处，我在那里的移动厕所外排队，直到达成目的，小便。但紧接着我发现自己又想上厕所了，于是又排到了队伍里。我这样来回去了好几趟，直到比赛正式开始。

如果说阿森斯的赛道是迂回的，那么戴得伍德的赛道则是起伏的。我们出发的地方海拔有五千英尺，比赛的前十三英里是连续的上坡，

1　一座长 28 英尺、重 22 吨的野鸡雕像。休伦湖为美国最大的山鸡狩猎场所。

而后一半则是连续的下坡。总的来说，海拔的净差有一千英尺左右。

高海拔加上逐渐的上坡，使得比赛前半段相当消耗体力，而一开始的下坡很陡，对于竞走选手来说保持步速是件很困难的事。所以下坡开始时，我不可避免地弯下身子，试着将竞走改成慢跑，但我的膝盖吃不消，跑了十五到二十码就放弃了。

我知道自己的成绩好不到哪儿去，实际上我也不在乎。我沿途欣赏了景色，我完成了比赛，成绩是 6 小时 08 分 08 秒。没什么值得吹嘘的，也没什么应该羞耻的，我拥有了一件印有野姑娘简[1]和"狂野比尔"[2]的 T 恤。而且把南达科他州加到了我的马拉松列表中。

21

在六七月的时候，纽约市内和周边都有很多比赛，但我一个都没参加。从戴德伍德回来后我又回到了训练当中，沿着哈德逊河增加我的里程数，希望自己能在韦克菲尔德有好的表现。那场让我失望透了的休斯敦比赛，把我的纪录从 63.2 英里增加到了 64.25 英里，我想比起上一年的成绩，我至少能再多上一圈。

一年前我做梦都没想到自己能完成五十英里，不是吗？如今我在梦想着八十英里。这不无可能。要是没有那些水塘阻挡去路，我很可能在休斯敦完成八十英里。不管下不下雨，七十英里是没有问题的，只要我的意志没有涣散。韦克菲尔德的赛道对选手来说不太有利，有一块穿越乡间的下坡路，还有一大段混凝土铺的路，但它

---

1 Calamity Jane，原名玛莎 · 简 · 卡纳里，美国西部开发时期著名的女牛仔。

2 Wild Bill Hickok，原名詹姆斯 · 巴特勒希科克，美国老西部的民间英雄。

也没有那么差劲，好处在于我很熟悉。

我们在周四租了辆车，向北开去，住进了皇家韦克菲尔德旅馆。这次我为琳恩带了把折叠椅，还带了张牌桌，放上所有第一次去没想到的补给品。（我忘记带餐刀了。休斯敦的食品补给区不但给我提供了偷懒的舒适去处，还向我展示了食品区该有的样子，韦克菲尔德在这方面就相形见绌了。除了大量的高糖分垃圾外，最好的就是花生黄油了。要吃三明治的话你得自己做，但你办不到，因为他们提供给你挖花生黄油的是一把黏糊糊的白色塑料刀。把它放进瓶子里几乎够不到下面的黄油，当你努力挖的时候它很可能弯掉甚至断掉。拿着这把刀你连飞机都劫持不了，更何况要做一份三明治。我打算去廉价商店买几把刀，赛后就捐给主办方，但是一不小心忘记了。）

美国诗人兰德尔·贾雷尔（Randall Jarrell）有句名言，他认为小说就是出了问题的虚构故事。那么，二十四小时赛需要跑很久——或者说走很久——里面一定也会出问题。按照这样的说法，在休斯敦，出问题的就是天气了。

周四的天气温暖又湿润。这似乎是韦克菲尔德每年这时候的气候默认设置。周五上午天还很好，但天气预报说会有场暴风雨，到了下午，天空开始变暗，随后起风了。你能闻到空气中雨的味道。在干旱的中部平原，饱受沙尘暴侵扰的老农在此刻会跪下来感谢上帝。但我不会。

当我在报到处领取比赛号时，外面已经下起了零星小雨。现在这种时候下小雨完全没问题，在仲夏它只有好处没有坏处。我随身带了件有帽子的戈尔 - 泰克斯[1]防风衣；在得克萨斯的比赛中它帮了

1 Gore-Tex，一种防水又透气的面料，是戈尔公司的注册商标。

我不少忙，虽说帮不了我的腿，但我不必担心小雨。可惜当时的情况不是小雨。我们遭遇的是暴雨，等到集合出发的时候，我们却待在旁边旅馆的会议室里。这不仅仅是场暴风雨，有块强劲的电子云正在爆发，不等到它飘走，没人敢把我们放到场上去比赛。

开赛时间顺延了半小时到七点半；七点一刻的时候，他们宣布要继续顺延到八点。之后再推迟的时间就要从比赛时间中扣了，因为比赛规定要在第二天早上八点结束。所以，如果我们九点钟开始比的话，我们参加的就是二十三小时赛。这个时间看起来也足够长了，但实际上不是，我们觉得很不爽。

贝丝也在场——从她家开半小时车就到韦克菲尔德了——安迪也是。能见到他们俩，能看到一年前的那些面孔感觉真好；同样，我的脸能被一同比赛的选手认出来，我也觉得高兴。或者说试着要参加比赛的选手，如果暴风雨能赶紧停止的话。

琳恩听到两位年轻人在抱怨不断的延迟。“好像我会被闪电击中似的，”他说，“这几率是有多小啊？”

最终，暴风雨没有成为大问题。在八点开赛前，它及时地从头顶飘过了。比赛的第一小时小雨没有停过，但这真没什么好抱怨的。它让炎热的一天凉爽了下来，还让我们远离了众多的小虫子，记得上一年我就欢快地吸进了不少只。

还记得那震撼心灵的诗篇吗？

> 上帝向诺亚展示彩虹……
>
> 今后不再会有洪水——下一次将是烈火。[1]

1　出自美国黑人作家詹姆斯·鲍德温的散文集《下一次将是烈火》。

休斯敦是水。韦克菲尔德是火。比赛的前十个小时还算顺利，只要努力就行。地上没有大块的水塘，事实上赛道上很干燥，除了靠近起点的五十码下坡路段。那段路很潮湿，但湿得不算很厉害，要避开积水一点也不难。不过，那段路确实让人觉得讨厌，只是雨没有将它变得很糟。

前六个小时中，我大多数时间都和安迪·凯布尔齐头并进。韦克菲尔德没有裁判，没有专门的竞走选手分组，因此他觉得在下坡的时候换成慢跑会更加轻松。在这样的路段上他会甩掉我一段距离，但随着地势渐渐平稳他会故意减慢速度，好让我在上坡的时候赶上他。就这么循环往复着。其间我们会交谈——于是圈数在增加，里程数在累积，时间也在流逝。

比赛过了四小时左右，琳恩就坐在了我们的小桌子旁，每当我完成一圈 3.1 英里的距离她都站起来迎接我。差不多到了午夜，她声称太累于是回房间睡觉去了。这没问题，只是我跑完下一圈时发现，她忘记把车后备箱里两大瓶可口可乐拿出来，而把车钥匙随身带回了房间。我喝了点水继续比赛，集中精力想着这位女士的优秀品质。

在第九或者第十圈的时候，我告诉安迪，当佳得乐变好喝了就说明我开始累了。他告诉我，我看上去一点也不累，我说是因为它还没变得好喝起来。“但现在已经不像刚才那么难喝了。”我承认道。

据我所知，韦克菲尔德是唯一在傍晚开始的二十四小时赛。其他的就像大多数马拉松以及超级马拉松赛那样，是早上开始的。这个时间对参加韦克菲尔德的马拉松赛手很有利；夏天的热浪在太阳落山前是很难忍受的，马拉松赛手们能全神贯注于比赛，大口地吃完披萨后在一个不错的时间点到家。

但傍晚开始对二十四小时赛手是好是坏呢？这就很难说了。最明显的缺点是，如果不在赛前睡个午觉的话，那么在比赛开始时选手们已经十二个小时没睡了。等到了他们平时睡觉的时间点，比赛还剩三分之二呢。

另一方面，天黑更容易让人产生心理上的疲劳。傍晚开始的话，你要在赛道上坚持十个小时才能看到破晓，接着比赛才在白天进行，你的生物钟才开始苏醒。相反地，以我在休斯敦的经历来看，强迫自己在赛道上坚持了十八小时后，那是凌晨两点，身体的各个部分都渴望着床的拥抱。如果那时是下午两点而不是凌晨两点，我会不会更轻松地摆脱疲倦呢？

也许可以。也许不能。因为最终又会归结到兰德尔·贾雷尔式的比赛定义中去。是什么来着？噢，对了——一场长距离比赛中一定会出点问题的。

黎明破晓之时，我能看到这次的问题出在了什么上面。

记得第一次知道有二十四小时赛的时候，我被白天取代黑夜的那种欣喜打动了。一个人奔跑着迎接太阳，难道这不会让人心情大好吗？

好吧，不会，不会真的这样。日出，就像日落一样，是我不厌其烦喜欢观看的自然现象。而且，因为我看日落的机会更多些，所以日出给我的感觉总是很特别。我之前提到过——琳恩和我两个人在某个小山丘顶，及时回头看到了太阳从地平线上出来的那一刻。我们还在油轮上看过几次日出，每次它们都给我精神上的力量。

但在比赛中，黎明是一个渐进的过程，远处天边的一缕光线，接着天慢慢亮起来，就像是有人在用手慢慢推动天际的变阻器。我不记得看到了太阳。反正就一会儿时间，天就全亮了，太阳突然出现在眼前，在地平线上不远的地方。看到这样的景象有人会喜悦，有人则无感，但不管怎样，这都不能算作人生的巅峰体验。

上一次在韦克菲尔德，第一抹阳光出现时，我还在旅馆里紧闭着双眼。当我回到赛场时，天已经完全亮了。而这一次，我在黑夜里没有停歇，我在赛道上等待黎明的到来。

我抬头看了看天空，万里无云。

毫无疑问，这是个美丽的早晨。如今我在写这些文字时，是早上七点刚过，同样是个美丽的上午，太阳高悬天空，湛蓝的天空中只有两三片云朵，但现在是 2 月底，这个时节的太阳总是个受欢迎的家伙。

但在 7 月的韦克菲尔德就不是。当一个人要面对它一整天时，它一点也不可爱。

夜间的气温很舒适。雨水将暑气都浇灭了，但对湿气毫无改善，真是太可惜了。天亮时，我被一层汗渍形成的盐包裹住了，天上没有云就意味着事情会变得更糟。

六点钟的时候你已经能感受到太阳了，到了七点阳光已经变得相当强烈。再过一个钟头我就在赛场上待满十二个小时了，我离百夫长的目标不远了。这并不表示我能完成一百英里，但意味着完成八十英里是不成问题的，而八十五或者九十英里也不是完全不可能的。

如果他们能解决下太阳问题的话。比如说，在它前面挂上一两片云。

大概九点左右我第一次离开了赛道。我想要花几分钟避避暑，并且更焦急地想洗个澡，把在皮肤上结了块的汗渍洗掉。洗完澡，换上干净的袜子，把参赛号别在干净的短裤上后，我又出门来。我喝了杯咖啡，吃了东西，接着回到了赛道上。

接近中午时，我又需要休息了。我回到房间，在床上放松了会儿。我不记得自己有没有睡着，也不记得休息了多久，但最终我回到了赛场上。

天气越来越热。这是夏天最热的一个周末，这里的温度达到九十五华氏度。这还是在阴凉处测出来的，赛道上可没有那么多的阴凉地儿。作为还在赛场上坚持着的选手，我每走完三英里长的一圈就要休息一下，为的是躲避太阳。我躲进供应食物的帐篷喝点水，休息五到十分钟，接着再到太阳底下花上四十五分钟走完一圈，随后再撤退到帐篷里避避难。

上一年我走了二十圈，这次我决心要走完二十一圈。在算术层面上，我还是有可能完成八十英里的，剩下的时间还很多，但热浪真叫人无法忍受。我走完第二十圈，让自己在阴凉处休息了五到十分钟，接着完成了第二十一圈。这表明我已经走了 66.36 英里了，比起在休斯敦完成的距离又提升了两英里多。于是我决定不比了。我的腿脚感觉不赖，还有四小时去完成更多的圈数，但热浪将我折磨得不行，我担心自己长时间在太阳下比赛会很危险。我完成的距离和我的年龄很接近：当时我六十八岁，再有一圈我就能超越这个数字。不过这是我退出比赛后想到的，如果能早点想到的话，我很可能会在赛场上迫使自己完成第二十二圈。如果我那么做了，就会注意到再有一圈就能过七十英里了，我很可能会基于这个而走完第二十三圈。也许我没那么做是件好事。贝丝，带着小腿肌肉的伤痛进行比赛，在二十圈后离开了比赛。安迪则表现不俗，完成了二十四圈 75.84 英里的距离，不过也因为炎热而早早退出了比赛。有两位赛手完成了三十九圈（123.24 英里）；其中一人比另外一个早到了三分钟，于是成为了比赛的胜者。

第二天早上我感觉还行。腿有点痛，脚也很清楚自己被使用过度了，但我整个人没什么异样。我们把牌桌和椅子收了起来，开车回家，途中去了哥伦比亚郡的南边看望我的一位老朋友。几年前他做了血管成形手术，之后便开始每天早晨花半个小时步行。他说，对他而言，这是最简单的养生法。“在平地上，”他说，“我能走上一天。”

噢？

22

整个夏天我满脑子都想着9月份要参加一场马拉松。事实上也有几个不错的选择，但后来我都没去，最终我决定参加纽约马拉松赛，像往常一样，这场比赛被安排在了11月的第一个星期天。

我已经获得了保证参赛权。其实，有很多种方法能让你避免成为那被拒绝参赛的五万人之一。你可以成为一名精英赛手；你可以成为一个报名参加马拉松旅行团的外国人；实际上你还能出钱进去，只要金额能达到某种慈善捐赠的标准；你能通过彩票赢得一席之位；或者你连续两年都被拒绝参赛，那第三年你将被自动录取，作为对你的安慰。

或者你可以在一年中参加并完成九场纽约公路赛跑者协会组织的比赛。这也能让你顺利入选。

而我就是这么做的。2005年我参加的比赛数量是这个的两倍多；我的第九场纽约公路赛跑者协会比赛是四英里的托马斯·G. 拉布雷克赛，我的记录本里显示比赛时间是4月底，到12月我结束了全年的十八场比赛，那又是一场在中央公园的四英里赛。所以当时候来临时，我报名参加了纽约马拉松赛，并在周六领取了参赛号码

（44464 号），周日天还没亮，我就在第五大道和第 42 街交叉的图书馆前登上了指定的巴士，并在史泰登岛的沃兹沃斯堡下了车。

比赛最艰难的部分就是赛前花四个钟头在路上。那天早上很冷，大部分选手都穿了卫衣和热身运动服。对于旧衣服，我总保有经济大萧条时代的心态，发现很难丢弃它们。我选了件多年没穿的衣服，并且很清楚应该把它扔掉。至于帽子，我随手从比赛纪念品包里拿了顶极其难看的黄色棒球帽；看见它的第一秒我就想把它扔掉。

我穿了好几层还戴了手套，但依旧觉得冷。主办方提供了百吉饼和咖啡，但百吉饼已经被拿光了，我知道自己不能喝太多咖啡，巴拉圭茶曾让我灌溉了许多新奥尔良的橡树，而咖啡的作用会和它一样。

他们组织比赛很有一套，用些栅栏把选手们圈在了维拉扎诺大桥的起点处。我小心翼翼地站在自己所在组别的后端，即便如此，起跑枪声和我的比赛计时也相差十一分钟。这是我要先到达起跑线的时间。其间我大步向前，有时很快有时很慢，穿梭于这片旧衣服的汪洋。

这景象壮观极了。一大堆的卫衣和 T 恤，一大堆的手套和绒线帽，有足够多的废旧衣服给那些不发达地区的贫困群众穿。（据我所知，这就是它们的命运；我们扔掉的所有东西都将被收集起来，运到这个星球上某个穷困潦倒的角落，其中某个运气十足的小伙子也许还穿着我的“布法罗：最真实的城市”卫衣呢。我希望他穿着它时能满怀骄傲。）

除了一些能感觉到的细小改变之外，这条马拉松赛道和我 1981 年参加时的几乎一样。赛道边也许有更多的观众，也许没有；参赛者倒是真的很多。

我早就通过了大桥，来到了布鲁克林的街道上，我依然能看见路上那些该扔掉的衣服。就在我要离开贝德福德 - 史岱文森去到威廉斯堡的时候，我把那顶难看的黄帽子拿了下来，递给了身边的一位小男孩。

这不是我头一回戴着顶要扔掉的帽子去参加竞走比赛了。不过，要是在比赛结束时那帽子还戴在头上或挂在皮带上，这也很正常。

我想起了在新泽西州的萨米特比赛中获得的那顶帽子；上面印着萨米特人吉姆 · 克拉默的网站广告，据说这家伙有超多的棒球帽。这顶帽子在无数的比赛和长距训练中幸存了下来。这该死的东西比猫的命还多。早知道我应该戴它去参加纽约马拉松赛，这样我就能扔掉它了，但这就像圣经中以撒要牺牲时突然出现了一头公羊那样。如今上天送来的不是一只羊，而是一顶可怕的黄帽子，那顶 TheStreet.com 则活了下来，接受下一轮的严峻考验。

如今它已经不见了。我不记得是在什么时候什么地方，但那一天确实来临了，在某场比赛的半路，我实在受不了将它扔掉了。不能说我是在想念它，因为在扔掉它的那一刻我感到无比的满足，但我会说——现在，我觉得当时有点太浪费了。

二十五年后重走纽约马拉松就像那么多年后重读一本书；我能记得赛道上的每一个地方。有些地方我都能料想到——到曼哈顿大街后在绿点的弯道，皇后区大桥，从第五大道一直到中央公园的山上——但其他地方我都忘记了，只有自己走到那里时才能回想起来。

第一次参赛的时候我是跑步和竞走相结合，当我的膝盖在中点开始疼痛时我改成了竞走。这一次，当然，我全程竞走。我用时 6 小时 05 分 02 秒，比 1981 年几乎多花了一个半小时，但你不能将它们进行简单的比较；上次其中一半的路程我是在跑步，而且也比现在年轻二十五岁。我 2006 年的这个成绩也比莫比尔、新奥尔良和阿森斯的成绩慢很多，但是赛道的不同也是其中一项因素。总的来说，我对自己的努力和成绩都很满意。

跨过终点线后我松开鞋扣，把挂在脖子上的奖牌摘了下来，接着开始寻找琳恩；终点线旁有一块专门的区域用来给家人“重聚”，我想，那块区域的布局可能对于一个没有在纽约街头走完 26.2 英里的人来说应该是很容易看懂的。不过我们最终找到了彼此，我在街上放松了一会儿，接着走到哥伦布圆环搭车回家。

23

纽约马拉松后的第三个星期，有一场尼克博克六十公里赛。我压根就没考虑要参加。那个周末在达拉斯附近有场二十四小时赛，届时还有裁判到场。马歇尔 · 金，一个同样在留言板上认识的家伙，2005 年就是那儿成为了百夫长，而今年肯定也有不少超级竞走赛手会去参加。

但对我而言，参赛不是个好主意，纽约马拉松才结束三个礼拜。我在等 2 月份的休斯敦赛，同时早就安排好了下一场比赛，12 月 10 号的拉斯维加斯马拉松，纽约马拉松结束后的第五周。

除了尼克博克之外，我不知道在这五周内还有没有别的地方比赛，但我知道自己已经不太热衷于短程比赛了。之前我已经参加过一次了，那是史泰登岛上的半程马拉松，在韦克菲尔德和纽约马拉松之间，我参加纯粹是为了纽约公路赛跑者协会的奖励。协会每年举办五个半程马拉松赛，每个行政区一个，如果你能参加五个当中的四个，并且都能在三小时内完成比赛，那么他们会奖励你一个可熨烫的刺绣徽章。2005 年我就拿了一个，结果没把它烫到任何东西上；而是扔在了放参赛号的盒子里。我想 2006 年的徽章命运应该也差不多吧。

我把史泰登岛的比赛看作马拉松的赛前训练，并在规定的三小时内完成了比赛。那是我在 2006 年参加的第九场纽约公路赛跑者协会的比赛，这意味着我赢得了 2007 年纽约马拉松的参赛权。但就在 2006 年的比赛结束后，我确信自己第二年不会再去了。比赛让我快乐而满足，但我实在无法忍受赛前在史泰登岛上那几个小时的寒冷。

（顺便说一下，如今，比完九场纽约公路赛跑者协会的比赛也无法保证你能参赛。2008 年初他们对这项规定做出了修改；从现在起，除了要完成九场比赛，你还得在至少一场比赛中充当志愿者，为比赛服务。有太多的人能比赛九场了。）

我的表哥佩蒂弃学法律后，一直住在拉斯维加斯开拓自己的第二事业，他力争做一名高端赌徒，投身于二十一点和各种扑克锦标赛中。他是个绝佳的地陪，因此当我要在自己的马拉松列表中加上内华达州时，琳恩很乐意跟我到曼德勒湾共度周末。

我们要沿着拉斯维加斯大道向南走几英里，接着穿过弗里蒙特街后折回起点处，回程的路是一段毫无吸引力的商业街，沿街都是打折家具店和零售商店。这是游客永远看不到的拉斯维加斯，而且，由于这样的赛道设置，比赛当中我们一直在抵御无休无止的逆风，我们这些落在队伍后面的选手，最后还和毫无管制的城市交通共享了半小时街道。这不是我最喜欢的一场马拉松，成绩也不是最好的，我用时 6 小时 03 分 34 秒，这绝对是场灾难，还好比赛结束时我安然无恙，也没有感到特别的累。我得到了 T 恤，在另一个州里参加了马拉松赛。一点问题也没有。

拉斯维加斯赛结束一星期后，我在中央公园参加了一场十英里的热巧克力赛，之所以这么叫它，是因为赛后主办方带我们去了附近的一所学校喝热巧克力。这场比赛结束了我作为一名重生竞走选手的第二年，与上一年相比，我参加的比赛变少了（18 对 25），但却完成了更长的距离（375.41 对 277.2 英里）。

我更关注于长距离的赛事。2006 年，我的十八场比赛中有六场马拉松、两场二十四小时赛。二十多年来，我常常敬佩自己 1981 年完成五场马拉松的纪录，认为那是几乎不可能完成的——我怎么能在一年中完成这些成就的？如今我更老、更慢了，却完成了更多的马拉松，还多了两场二十四小时赛。我的马拉松列表上早就有了纽约州和马萨诸塞州（还有新泽西州和北达科他州），但这一年我又加上了阿拉巴马州、路易斯安那州、得克萨斯州、俄亥俄州、南达科他州以及内华达州。如果我能继续每年跑五场的话，那么跑遍五十个州并不是完全没可能的。

我开始着手安排自己的马拉松赛程。互联网让这件事变得异常简单，当我发现 marathonguide.com 后，我就再也不需要盯着《赛跑时刻》和《赛跑者天地》上面的列表了：网站上有一整套国内外赛事菜单任我挑选，我能查看到每一场赛事的描述及评价，还能链接到某项赛事的官网上，轻点几下鼠标完成注册。接下来就需要出去训练，用一种历史悠久的原始方法，不断将一只脚放到另一只脚前面。

我选好了要参加的比赛，从 1 月 13 号的密西西比马拉松开始，2 月份有两场，分别是第一个周日在加利福尼亚州亨廷顿海滩的冲浪市赛以及最后一个周日的新奥尔良赛。（我并没打算在新奥尔良重复比赛，因为它被安排在了嘉年华之前而不是之后，我又不想错过休斯敦的二十四小时赛。然而休斯敦赛，哎，居然被取消了；那个周末的比赛一直是由一帮来自堪萨斯州的超级赛手组织的，我想他们大概是厌倦了。一场二十四小时赛，你也许还记得，是一种很长的比赛，中间一定会出问题的，这次的问题在于没有比赛了。）

赛程表中新奥尔良取代了休斯敦，原本我打算整个 3 月都把自己泡在伊利诺伊州的作家部落里，但现在我决定待在新奥尔良直到把新书完成——带着我的盾牌凯旋，要不就战死沙场[1]，可以这么说。

还有别的二十四小时赛。几年前，欧利 · 南耶斯在玉米地带一个四分之一英里的赛道上完成了一百英里；但他没得到百夫长认证，因为当时赛场上并没有裁判，不过这仍是属于他的成就。我能参加 5 月份的玉米地带比赛，或者 6 月的明尼苏达 FANS 赛。

我还萌生了第三次参加 7 月底韦克菲尔德赛的念头。琳恩和我打算在 7 月初参加西行巡游团，在海上航行至阿留申群岛，接着过白令海到远东的俄罗斯。就在我们出发前的一个星期，出发城市安克雷奇有场午夜太阳马拉松赛。

噢，为什么不参加呢？

密西西比是第一场比赛。我提前一天飞到了杰克逊，开车到事先订好的旅馆里，发现自己的选的位置非常好。不但开车去赛场很近，而且旁边就是华夫屋餐厅[2]。我把这个遍布南方的连锁店视为“罪恶趣味”的化身，难以抗拒又一无是处。

除非，当然，一个人有正当的理由，比如说在马拉松赛前需要

1 这是斯巴达勇士征战前最常说的话。

2 Waffle House，美国快餐连锁店。

加载足够多的碳水化合物，或者是在赛后及时补充能量之类。于是在周五晚上，我义无反顾地塞进了很多碳水化合物，第二天早上又去加满了能量油箱，最后到达起跑线时，我唯一的希望就是比赛时别因为体内糖分过多而休克。

密西西比也是为数不多有竞走组的赛事之一，带个重金属奖品回家应该是不成问题的，因为竞走组设了十个奖项。他们还让竞走选手提早一小时，也就是早上七点开始比赛，免得和大部队挤在一块儿。（有些赛跑选手则选择更早的时间开始，六点，这样比赛结束后他们还能正常上班。这场比赛，总的来说，是极为人性化的。）

如果说网络让搜索比赛和报名比赛都变得更加简单，那么要知道比赛时会遇上什么样的天气也是易如反掌。比赛前一周我查看了天气预报，那个网站给出的结果相当明确。杰克逊会下雨，很可能在周五开始，周六是肯定会有大雨。

好吧，他们错了。周五是阴天，周六是晴天。周日看上去倒像是会下雨的样子，但我不记得到底下了没，就算下了也无所谓；因为那时我正盘坐在旅馆里，边看大联盟季后赛边欣赏隔壁华夫屋餐厅里传来的迷人歌声。

有大概二十个人，大部分是竞走赛手，选择在七点出发。比赛就是在纳齐兹古道上打个来回，赛道是一条从东北到西南贯穿整个州的双车道马路，限时开放、地势平坦且风景秀美。比赛一开始我走得很悠闲，但一段时间的热身后我就加快了速度。

在这块小小的场地上，所有的竞走选手都铆足了全力。提前比赛的那一个小时里，我们已经走完了五英里，所以很容易忘记比赛中还有其他的赛手。

我超过了其中一个家伙，但他却始终紧紧跟上，我能听到他的呼吸和脚步从几英里外传来。我试着加快速度来摆脱他，但他也在加快速度要赶上我。离终点还有两英里时，他突然全力加速，甚至还停下来帮我捡起从皮带上掉下来的棒球帽，把帽子交给我后他继续向终点线冲刺。我竭尽全力，但是没能赶上他，最终在他五十秒后完成了比赛。

这是条往返赛道，所以当你接近中点时能看见领跑者们已经折了回来；而当你跑过中点后，就能看见在你身后的人。我发现前面的部分赛手让人感到非常不安，他们别着竞走的参赛号却不在竞走。其中一位女选手的步子和之前安迪·凯布尔的差不多，适当的切换无可厚非，但另外一名选手显然是把跑步和走路结合了起来，这不失为一种完成马拉松的完美方式，只要你不和竞走赛手们在一组。

看到这种情况我的反应既怨恨又愤慨，这大大激励了我要加快速度，其效果和那些在糖浆里浸泡过的华夫饼不相上下。

转过中点后，我看到了那些落在自己身后的选手——有很多，大部分人在跑步。那些在八点开始比赛的选手，大概有一百四十人左右，已经快速地赶上了我们，于是比赛的后半段我们和赛跑手混在了一起——一开始领先，结束时落后——他们轻而易举地从我们身边飘过。

这和我往常的状态正好相反。一般来说，我出发时总是很慢，到五六英里处才开始进入比赛状态，并能一直保持这样的速度到终点。于是我总能赶超很多人，而不会被很多人赶超，特别是在长距离比赛的后半段，一些受了伤或训练不够的赛跑者会被迫改成走路。

不过没关系。我最终用时 5 小时 26 分 33 秒——而且，由于早上七点比赛的人不多，有足够的空间让每个人的脚尖都能抵在起跑线上，所以比赛净成绩和我的枪声成绩是一样的。这个成绩比上一年莫比尔的慢了几分钟，比新奥尔良慢多了，但也不算太差。

我们出发得早，因此比完时赛跑选手们才跑了四个半小时不到，我能在终点线上吃着披萨看大部队撞线，这真是种不同寻常的经历。通常情况下，当我跑到终点时大部分选手早就吃完披萨……整理好东西回家了。我觉得，早点比赛真的很有道理。

也许这就是我在终点处迟迟不肯走的原因。平时我拿到奖牌、喘过气来就会离开赛场，但如今我一点也不急着离开。和往常一样，大部分的赛手在结束后都匆匆开车上路，但一小部分人会在赛场上徘徊至颁奖仪式开始。

比赛的最后几英里我的脚有点痛，结束时有一点点疲惫，但总的来说，我感觉棒极了。天气很争气，赛道很漂亮，我的表现也比预期的要好。干巴巴地站在那里等待颁奖不是我的风格——别忘了我的守护动物是熊——于是我开始和陌生人聊起天来。

我和其中一位赛手聊了会儿，就是那个好心帮我捡回帽子并在终点处击败我的讨厌家伙。他的名字叫约翰 · 巴克利，来自百慕大，他来这里纯粹是为了要把密西西比列入自己“去过 - 走过”的名单里，他正在收集不同的国家和大洲，我记得——但不确定——他在每个大洲都参加过马拉松了。好像还包括了南极洲。

他也提到了部分竞走选手在比赛中加入了一点轻微的跑步。我们都认为这种行为应当遭到谴责，在道德准绳上，它应该界于乱穿马路和连环谋杀之间，但又都没觉得应该把这事告发出去。因为我们知道真正严格的裁判很有可能会把我俩的参赛资格都取消掉，所以还是他妈的算了吧。

除了密西西比本州人外，大部分的赛手来自全国各地，他们中有一些人通过别的比赛已经相识很久了。我无意中听到一个跟我年纪差不多的老头在跟一位女选手讨论莫比尔赛。曙光马拉松赛[1]明天就开始了，她正在考虑要不要参加。“你也许会发现，”他对她说，“你还是在和同一帮人一起比。”

我找他聊了会儿，发现他自己明天也要参加莫比尔的比赛，他还极力说服我跟他们一起去。毕竟，我也是这帮人中的一员。我告诉他，我去年已经参加过了，他点了点头，但我知道，他觉得这不是剥夺自己再次参赛的充分理由。

当我回到披萨桌边时发现了惊人的一幕。那里有个看上去只玩得动沙狐球的老家伙，他打算连着两天跑两场全程马拉松，而且看得出他经常这么做。他绝对不是能跑很快的人，但问题不在这儿，他在披萨桌撤走之前到达了终点，不是吗？

密西西比在周六，莫比尔在周日。那个老头想吃多少披萨就能吃多少。

不过，就那天而言，我也可以。

他们花了点时间计算成绩，接着发奖，那时留下的人已经不多了。他们朗读了竞走组别的获奖者，大部分奖牌都无人认领；主办方得回头寄给他们。约翰·巴克利也在那里等了很久，领到了第七名的奖牌，我在他之后赢得了第八名。我领到自己的奖牌后开车回了旅馆。

后来我到网站上查看比赛结果。我想核实下自己记得的时间是否正确。居然发现自己变成了第五名，那位来自百慕大的朋友是第四名。他们把三名非竞走赛手剔除了出去，把后面几个人的名次提升了三位。

1 莫比尔马拉松的名字。

我走进客厅去看看那枚密西西比奖牌。它就在眼前的书架上，但我不记得自己上一次注意到它是什么时候了。我想确认下上面是不是写的第八名，是的，我只能说，我不知道要是这块奖牌上写的是第五名，我会不会更珍惜它，把它放在更显眼的位置上。

看着它，我不禁想起当时比赛的场景。如今回味起来真是喜忧参半，不过，我应该不会再去杰克逊重走一遍纳齐兹古道了。尽管这个比赛还在举办，我也还在参赛，但回去的几率非常之小。

同样，我也深深记得莫比尔的比赛。这两场比赛总在同一个周末举行，好让来自全国各地的赛手连着比两场。我花了连续的两年来完成它们，尽管我很喜欢这两场比赛，但应该不会再参加了。

因为除了那些距离很近、很方便的赛事外，我更倾向于尝试自己没踏过的赛道。对我而言，走遍五十个州的马拉松是项极为艰巨的任务；如果我总在重复参加某些比赛，那么这个目标就会变得更加不可能实现。当我决定参加密西西比比赛，就注定要放弃莫比尔赛，这个我无比喜爱并且想再参加的赛事。（但不是在一天后；我也许是疯了，但我不蠢。好吧，没那么蠢。）

有些赛事参加一次就够了。我不喜欢拉斯维加斯的比赛，因此不会再去，不过举办比赛的这个城市倒值得再去玩一玩。我也许会再参加纽约马拉松，但至少不在近几年内。

对于密西西比、莫比尔、阿森斯和戴德伍德的比赛，只要它们还在举办，我就有冲动一年年地参加下去。我可以这么做，也可以选择参加新的、没去过的比赛。

我想，这是一个人在生活中常常会面临的选择。我知道有一些家庭每年都会去同一个地方度假，一次又一次地住进同一家旅馆，为里面的员工记得自己而感到高兴。如果能遇上去年的旅友，那就更赞了。一年年重复的次数越多，他们就越满足。

我能理解这种吸引力，我真的能。当我在韦克菲尔德拿参赛号时，好几个工作人员都认出了我，于是我边默默哼着比赛主题曲边欢快地离开了。毫无疑问，每个人都认识你，这种感觉相当好。

另一种学派的思想则认为，某趟旅行越快乐，就越有必要避免再去。你在查尔斯顿度过了一个田园诗般的周末？太好了——别再回去，因为你会把首次旅行的美好印象放大，你的第二趟旅行永远不可能超越它。

（记忆会对现实进行改良，突出好的，减弱坏的。无论什么，回忆总比现实要美好，或者至少不那么糟糕。如果确实很糟，我们会将它统统忘掉。这样也好；不然我们迟早会自杀。）

至于我自己，我准备找个折中的办法。国内没有那么多的二十四小时赛，就我有限的经验来看，在哪条赛道上比并不重要，重要的是挑战自己的时间和距离。所以要不是那该死的堪萨斯州取消了休斯敦的比赛，我原本还打算再去比一次的，既然我已经去过两次韦克菲尔德了，再去一次也无妨。

在倾向于选择那些还没去过的州时，我也不想因为这个特定的目标而拒绝参加那些有意思的比赛。1981 年我曾在大福克斯参加北达科他马拉松，如今这场比赛已经取消了——但我得知法戈马拉松很有魅力，我决定在近几年里参加一次，尽管它无法让我多一个州的纪录。同样还有南达科他州的布鲁金斯马拉松；这个小镇我去过好几次并且相当喜欢，我很乐意再去当地的大学里瞧一瞧哈维 · 邓恩的作品——并在街上走上很长一段路。

我甚至还能重回新奥尔良。那是琳恩的老家，也是我俩都非常喜欢的一个城市，2006 年我曾在那里度过了一段美妙的时光。一次胜利——第二名！ 5 小时 17 分的纪录！取消休斯敦赛的好处就是我能重返新奥尔良了。

谁知道这会不会是场灾难？

24

但你还记得那部分情节吧。那无休无止的赛道——漫长又煎熬——两条咒语一直回荡在脑海里。我疼得坚持不下去了；现在退出简直太蠢了。

你应该也记得我并没有退出，而且最终疼痛渐渐消失了，于是我坚持到了最后。但有件事你记不得了，因为我之前压根没提过，我还获奖了。几个月后，我在邮箱里突然发现了一块奖牌，我惊奇地发现自己是竞走组的第五名。

我猜大概只有五名竞走赛手吧。

我之前就写到过比赛后遗症，我是如何待在新奥尔良写《杀手亡命》的，以及回家后是如何抑郁的，最后我报名参加了明尼苏达州的二十四小时赛并开始投入训练，希望比赛能给我带来好心情。

这很奏效。

我有两个月的时间来把自己的状态调整好以应付FANS赛。这两个月分别是4月和5月，对于训练而言是再好不过了。很少的几个下雨天，我会将训练挪到跑步机上，其他时间里都在哈德逊公园里完成训练，长短交替，慢慢累积里程数。

我本以为自己把训练时间都记在了日历上，但发现日历上只有4月29号之后的记录。那周我走了十五个小时，其中周三时间最长，5月2号那天我训练了四个小时。接下来的一周我花了二十小时走了八十英里，其中有两天都走了四个小时，还有一天五个小时。

再下一周，我只训练了三天，但每天都增加到了六小时，那周我一共完成了四十八英里。我关注的是训练时间，而不是距离，我估算了下自己的速度是每英里十五分钟；训练的时候我压根就没在意速度，只是按照很随机的步速去进行，我知道第二个小时肯定比第一个小时快，而第七个小时会比第六个小时慢。可是不管我进行多么保守的估算，七个小时的步行应该能等同于一场马拉松。

这不能算是场特别有意思的马拉松，因为它就是在哈德逊的码头进行无休止的重复，向南一直走到曼哈顿，然后沿着岛的另一面朝北走，最后这回到码头。离大赛还有两周的 5 月 20 号，星期天，我出去训练了，21 号休息，22 号走了一小时，22 号五小时，23 号又休息，24 号走了四小时，25 号休息。

最后，离比赛还有一星期了，我在周日走了三小时，周二又走了三小时。就训练了这么多。接下来要做的就是周五飞到明尼阿波利斯，走上一天一夜。

2007 年的那个时候，我只参加了两场短距离比赛，两场都在 1 月份，一场在密西西比马拉松之前一星期，一场是赛后一星期。第一场是弗雷德 · 勒博五英里赛，我已经连续三年参赛了。我克服着伤痛完成了比赛——我花了前四英里来热身——至于我的成绩，比 2005 年的要好些，但显然比 2006 年要慢。第二场比赛也在中央公园举行，是曼哈顿半程马拉松赛，比赛的三个小时让我煎熬不已。也许是我出发时走太快了，在那些比马拉松赛程要短的比赛中，我总是会犯这样的错误，我的热身时间太长了，导致我永远找不到合适的比赛节奏。就在上一年，我在同样的赛道上参加了相同的比赛，我用时 2 小时 36 分多，短短一年后，我的成绩变成了 3 小时 03 分 04 秒。

我带着深深的失落走下赛场。我的步速从每英里11分38秒变成了十四分钟，况且比赛时我也不像观光游览那般轻松自在。正好相反，我全程都在迫使自己向前，努力让自己尽快到达终点，因为我很清楚，要是不能在三小时内完成比赛，那么我的成绩是不会被官方记录下来的。我花费了大量的努力，但最终表现糟糕透了——又拿到一件丑陋的白色长袖T恤。

似乎在未来的短程比赛中，我会有越来越多这样的表现。如果我能进行更有效的热身，起跑得更慢些，那么成绩也许会好些，但实际上我提高成绩的几率并不大，甚至说很难保证现在这个成绩。因为我不得不面对岁月无情的打击，并接受一个令人震惊的现实，宇宙的自然规律不会为我而破例。

不管我多么勤奋地训练，不管我多么努力地逼迫自己，逐渐增加的年龄就是会把我拖慢。一开始这很难看出来，因为自三年前我开始恢复竞走后，每次比赛都有进步，同时，我的身体状态很好，技术也越发精湛，还学会了步测和比赛策略。

当然，我打算为自己辩解一下。当我发现这场曼哈顿半程马拉松的成绩比1981年的慢了十四分钟时，我自己也感到惊讶，并不断告诫自己要在近一两年内把成绩提高到从前的水平。我只要在2005年的成绩上，每英里削减一分钟就行了。这有什么难的？

但确实存在衰老这回事，更糟糕的是，它发生在了我的身上。重新开始比赛的这两年里，我似乎感觉到了它的侵蚀。

那么，又怎么样呢？我走完3.1、5、6.2或是10英里花了几分几秒，这压根和别人没关系，只有我自己在乎。那么我真的那么在乎吗？如今我不可能走得比以前快，但不就是慢了点吗？只要我能从比赛中获得成就感，那种满足的感觉和钟表上的数字是无关的——

确实——但都在长距离比赛中。马拉松那绝对无情的距离，使得完成比赛就代表着胜利，不管你花了多长时间。每当我完成一个马拉松，就感觉自己做了一件值得去做的事情。第一次完成嘉年华马拉松，我因为自己出色的成绩而感到快乐，但是第二次去新奥尔良，我从另一处得到了快乐。在同一条赛道上我多花了一个多小时的时间，但这没有关系；我最终完成了比赛。

接下来的马拉松都是这样。如果我参加的比赛是在一个新的州，那么完成比赛就意味着我离跑遍五十个州的愿望又近了一步。（我想，还要加上一个华盛顿特区。）如果比赛在我已比过的州内，没关系，我的纪录上会多上一场马拉松。我承受的这些比赛，能让我在和别人交谈时甩出“只不过是场马拉松罢了”这样的话，还带着讽刺的味道。

当我第一次走完新奥尔良的比赛时，发现自己连续三年的马拉松成绩在逐渐进步，从 5 小时 45 分到 5 小时 21 分，再到现在的 5 小时 17 分，这很容易让我产生错觉，认为进步还将继续——不会到永远，注意，但至少还会持续一段时间。一年过后，这种观点已经很难维持了，那个 5 小时 17 分似乎成了我的最高成就，我已经不可能花这么少的时间走那么多的路了。

只要我愿意，我可以使用任何一种根据年龄来测算比赛表现的公式；和公式里的成绩进行比较，还能更好地安排适合自己的赛程，如今有一大堆不同的衡量准则，我肯定能找到让自己安心的那一个。这就如同一场科学普及，让我明白现在的自己状态好着呢，但我懒得管这些。

实际上我的状态不错，如果坚持参加马拉松的话，我相信这样的状态能一直保持下去。我不知道自己还能坚持多久，也不知道自己还能活多久。只要我还有能力，我就会一直走下去。

至于二十四小时赛。显然，完成一场二十四小时赛的意义可以说等同于新奥尔良的5小时17分。目前我参加过三次这样的比赛，每次的表现都有进步。我知道未来的某一天后成绩就不会再上去了。

但就目前来说，二十四小时赛还有提升的空间。

到达明尼阿波利斯是在星期五，快到傍晚时我开车到公园去拿T恤和参赛号。在赛前的意大利面派对上，我看见了几个认识的赛手。欧利·南耶斯一路从皮奥瑞亚[1]赶了过来，他介绍我和马歇尔·金认识，这个得克萨斯州人在一年半前的比赛中成为了百夫长。我把肚子装满意大利面后开车回了旅馆。

派对的礼品包里有一张停车券，能让我把车停在赛道附近的任意一个停车场里过夜。睡觉前我把车停在了自己确定能记得的一个地方，把停车券的事忘得一干二净。第二天早上，我从工作人员那儿又拿了一张多余的停车券，把车子停在了一个好位置上。

赛道绕诺科米斯湖一圈，周长2.42英里，大部分是在公园的沥青小路上。还有些穿过乡间的路段，指示牌会给我们指路，其中还有一段高地要我们翻越。有人在那里竖了块牌子写道：诺科米斯山，还附了一张模拟海拔高度图，显示你跑到哪一圈，高度的小数点就会向右移到哪儿。竞走选手在攀登诺科米斯山时很难保持好看的样子，不过也没人指望你能办到。

赛道上还有很多东西能让整场比赛显得十分有趣，比如在涓涓小溪上的木质小桥，以及汽车道上的一座大桥；我们不必和城市交通抢道，路边有足够的人行道，但就因为这一段路，主办方还特意致歉说"一段不可避免的混凝土赛道"。

当地的竞走俱乐部在起点/终点处搭了一个帐篷，由布鲁斯·利

1 Peoria，伊利诺伊州的第二大城。

热负责，他还同时要做裁判。比赛的竞走选手们都可以使用这个帐篷，其中一名当地选手戴夫·多伯特就把自己的鞋都放在了里面。他一共带了八双鞋子——就我看来，它们的材质和款式都一模一样——他的模式非常固定，每过三小时换一双新的。我觉得这么做很奇怪，但我想这并不会影响到他的表现。当比赛结束时，戴夫完成的距离最长。

比赛开始前我就被赛事的组织方式给震撼了。赛前他们给选手们称重，接着每过四小时都要重称一下；如果你体重下降到一定的百分比，他们会让你吃饱喝足到正常水平；如果你体重还是上不去，就会被取消参赛资格。

我不知道这该死的体重是否真那么重要，我曾在休斯敦的食品补给区待了很长的时间，里面有个超级赛手在当志愿者。他声称自己没有哪场比赛是赛后比赛前轻的。

FANS 有食品区，当然也有医务区，那儿的志愿者不但能对水疱进行急救处理，还能为赛手们提供按摩服务。整个赛事计划周全、组织有效，但这些都是附加的，当哨声、号角声或是枪声响起的时候，不管他们提供了多少服务，从那以后我们就得在赛场上为英里数而战。

特别是当赛道是逆时针方向的。仿佛赛手们一到椭圆形赛场时就得这么比赛，就像马儿一到丘吉尔唐斯那样。不过环境也能改变情况。在玉米地带主办方每四小时换一次方向。在韦克菲尔德赛道就是顺时针的，所以才会有那五十码的下坡路；真让人讨厌。

在 FANS 赛中，赛道一开始是顺时针的。接着大概走了五分之四英里，或者是刚过诺科米斯山后，他们让我们调头再爬一次诺科米斯山，接着朝起点方向走。我们越过高山继续前行，接下来的赛道就都是逆时针的了。

（顺便说下，我不知道“逆时针”这个词还会用多久，甚至将来能不能被理解。当全世界的钟表都变成电子的之后，我们该用什么词来定义比赛的走向呢？当我绕着诺科米斯山湖一圈圈竞走的时候，我一直在仔细考虑这个问题。我有足够的时间来进行天马行空般的思考，但没有一件是算得上重要的。）

中间折回点的设置，不是为了要我们多跑一次诺科米斯山，而是为了要和其他几个赛道关键点一起，与起点 / 终点相呼应。所以我们走完二十圈整时正好是完成了五十英里，再走五圈就是一百公里。（一百英里是在第四十一圈离终点还有半英里的地方。）

比赛在早上八点开始，6 月份的太阳在这个点上已经非常厉害了。不过天上有很多云，到中午变成了阴天。看来我们能逃过这 6 月的大热天了，这让人感到安慰，但是交换条件是很可能要下雨了。

总会出点问题的。

不过我的表现不错。能参加一场不用担心时间的长距离比赛真是一件快乐的事情。我发现自己疯狂地急需上厕所，就像刚开始跑马拉松那样；赛道过半后有一个厕所，我非常愿意在那里停留。事实上，我每隔一圈就要去那里报道，很高兴来做个简短的休整。

在 2006 年 2 月的休斯敦赛后，安迪 · 凯布尔在超级竞走的留言板上发布了一则有意思的评论。他在那场比赛中走完了一百公里，接着就退出了比赛，尽管他确信自己还能再走上几英里。他声称，退出比赛是因为自己在赛前设置的目标太少。他的第一个目标是走完一百公里，带着乌利 · 卡姆奖回家，这点他做到了。而他第二个目标则是绕着赛道走上五十圈，成为一名百夫长。

他已经在赛场上耗了十五个小时，很明显，那天他不可能完成一百英里。所以当他完成一百公里后，他没有合理的理由继续前进。那时已经很晚了，他很累，脚也都湿了，所以为什么不回旅馆睡觉呢？

如果他设定一些中间目标——比如说七十英里、八十英里之类的——他也许会在赛场上再坚持一会儿。

我读了他的留言并且记在了心上，我要合理地制订自己的目标。最少，我要再拿一次乌利·卡姆奖。接下来，我要把自己在韦克菲尔德创下的 66.3 英里的纪录再提高一些。我第二次在韦克菲尔德走的圈数和当时的年龄相差一圈，如果当时能想到这点那我很可能已经办到了，所以我把它加到现在的目标中。现在离我的生日还有好几个星期，因此我还是六十八岁，这次我要完成这些圈数。

之后，七十英里是下一个目标。接着是七十五。接着是 78.6 英里——三个马拉松。接着，八十英里。

这并不是说我要在完成八十英里后立马停止比赛。任何一个比八十要高的数字自然很好。但似乎八十英里已是一个梦想般的目标，不太可能实现，即便一切都很顺利，但是——好吧，我不否认这不过是在公园里走上很长的一段路罢了，因为事情恰恰就是这样。只是那会是相当长的一段路。

我还有一个目标，另一方面的目标。这个目标和数字无关，和距离也没有直接的关系。

我想比满二十四小时。完成某个距离的秘密，我觉得就是坚持在赛道上。每小时四英里是我在跑步机上设置的最慢速度，四乘以二十四是九十六；就以这么轻松的速度，能让一名竞走选手离百夫长的称号只有一步之遥。

也就是说，以每英里十五分钟的速度能让你完成百夫长的挑战。

每个人都会在长距离比赛的后半段慢下来。假设你以这样的速度完成了前十二小时的比赛，而后半程的比赛时速降到三英里，那么比赛结束时你也能完成八十四英里。为什么，如果你把一小时三英里平均一下，就是每英里二十分钟，二十四小时你能完成七十二英里——这比我设定的前三个目标都要好。

这就是答案，我告诉自己。坚持不懈。只要坚持在赛道上，不断将一只脚放到另一只脚前面。不要打盹儿，因为你不是非得这样。假装自己要回去上大学，需要通宵学习，借助药物和难喝的咖啡，在天亮前把本学期的重点知识都过一遍……

也许这些不是最美好的回忆。

话说回来，不要打盹，不要长时间休息。比赛结束后有足够的时间睡觉。如果我能让自己坚持在赛道上，不断地往前走，我不需要太在意自己的速度，只要把它看成是在哈德逊河边无边无际地走上数个小时就行了。我要做的就是累积小时数——这次不是五个、六个或七个，而是二十四个。如果我能将这些小时数搞定，那么，英里数自然会逐渐累加。

就是这么简单，真的。

我的比赛状态很棒。前八个小时我都没怎么注意天气问题，而这正是你在比赛中所需要的，真的：天气真的不值一提。随着时间的推移，天上的云开始增多，快到傍晚的时候开始下雨了，但这也不算大问题。雨持续下到了傍晚的早些时候，情况不算太糟糕，最终雨停了，这样就太好了。

赛道上有很多竞走选手，一百六十七名比赛选手中有二十七位是竞走选手，其中有八个人报名参加了全程二十四小时赛。（其余的十九人，还有四十三名赛跑选手将在十二小时后结束比赛。）我很高兴能有这么几个人陪我，但在比赛时我似乎没看到几个。一旦从起跑线出发，我们就开始各顾各的了。马歇尔的步速比我快多了，当他走完五圈的时候我可能才走了四圈——不过这意味着没过几个钟头，我们就能碰到一次。

有一个年轻的赛跑选手我倒是能经常看见，他叫奥兹·派尔曼。我们在赛前就交谈过几句，得知我们都来自纽约，每当他轻而易举地超过我时，总会愉快地跟我打招呼，而打招呼的频率超级有规律。我没有刻意去数，但我感觉自己每走一圈都能碰到他两次，就算没拿第一，那他也绝对是前几名。

我一直走啊走，圈数在不断增加。终点附近有张图表，列出了不同的圈数对应的距离——否则起点和终点在一起让人很难计算里程——看了这个图表我就知道，十三圈相当于 33.13 英里，十七圈是 42.82 英里。

可能是十二小时赛快要结束了，我看见很多赛跑选手在终点附近来回跑着小圈子。在韦克菲尔德，只有完整的一圈才会被录入成绩，如果你剩下的时间不足以完成下一圈，你的比赛就此结束了。在诺科米斯湖，主办方在结束前的最后一小时里为赛手提供了一条八英里长的笔直赛道，你能在上面一直打来回，直到第二十四个小时结束。

或者，这条赛道也会在晚上七点到八点开放，为的是给参加十二小时赛的选手们使用。我穿过一批在做最后努力的选手们，再一圈后他们都离开了比赛，赛道上的人一下子少了很多，天也完全黑了。

“嘿，拉里！你看起来不错！”

是奥兹，他又超过了我。他仍旧在跑，而我仍旧在走。

我不是没想过要停下来。

我不是说要退出比赛，我一点也不想退出比赛。因为我状态很好，心情也不错，腿脚都不疼。我非常想完成比赛，而且感觉自己能相对轻松地完成赛前的大部分目标。看来我这次能创造一个新的个人纪录，走完八十英里绝对没问题。

但我发觉自己累了。也许我应该去躺会儿，打个小盹儿恢复下精力。离赛道一百码的地方有幢房子，里面有些简易床供我们休息，听说还有洗澡的地方。或者，我不走那么远，就在椅子上休息一小时？

我把这个想法告诉了欧利。我们在食品补给区或者赛道上碰到了——具体在哪儿我记不得了，但那是在天彻底黑掉前的一两个小时。我记得他说我这次状态不错，而我告诉他，再过一会儿我就打算停下来休息会儿。

“放慢点，”他建议道，“坚持走下去，但是放慢步速。这么走上一两圈，你会发现自己又有力气加速了。”

我说我不知道具体该怎么做。

“对初学者来说，”他说，“不要再竞走了。不要摆动双臂。就开始走路。”

这真是个绝佳的建议。我用这个方法走了近一圈，我不知道自己慢了多少时间，可能每英里都不到一分钟吧。我不能说这么做能等同于八小时的充足睡眠，也许这只是提供了一种假想的休息，但是这让我在赛道上坚持了下来，当我走完这一圈时，我之前的一些想法都没了：我需要休息，我必须休息一次，我不可能像这样永远走下去。

傍晚的这几个小时里，只要我一想到休息，我就立马使用欧利教我的小诀窍。我把手放下，停止屁股的扭动，让步子缩短，于是我的速度也相应地减缓了。但我这么走的距离不会超过几百码，之后我会毫无意识地回到原有的姿势和速度上去。好像在躲避一枚追赶我的子弹。

有时，显然，一点点改变能和休息达到同样的效果。而有时，效果更好。

这条赛道上从来都不拥挤，但随着夜幕降临，场上的选手越发少了。十二小时后，一百六十七位选手中有六十二位离开了赛场，随着时间推移，一些参加二十四小时赛的选手也决定退出。还有一部分人去打会儿盹了。

之前就有人告诉我，赛场上需要一个手电筒，这显然被我忽略了。欧利有个多余的，于是把它给了我，这真叫人舒心，但当我把它从腰包里取出来要用的时候，我发现除非把光照到自己脸上，不然我无法判定这玩意儿到底打开了没。我想，里面的电池是在荒漠旷野中“徒糜芬芳”[1],因为这点光线只够一个人看看关了灯的房间里有点什么东西。

没关系，那时我对赛道已经很熟悉了，况且大部分时间里我都不需要手电筒。但黑暗，加上退赛的人，让我感到非常孤单；赛道上本来人就少，现在连看到他们都变得更难了。

这是我赛前就料到的，但不表示这样的状况不会让我心烦。起点 / 终点处有很多人，他们在数我的圈数，当我大声报出自己参赛号时他们会重报一下与我核实（我每次都会这么做，确保我的圈数被记录下来），并且还有许多人在给大家准备食品和饮料。当我跑到

1　出自英国诗人托马斯 · 格雷的《墓园挽歌》。

布鲁斯·利热那边的小帐篷时，我还会再报一遍自己的参赛号，他自己也在记录选手们完成的圈数，同时帮戴夫·多伯特看管鞋子。他告诉我，我看上去状态不错，而我则告诉他我还没死，打算再跑一圈。我继续前进，经过两排独立的帐篷，那里很多赛手都在重整装备，在补充食物，在做短暂的小憩，我还经过那第一座木质小桥，接着进入黑暗之中。

我要做的就是坚持，将一只脚不停地放在另一只脚的前面，这么做我一定能打破自己的纪录。事实上，我要将它捏个粉碎。

当然，除非，赛场上出了问题。

我把车停在一个很方便的位置，车钥匙在我的腰包里。（这串钥匙在我的包里占用了大量的空间，出于某些我无法理解的原因，赫兹公司里的员工把两三把同样的钥匙连同遥控装置都串在了一个小钥匙圈上，而这个钥匙圈被焊接了起来，于是你无法将钥匙进行拆分。同时要这么多把钥匙有什么用呢，因为要是丢了一把就等于全都丢了。我想到的唯一办法就是剪断钥匙圈，把遥控装到一个小袋子或是包里，然后把钥匙和钥匙圈扔在车里。就像亚历山大对付戈尔迪之结那样。[1]）

午夜过后，我感到脚底一阵灼热，于是去了一趟车里。走了十六小时后，脚上要开始长水疱了。我在脚上缠了些胶布，换了双袜子，系好鞋带，返回赛场。

又走了几圈过后，我来到了医务帐篷。我两个前脚掌上长了大

---

1 戈尔迪是古希腊神话传说中小亚细亚弗里吉亚的国王，他在自己以前用过的一辆牛车上打了个分辨不出头尾的复杂结子，并把它放在宙斯的神庙里，神示说能解开此结的人将能统治亚洲，这就是被人们广为传说的“戈尔迪死结”。无数智慧的人面对“戈尔迪死结”都无可奈何，直到亚历山大远征波斯，挥剑将此结劈成两半，“戈尔迪死结”也就被破解了。

量的水疱。一名志愿者非常娴熟地帮我包扎好，让我又能重回比赛。

对于水疱，除非你打算无视它，不然有两种方法可以进行处理。一种是刺破它，排出里面的液体然后敷上药膏；或者你可以不去动它，包上绷带。第一种方法能消除压迫感，因此能减低疼痛，不过会存在感染的风险。我也许应该冒这个险，做个生死抉择，但显然在医务室里值班的家伙很清楚自己的本事。他让我在明显能感到水疱的同时站了起来，并且不让它们妨碍我比赛。如果说它们让我慢了下来，那么也不会慢上很多。

至少我还能坚持在赛场上。当我处理水疱的同时，另一位志愿者正在帮奥兹·派尔曼检查膝盖，我敢说他的膝盖看上去很不妙。这位来自纽约的朋友二十四岁，在这场二十四小时赛中，他的参赛号码是 24；你一定会觉得这简直就是命中注定的好兆头，况且他已经毫不费力地跑了四十三圈，也就是 105.78 英里，但如今他在医务帐篷里，今晚的比赛到此结束。不过拿到第十二名也很不错了。比赛的赢家叫保罗·哈塞，他跑了一百三十一英里多，我想要是奥兹的膝盖能挺住的话，他应该能跑得比他更远。

呃，在一场二十四小时中，难免会有问题出现。首先是想再得百夫长荣誉的马歇尔·金。在比赛的前十六个小时，他的速度一直很稳定，但到午夜后体力陡然下降，他意识到自己的梦想在这场比赛中很难实现。于是跑完第二十九圈，他就离开了赛场，最终成绩是 71.88 英里。

之后便是我，表现形式是水疱，我能克服它们行走。我表现得不错，但没有预想的那么好——我数错圈了，以为我在走的第二十二圈实际上是第二十三圈，当我意识到主办方没算错时，我觉得刚才那 2.4 英里好像白走了。不过，我仍旧在往八十英里进发，这会儿已经过了午夜，我没有退赛，我甚至连盹儿都没打一个。我坐下的时间最长是五到十分钟，为的是护理我的水疱。毫无疑问，我已经很累的，但绝对谈不上精疲力竭，我需要做的就是坚持再走五个钟头，对于能做到这一点我表示很有信心。

这些是我所知道的。

结束第二十五圈后我就过了一百公里。于是我第二次获得了乌利·卡姆奖，而且我还没结束呢。再走一圈我就能超过休斯敦赛的成绩。在走两圈我就能打破一年前在韦克菲尔德创下的个人纪录。再走三圈距离就是我的年龄，再走四圈我就完成了七十英里，好吧，数字就摆在那儿呢。

我吃了点东西，喝了点饮料，接着在一百英里处停了会儿，接受完布鲁斯的祝贺后我又踏上了比赛的征程。当我再次走过小桥时，发现自己的身体在向前倾，同时还在向左歪，原因是我的腰背处很痛。当我想直起身子，疼痛就加剧，于是我只能用这个很丑的姿势继续保持前行。

不过这并不表示用这个姿势就不痛了。疼痛在慢慢加剧，我每走一步都会感到钻心的痛，我不知道该怎么办。我停了下来，在原地做了点伸展运动，但发现一点帮助也没有；当时我感觉好多了，但只要一开始走路，就又回到了之前的样子，甚至更糟。

我不清楚这疼痛是怎么来的。我知道自己在比赛的后半段容易把身体向前倾；我不知道是从什么时候开始的，但是有人这么告诉我，还有照片为证。最有可能是在我努力迫使自己向前，一心要和时间赛跑，赶紧结束比赛的时候。我成绩最好的马拉松，2006 年的新奥尔良赛，那名在临近终点超过我的竞走选手在赛后遇见我时，批评了我的姿势。“你当时身体前倾得太厉害了。”他说。我对这位刚刚轻松打败我的男人，回以一个友好的微笑。

而如今我所经历的疼痛是前所未有的。腰背酸痛一直是困扰很多人的问题，但我的腰背部从来没给我添任何的麻烦，不过显然不是在赛场上。在过去的训练和比赛中，我显然都没注意到自己身体在前倾；如果我知道，就会立马停下来——接着很可能又会毫无意识地前倾。

那只不过是一点点前倾罢了。这次则非常明显，并且还向左面倾倒了。

我真他娘不知道该怎么办。我一边继续走，一边尽一切所能想让自己好过些。我把两只手放在腰背处，用力按压疼痛的地方，这么做有一点点效果，但让我的速度降到和蜗牛一般。一圈过半的地方有个公园长凳，只有一张，我之前曾二十五次经过它，却不曾想到要在上面休息；但这次我躺了下来，蜷起膝盖直了直后背，最终这个姿势让我得到了真正的放松。我就这么躺了几分钟，当我再次起身继续行走时，感到好多了。

但是这样的感觉并没持续太久。几分钟后，疼痛又汹涌回潮了。

我把这一圈完成后去了医务帐篷，发现要排队等上十五分钟左右才能轮到给我按摩。我不知道坐在那里等的意义何在，我也不清楚按摩是否有用。我走进竞走赛手专用的帐篷里，找了把椅子坐了下来。一坐下来，疼痛立马消失了，不过也没能维持几分钟。我在戴夫的鞋子中间找了块空地，让自己在地上躺了下来，让脊柱伸直，就像在长凳上那样。

再走一圈我就能创造 67.04 英里的新纪录了。

于是我起来，强迫自己再去赛道上走一圈。还没来得及走到长凳那里，我就停了两三次让自己躺下来放松。只要在路面上找到一块不会让其他赛手踩到我的几平方英尺的地方就行。有那么一两次人们注意到我，询问我是否还好，我真不知道该怎么回答这样的问题。我感觉很不好，但如果那么说了就等于在请求别人的帮助，如今叫别人怎么帮我呢？

这圈结束后，我又走进竞走赛手专用的帐篷，在地上躺了会儿。布鲁斯给了我一杯咖啡，我感激地一饮而尽，然后开始了又一圈的征程，这圈结束后我就完成了六十九英里。这比我的年龄还多了一点，因为我还有三个礼拜才六十九岁。

在这个 2.4 英里中，我间歇性地停下来躺会儿，接着站起来继续，我不知道走完等同于自己年龄的路程，这点是不是真的那么重要。如果一位上了年纪的高尔夫球手能打出和自己年龄一样长的一杆，那确实意义重大，而且随着时间的增长这种可能性也在增加——六十岁以下不可能，七十以后有点可能，如果还挥得动球杆的话，那么最有可能是发生在八十几岁的时候。

而作为一名赛跑手或者竞走者，情况则正好相反。时间把这条线越抬越高，而年龄则让人越来越难跨过一道坎。走和自己年龄相同的距离——在二十岁的时候不成问题，到了四十岁也可以办到——但是会越来越难。

再过一年，我告诉自己，我就会更老一岁，就意味着要多走一英里。所以我最好还是现在就完成它。

当我完成第二十八圈的时候，大概是凌晨四点。这三圈花费了我大量的时间，因为我已经无法用正常的速度前进了。如今我已经超过韦克菲尔德的纪录一圈之多，也走完了与自己的年龄等同的距离，如今再走一圈的话，我就能完成七十英里的目标了，我坐在帐篷里告诉布鲁斯我多么想要这么数字。

他提醒我，要达到七十英里，我都不用走完一整圈。我已经走了 69.46 英里，我离七十英里只有半英里多一点点的距离了，如果我没办法完成整一圈的话，那么，我完全不需要那么做，况且比赛还剩四个小时呢。我能找个地方躺会儿，然后过几个小时再返回赛场。欧利在不久前就离开了赛道去睡觉了，戴夫现在也躺着。我也可以这么做，也许我的背还能变好一点，即便没变好，那么几个小时的休息也许能让我走完最后的一圈。

“如果你想等到七点，”他补充道，“那么就压根不用再走一圈，那时选手们都会开始跑小圈子了，一圈是八分之一英里，你可以在上面来回走满七十英里为止。”

这听起来是个好主意。我没有一瘸一拐地走到有简易床的小房子里；连走到那里都显得挑战十足。而且，我担心自己一旦躺到床上，我将永远不会及时赶回赛场。于是我到了自己的车里，坐在方向盘后面。这个听起来一点也不舒服，但我找到了一个适合的姿势让腰背不再疼了，在那时，这就是我对舒适的需求。

六点刚过我就醒了过来。不知什么时候又下起了雨，不过当我起身的时候，已经逐渐变小成雾蒙蒙的毛毛雨。我向布鲁斯所在的帐篷走去，还没走上十步，我就意识到睡上一觉后奇迹并没有发生。我的背一点好转的迹象都没有，走起路来一点也不轻松。

我拿了杯咖啡和一些吃的坐了下来，布鲁斯告诉我最新的战况。戴夫·多伯特和欧利·南耶斯都已回到了赛场上，戴夫只稍稍躺了一会儿，而欧利休息得更久。有三名当地的赛手，一名男选手和两名女选手，退出了比赛，他们的成绩从二十五英里到五十六英里不等。马歇尔在完成二十九圈后就再也没回到赛场上来。

有一名叫巴布·克瑙的当地竞走选手，比我小一岁左右，还坚持在赛场上。她每年都会参加 FANS 比赛，速度向来不快，但她从不停下来。我曾好几次从她身边经过，但她如今还在这里，就像只不知疲倦的劲量兔子[1]一样，当我累得只能坐下的时候，她还在那里一圈圈坚持着。

七点的时候我走到了起点 / 终点处。大部分人是在完成最后的一整圈后才到这儿来跑小圈子；比如说一名赛跑选手在七点四十分跑完了一整圈赛道，发现还有二十分钟，不足以再跑上一整圈，于是他就会去小圈子赛道上来回跑，直到比赛结束。只有少数的人才像我这样，就等着最后一小时跑小圈子，随着时间的推移，越来越多的人加入到我们的队伍中来。

这个小圈子从起点 / 终点处开始，在往前八分之一英里处掉头回来。如果我能将这样傻瓜差事往返三趟总里程数将会增加四分之三英里，这样我就超过了七十英里。

但没想到这还很难。我尽自己所能地快走，不是为了赶时间，而是我想快点结束比赛。疼痛依旧。这就是整件令人不快的事情经过：赛后我才得知他们是每八分之一英里一数，所以我最后的半圈完全不用走，我只需要走两个半来回就行了。最后我的里程数是 70.09 英里，我本可以省掉这讨厌的二百一十码的。

不过当最后一小时慢慢流逝时，你很难安心坐在赛道边上。我不知道自己什么时候完成了第三个小圈子，但四分之三英里怎么也不会花上二十分钟吧。于是我还有四十分钟可以观看其他的赛手在最后一秒前是怎样跑完每一小点距离的。

我很了解欧利，几个小时的修整让他现在精力充沛，他一定能坚持到最终的哨声响起。看着他我感到很懊恼，不是因为他很可能会超过我——他已经完成了 66.11 英里——而是我觉得自己应该跟他一样，迫使自己坚持到最后。我不会这么做，是因为我很清楚地意

1 Energizer Bunny，著名电池商标“劲量”在北美市场的营销吉祥物。

识到自己的比赛已经结束，但这并不意味着我必须得喜欢这个结局。

在颁奖典礼上，戴夫·多伯特赢得了竞走组别的第一名，最终完成 80.76 英里。（这么算来，一双鞋差不多穿十英里多一点的距离。）巴布·克瑙获得了第二名，总里程数是 75.42 英里，马歇尔二十九圈的距离让他成为第三名。我是第四名，欧利第五，还有另外三名也坚持到了最后。

我们五个人获得了乌利·卡姆奖，布鲁斯向我们保证说会把奖牌邮寄给我们的。每位参赛者都能在登记处领取一个木制奖章，上面还有个古铜色的浮雕图案；我的名字和里程数的铜质标签会及时地邮寄给我们。

是啊，对的，我想着。一年半前的休斯敦比赛中，他们也是这么说的，而我不还在等第一块乌利·卡姆奖牌上的名牌吗？

我跳进车里，开回了宾馆，洗了个澡，然后爬到床上。我的背不痛了，至少是现在，躺着的时候，总之我感觉棒极了。我超过了之前的纪录有四英里之多，我还走了比自己年龄大一岁的路程，而我要到明年 FANS 赛后的几星期才到达那个岁数呢，我完成了赛前定的大部分目标。

我没有完成七十五英里，更别说三倍的马拉松距离，也就是八十英里了。但是如果我的背部不那么痛的话，我是极有可能完成的。至于走满二十四小时这个目标，我只少了几个小时——但这次我没有被疲劳和不坚定的意志所打败。我的内心时刻准备，而且乐意从比赛的第一分钟走到最近一分钟。只是我的身体不争气，特别是我的后背，但我无法更多地去指责它，不然奥兹·派尔曼会因为膝盖而把自己痛扁一顿的。

除了背部的意外，我身体的其他部分感觉很好。我的水疱得到了很好的急救，其中一个似乎已经在收干并且在自我修复了。我把另一个刺破，把液体放出来，看上去也不像会感染的样子。我的脚也许不是百分百能胜任这么长的距离，但至少也不赖，我想它们应该能应付三周后的安克雷奇马拉松。

我的背就另当别论了。我不知道它会这么样。

第二天早上天气很好。

我起床收拾东西，吃了早饭，接着开车去了机场。在机场大厅里我不用竞走，我只需要用平常的步子和方式走路就行，这时我的背一点也不刺痛。感觉一点问题也没有。

回到纽约后我休息了几天，接着渐渐恢复了轻度的训练。我的脚也恢复得不错，正如我料想的那样；更重要的是，我的背一点事儿也没有。可就在诺科米斯湖，它简直要把我折磨成残废了一样，每跨出一步都显得是个噩梦。而如今它就像从来没发过病一样。

这让我完全想不通，到现在也还是无法理解。自那之后我训练了数英里路，这种疼痛再也没回来过。我不是在抱怨，相信我。我非常高兴自己不用再忍受这样的痛楚了。但当时的疼痛又是怎么回事呢？它到底是从哪儿来的呢？

直到我花了十八个小时走了六十多英里路，它才开始发作。我从来没遇到过这么剧烈的背痛，一旦发作就让人寸步难行。我只能假设自己在腰背处太用力了，毫无意识且不由自主地给那里的什么东西施加了压力。如果我能知道自己当时做了什么，下次就能努力试着避免。

但最终疼痛消失了，不管它来自哪里，这都是件令人欣喜的事情。我走了七十多英里，并一直坚持在赛道上直到伤痛迫使我离开，最后我又回到了赛道，迫使自己走完了最后的四分之三英里。

两个月后我将第三次去韦克菲尔德。那里没有小圈子赛道，只有走完一整圈才能被记入成绩。2005 年我走了二十圈，一年后我在热浪中完成了二十一圈。那时我已经六十九岁了，走上二十二圈才能和我的年龄匹配，再多走一圈就又是一个新的纪录。之后的每一圈都将成为意义重大的里程碑：二十四圈——75.84 英里。二十五圈——七十九英里整，三倍的马拉松距离。二十六圈——82.16 英里。

不过，在此之前，我得先飞到阿拉斯加，在我的马拉松清单上添上一个新的州。

25

我得小便。

嗯，这是唯一能够预料到的。我走了几英里后，就去了马拉松赛场的集结点，也就是移动厕所那里排队，是时候回应大自然的召唤了。如果是在城市拥挤的街道中，这么做会有点尴尬，但要是在乡下就没什么大不了的。如今我们在安克雷奇的郊区，绕着一块绿地周围的沥青小路比赛，这块绿地简直就能算作是块荒地。从赛道走下两步去小便，唯一的目击者只是小鸟和兔子罢了。

还有驼鹿和熊——这才是问题所在，因为走上几步就离赛道太远了，反而会离森林很近，没人想成为泰迪熊聚餐的不速之客。

上一年阿森斯的比赛——在俄亥俄州，还记得吧，不是在希腊——我们也在类似的绿地赛道上比赛，但赛事的知名度比较小，因此隐私也不是个问题。参赛的选手极少，都在我的眼皮底下。跑得慢的选手都在苦于应付比赛，无暇关注一位浇花的老头。

但安克雷奇赛不是这样的。

多年来，午夜太阳马拉松赛一直吸引着美国最慢的赛跑手来参赛，他们中的一些甚至都不能称作为赛跑手。差不多有六百个男选手和八百个女选手完成了比赛，很大一部分都来自“训练中的队伍”，这是一个为抗争白血病和淋巴瘤而集资的组织，我不得不说这个组织的目的非常值得称赞，但首字母缩写实在太可怕了。[1]这个组织的所有参赛者都穿了紫色的T恤，在起跑线附近的集结点是一片紫色的汪洋。每个州都有参赛者，除了西弗吉尼亚。我不知道西弗吉尼亚怎么了。

对于很多紫衫人，这是首次马拉松赛，于是赛事组织方将比赛结束的时间放宽到八个半小时，用这种方式对首次参赛的人进行鼓励。完成一场马拉松绝非易事，但如果给你八个半小时，它就不那么可怕了。当然，你可以全力以赴，只是你不需要。你可以放松下来。你可以放慢脚步。你可以休闲地灌溉花朵，甚至可以去闻闻他们。

紫衫人中不乏很多赏花之人。有些人脖子上还带了双筒望远镜，好让自己看花看得更清楚——或者，如果他们够幸运的话（或者说不幸，这得看结局怎样）还能看到驼鹿和熊。大部分人带了相机，时不时停下来把秀美的景色拍下来，或者，不那么秀美地，互相拍照。很多紫衫勇士一点也不赶时间，这又有什么问题呢？他们带着响亮的名号来比赛，等事情结束，他们还完成了一场马拉松赛。

我走下赛道，背对后面慢悠悠的人流，茫然地凝视着远处。一位穿着紫色T恤的欢乐少女停下比赛的脚步，站到了我的身旁，想要找出是什么吸引了我的注意力。

“嗨，”她说，“你在看什么奇妙的东西？”

你能想象我构思和弃用了好几个答复。但恐怕最终我的答复，

1 组织的英文全名是Team In Training，首字母缩写是TNT，也是一种烈性炸药的名称。

坚决地，是“走开”。于是她这么做了。一小会儿后，我也离开了。

当我报名参加安克雷奇的比赛时，我完全不知道自己会遇到这种情况。它在FANS赛后三周开赛，我完全无法预估这场比赛会消耗我多少体力，我也不知道三周后自己的状态如何。但我认为值得一试。不管怎样我都得去次安克雷奇，琳恩和我会在那里开始巡游白令海的旅程，而且，在密西西比马拉松后一位赛手就指出，只要我还在比赛，那就应该去试一试。如果发现状态无法参赛，损失的只是一点参赛费罢了，或许还要加上换航班产生的费用。（如果我不打算参赛，那提前十天到那里真的完全没有必要。）

最终，我恢复得很快，到达安克雷奇的时候我的比赛状态棒极了。那是6月底，半夜能看到太阳一点也不夸张[1]，但我还是很好奇主办方怎么会给比赛取这个名字。提到午夜太阳马拉松，总会让人觉得比赛是在半夜开始的。但实际上我们是按惯例早上开赛的，最慢的紫衫军团也还能在赛后吃上八小时的披萨才到午夜。

比赛组织得很好。他们租了校车把我们从旅馆送到起点处，接着在终点处等我们，把我们载回旅馆。

我走得不慌不忙。既没有停下来拍照片，也没有试图打破自己的纪录。三个礼拜前我才在明尼苏达州创造了七十英里的纪录，我把这次比赛看成是一次恢复性训练。我步伐悠闲，呼吸着清新的空气，欣赏着优美的环境。训练和比赛的时候我都不戴眼镜，因此只能对景色进行有限的观赏。我看到的东西都很模糊，但也不影响我观赏的心情；不戴眼镜看周边的风景，就好比戴着眼镜看莫奈的画，能差到什么地方去呢？

1　安克雷奇纬度较高，夏季日照时间很长。

有赛手说看到了驼鹿和熊。而我看到了一只鹰，栖息在枯枝上仰望苍穹，如果不是有人大叫一声并指着它，我都没注意到。

我的成绩是 6 小时 22 分 06 秒。我走完了这二十六英里多一点的距离，小伤小痛在比赛中来了又走了，总的来说，比赛还算轻松，赛后状态也很不错。在之前连续的亨廷顿海滩和新奥尔良马拉松中，我吃尽了脚趾痛的苦头，但这次却没发作；不过明尼苏达赛我也逃过一劫，看来我对鞋袜进行的调整是有效果的。我一直担心的腰背也没痛。

我坐车回旅馆，在热水下冲了会儿，几个小时后我走到市中心去吃三文鱼。

第二天早上我起床，打开电脑，查收了邮件，做了一个深呼吸，接着开始写作。

更确切地说，我开始写这本书。

一直以来我都在不停地思考要不要写这么一本书，来讲述我在竞走方面所做的努力。唯一的顾虑是，除了家人和挚友外，没人会有兴趣读这本书。况且我似乎不能先写这本，因为我还有另外一本签了合同要完成的书，一本我已经晚交的书。一本要不是我频繁参加比赛就有可能按时完成的书……

这本书就是《杀手亡命》，我在结束马拉松赛后待在新奥尔良把它写完了。当我把它交上去后，我发现自己迫切地想写另外一本书，早在 4 月份我就为这本书写了个开头，实际上灵感来自于我在留言板上写的新奥尔良比赛的感想。我写了一点点，不是很多；随着 FANS 赛前训练的开始，我把写作丢在了一边。而如今，我要在一个人都不认识的城市里只身待上一个星期。我不打算训练，因为我的脚这会儿需要休息，而不是再多走几英里路。

FANS 比赛的成绩让我觉得做一名竞走赛手很快乐，现在我用从容的步伐完成了安克雷奇赛，这种感觉一点也没变。所以我带了电脑，周日早上开始工作。

这不是我第一次尝试写回忆录了。早在二十世纪九十年代中期，我就去了伊利诺伊州，在芝加哥北部的莱克福里斯特里有个叫雷格岱的“作家部落”，我想给伯尼 · 罗登巴尔的难题做个最终的了断，《图书馆里的贼》。我在那里弄了一个星期，发现自己还没想好，于是我把这本书放在一边，开始写些另外的东西——为《作废的捷克人》第一版精装本写序，还写了两个小故事，后来成了《杀手》里的情节。这次的停留非常多产，因为我在预定来这里时心里已经有了些构思，而离打包回家还有十天的时间，于是某天早晨我起床坐到电脑前开始打字，真该死。我发现自己停不下来了。

我胡乱写了点自己刚开始写作时的事情。早在大学的时候我就开始写东西，写了大量匿名的垃圾以外，还第一次尝试了犯罪小说。关于写作我也有很多文章，从 1977 年到 1990 年我每个月都要在《作家文摘》里写篇专栏，我参考了一些自己先前的经验，还引用了一些书籍的内容。但是我从来没有讲过自己的故事，也不想讲，事实上我会故意不理会那些想要挖掘我先前生活的采访。

去雷格岱前的几个月里，我意识到自己也许某天会乐意写点过去的故事。只是，当时时机不对。我还没做好准备。

嗯，现在看来时候到了。因为第一天我就粗制滥造地写了六千个字。我无法让自己离开电脑。还差点错过了晚餐的时间，对于一个向来都定时定餐的我来说，这真是罕见。

第二天差不多也是这样，第三天也是。八天里我写了五万多字。

这是一次特别的经历。我写了些几十年来都不曾想起过的小事情，还没把记忆中的这件事叙述完，另一扇门会自动弹开，让我想起全然忘记的另一件事。

对于这种现象我之前也提到过。许多作家都把它归结为书本的自我书写，但这不是事实；不然，一天结束后我不会觉得那么累。但是不管累不累，这本书我都会写得很快，我不知道这些文字会不会因为出来得太快而感到痛苦。那些我自己最喜欢的作品，往往也是广受欢迎的那几本，通常酝酿的时间都非常短，而且很快就问世了。

这次的经历完全不同。我发现自己白天写，晚饭后继续写，因为我无法离开电脑半步。一段记忆会引发出另一段回忆，我无法将这个程序关闭。

八天里我写了五万多字。（如果你对字数没概念的话，那么你在看的这本书，你正看到的这个地方，已经超过了十万字。在过去连续四个多产的星期里，我的日产量在一千字和一千两百字之间。）

当我从雷格岱飞回家时，我感觉自己已经写完了整本书的百分之四十到五十。但这并不意味着我快完成一半了，我写得相当粗糙，还需要更多的修改工作。实话说，这比我之前写的任何初稿都要粗糙，因为我没时间润色。我正忙着把这些该死的东西都写下来。

但当我的经纪人和出版商在协商一个包括四本书的合同时，我已经能交出一份像样的稿子。它绝对不是最关键的一本，只能算作大概框架，需要再往里填补很多东西，但合同里是这么写明了，还标注出了这部分的预付金。

不过一年后，当我不得不把版权买回来时，这事就变得简单多了。

因为，说来也奇怪，后来这本书我一个字也没写。回纽约后的那个月，我一个字也没写，其他书也没写。我太累了，能正常起床后，我就在客厅的沙发上放松，直到晚上要睡觉的时候。琳恩打扫房间的时候会时不时地停下来掸掸我。

我知道自己在费尽努力后需要休整，但这次停工的时间超出了我的预期。之前我密集地写作，实际上我也比较喜欢这样的工作方式，我去“作家部落”就是因为那儿能让我更专心地写作。这次很不一样，当我意识到的时候——经过几周的休整，我的脑子终于能想点东西了——我意识到这次的能量缺失不但是身体和精神上的，还有情绪上的。也许你会说这是一种叫“回归自我”的精神疗法，但与此同时，我所能做的只是咀嚼食物罢了。

当我打算重新开始写作时，我把回忆录搁在了一边，继续着手写小说。接下来的好几年里，我连瞧都没去瞧一眼那些在雷格岱倾泻出来的章节。我的出版商也没再提及这个话题，他们为什么要提呢？有那么多本封面上写着“畅销书”字样的书等着要出，我的书可没列入其中。如果我能把它写完的话，他们倒也愿意出版，但如果我没能写完，那也不是什么触及他们底线的事情。于是我们又重新拟了一份合同，定了新协议下的预付金，于是这本书将不再是我内疚的源头了。这绝对是我开始了却没写完的唯一一本书，也许哪天我会再接着写，也许再也不会去碰它，谁在乎呢？

如今我在安克雷奇，有个自己创造的“作家部落”，写着另外一部回忆录，既无法保证自己能否写完，也无法保证读者是否有兴趣阅读。

但又怎么样呢？我写得很快乐。

每天早上起来后，我都以固定的速度开始写作——我们超级竞走者会把它称为巡航速率——直到午饭时间。我走上一英里到一家海鲜餐馆，我每天会在那里吃一到两顿三文鱼。（有时我会把其中一顿变成比目鱼或者帝王蟹。但没什么能比三文鱼带来更大的满足感。）吃完我走回旅馆再写一会儿，看会儿书，接着再出去吃三文鱼晚餐，回去后继续看书直到睡觉。

回忆录让我感到吃惊。我从没想过要写自己的童年和青春期。之前我一直试图让这种自我为中心的叙述做到尽量客观；我拿厄斯金·考德威尔写《经验》（*Call It Experience*）为范例，在书中他声称只写自己作为一名作家的生活。他的私人生活，他又声称，与别人无关。我觉得自己也是这么想的，于是我坐下来开始写了——我不是要写点无关紧要的东西来糊弄读者，我只是不太喜欢这种形式的揭露。我选择做个小说家是不无道理的。我非常愿意告诉你我虚构的人物的每一个细节，但如果想知道我本人的情况，那么，没门儿。

这些年来我改变了不少。年龄，我想，和这个有很大的关系。我觉得在如今这个年龄写回忆录似乎更恰当。这个时候写，也许会少一点自以为是，或者说能更成熟一点点。（不过这是在美国文化进入“残酷过往”（Age of Relentless Reminiscence）时代之前，如今的毕业生想要获得艺术硕士学位，必须写下一段回忆录才行，其中有些事居然还是真的。）

如果说玩回忆录这种玩意儿，我现在已经有点太老的话，那么我没有更多的时间可以等了。要是我真打算这么办，那么我最好趁现在还记得的时候就写。我的成绩，尤其是短距比赛中的成绩，证明我已经慢了下来，至少在路面上是这样。如果说这点在键盘上体现得还够不明显的话，嗯，那也是迟早的事，尽管我不乐意接受。所以如果我打算和世界分享我的记忆，那么时候到了。

我在雷格岱的表现没有预想的那么疯狂。每天的产量是三到四千个字，这都得益于清新的空气以及三文鱼，我每天的训练仅限于旅馆和餐厅之间的两个来回，几次长距离的训练是朝另一方向去趟超市。有那么几次我穿上训练服，到附近的公园里走上一个小时，但除此之外的步行都是为了要从一个地方去到另一个地方。

确实，我没有进行高强度的训练，但写作的时候我倒一直想着比赛——我的笔记本加上旅馆的无线网络，让我很容易就把下个月的比赛安排好了。韦克菲尔德是我之前就报了名的，如今 FANS 赛带来的兴奋让我把下半年的计划全都做好了。

秋天会有更多的二十四小时赛，其中有一场在威斯康星州的四百米跑道上，还有一场在北卡罗来纳州的环湖赛道上。接着是在得克萨斯的二十四小时赛，今年设在了格雷普韦恩。这场比赛有竞走组，同时还有判定百夫长的裁判在场，马歇尔·金就是在那儿获得了百夫长称号，我很确定自己要去试一试。

我完全可以在 11 月中旬的得克萨斯赛前参加威斯康星或北卡罗来纳的比赛——我甚至还假想着自己把这三场比赛都完成了——不过热情还没让我冲昏头脑，我最终安排了一个不那么急功近利的计划。我们的巡航旅程在 7 月中旬结束，韦克菲尔德赛在 7 月的最后一个周末，接下来休息五星期后去参加阿布奎基马拉松赛。我在阿布奎基有个侄女，我小妹妹贝琪的女儿，我已经很多年没见到她了。我还有机会见见我一位同母异父的兄弟。况且我一直喜欢新墨西哥州的北部，比赛的介绍非常诱人——一块小小的田野，一条舒适的赛道，外加能让我收藏的马拉松比赛中又多了一个新的州。

所以我在劳动节那个周末报名参加了阿布奎基的比赛。离得克萨斯州的比赛还有六到七周的时间，我得给自己设定个目标。我希望自己能在韦克菲尔德完成七十英里，同时梦想着能有八十英里；如果一切都进展顺利，我就能给得克萨斯赛设定一个更高的目标了。

同时，我又一次获得了纽约马拉松的参赛资格。十英里的热巧克力赛是我 2006 年第十场纽约公路赛跑者协会的比赛，比确保参赛要求的场数多出了一场。但我早就决定放弃了。我第一次参赛和第二次之间隔了二十五年，我想第三次还能再等上几年。

我在安克雷奇写着自己以前的比赛，同时计划着未来的赛事，我收到一封表亲迈卡·内森的邮件，他的父亲是我的表哥大卫。（这就意味着迈卡是比我小了一辈的表亲戚，或者就说是远房亲戚，这得看是谁在我祖父母的餐桌上滔滔不绝了。这个话题每过几年就会被拿出来讨论一番，那时迈卡还没出生呢，每次的讨论都异常激烈，并且双方各持己见。我确信迈卡应该算作比我小一辈的表亲，他生下来的孩子则是比我小两辈的表亲；而另一方面，我的女儿们应该算作迈卡的远房亲戚，我的孙女们……噢，别去管了。）

迈卡住在波士顿，不在写小说或者剧本时，他是一名私人健身教练。我把自己在 FANS 比赛中的表现告诉了他，他写邮件祝贺了我，他还说我的表现违反了自然规律。“你参加了四场这种全天的赛事，”他指出，“每一次你的年纪都更大，但你的成绩却在进步。我不确信自己要不要告诉你，这可不是一种正常现象。”

琳恩在周日飞来过来，她一到这里我就带她去吃三文鱼晚宴。第二天我们和史蒂夫·施韦尔纳以及他夫人南希碰面，他们是我俩的朋友，同时也是惯例的旅行伙伴，第三天我们的游轮“海神精神”号正式启航，开始了在阿留申群岛和俄罗斯远东地区为期两周的巡航。其间我写了点东西，但完全没有训练。船上有个小型健身房，里面有几台跑步机，只是船开的时候不太能在上面跑，而当船靠岸时，我们又要下去玩了。

我们在 7 月中旬到了家，离我第三次去奎安纳波威特湖还有两个星期的时间。我忘记自己做了什么样的训练——因为那两周我的日历是空白的——但是我可以肯定自己没练得很勤快，也没走得太远。

对付这样的长距离比赛，两个星期的训练已经没多大意义了。传统观点来看，离比赛这么近，你做的任何事情都帮不上任何帮，只会带来受伤的危险。这段时间里不管是赛跑手还是竞走者，都应该逐渐减少训练，缩短距离，并且要将步子放轻松。

从某种意义上来说，我从FANS赛后就已经在减少训练了。安克雷奇赛之前的几个星期里，我也没怎么训练过，赛后更是少之又少。FANS和韦克菲尔德隔了八周，除了这场26.2英里的马拉松，我几乎没怎么走过。

好吧，现在也于事无补了。我就到赛场上尽力而为吧。

26

好消息是，今年的韦克菲尔德不再那么酷热难当。坏消息是有可能会下雨。

星期四我们开车出发，当晚在那里和拉里、利维一起吃了晚饭，他们是我童年时的朋友，也是我童子军露营时的伙伴。我们约了迈卡·内森和他妻子瑞秋在星期六吃晚饭，这样迈卡就能亲自看到我完成第五个二十四小时赛，并且为我再次打破个人纪录而震惊。

回到韦克菲尔德的感觉真好，我在领取T恤和参赛号时看到了一些熟悉的面孔。贝丝和安迪都在，还有另外一些熟悉的面孔和名字。

一小时一圈，我和贝丝互相勉励。我们只要能做到一小时走完3.16英里长的一圈，那么就能完成七十五英里，同时打破各自保持的纪录。秘诀就是留在赛场上。秘诀就是不停地前进。

我一开始的状态很好，不太快也不太慢。我想一开始肯定哪个地方会隐隐作痛，因为每次都是这样，但我现在记不清了。我一直走着，喝大量的水——韦克菲尔德很湿润，而且一贯如此，不管是天热还是天冷，不管是晴天还是雨天。赛道也让人熟悉，我甚至开始喜欢那一小段刚过起点的下坡小道。每次走到那里，就意味着我又走完了三英里多一点，离我的目标则更近了一点。

前五圈我用了四小时。

说明我的步速比较正常，我应该能一直保持住这样的速度。如果我能坚持在赛场上，那么按这个速度我就能完成三十圈，也就是九十英里——但我知道这是不可能的。随着时间推移，速度的减缓和频繁的休息是不可避免的。

但如果我能在比赛的前半段保持住这个速度，如果接下来的每四小时我都能走完五圈，那么比赛还剩十二小时的时候我已经完成了四十七英里了。接下来的比赛我只要每英里平均用时二十分钟就行，这简直就等于在散步，或者按照之前和贝丝讨论出来的一小时一圈的方案。前半场比赛十五圈，后半场比赛十二圈，加起来等于多少？二十七圈，85.4 英里。

这可能吗？我觉得不太现实，特别是我近期对训练的偷工减料。不管怎样，这在算术上是可行的。至于能不能办到，也正是我拭目以待的。

与此同时，夜幕降临了。韦克菲尔德的湿度很大，我身上结了一层盐膜，于是每到补给站我都会拿两杯水，一杯用来喝，另一杯浇在头上。晚上十一点时我已经完成了五圈，四小时后也就是凌晨三点我走完了十圈。我完成了一个马拉松，总距离达到了五十公里，而且我还剩下十六个小时。

我的脚底心开始发烫。

如果我一感到发热就立马回房间，或者能及时在脚底缠上绷带的话——那么，或许就能转危为安，但或许也于事无补，结果我将永远无法预料。因为当时我仍旧坚持在赛场上，当我两只脚上都无可避免地长起水疱时，我还在继续走，希望自己能把这该死的东西压扁，让它们投降。也许走得越多，我的脚就会越强韧，说不定水疱里的液体会被奇迹般地吸收回去，甚至水疱能自动变成老茧也说不定。

不太可能。

我想我是在黎明之前回到了房间，然后脱下了鞋袜。琳恩在睡觉。我弄破水疱，把里面的液体挤了出来，接着去冲澡，把身上结了块的汗渍洗掉，最后尽可能地把脚包扎好。

我穿上干净的袜子和鞋子后出门，迫使自己再多走几圈，每一圈都比上一圈慢，但是脚却更痛。如果我能保持比赛前八小时的速度，那就能在早上七点走完第十五圈。但事实上我完成第十五圈的时候已经是早上九点半了，共计 47.4 英里。天阴阴的，下起了小雨。我不想走了。

我回到房间，倒在了床上。也许闭上眼睛休息一个小时左右能让我恢复过来，也许这点时间还能让脚的状况好转一些。

结果我睡了好几个小时，醒来时外面雨下得很大。但我的脚并没有奇迹般地恢复，外面的毛毛雨已经变成了倾盆大雨，把我要重回赛场的念头也浇灭了。

下午两点的时候，我下楼去看看大伙儿都怎么样了。雨变小了，我还想着找时间再走几圈，但刚从旅馆出来走了五十码，我就打消了这个想法。我的脚绝对应付不了比赛。

不过我还是穿过停车场到了记分员的帐篷里，发现他们正在打包撤退。我知道暴雨变成了雷电交加的暴风雨，但我不知道赛事的组织者们担心闪电而被迫缩短了比赛，并在中午的时候开始清理了赛道。(最后离场的赛手跑完他的最后一圈是在一点零二分。)

没人完成一百英里，不过第一名也离得不远，十七个半小时他跑了 97.96 英里。贝丝和安迪在走完第二十圈后也被迫停了下来；他们的状态足以拿下八十英里，但不得不在 63.2 英里的地方停下来。所有的事情都太戏剧性了，但当我得知时，比赛早已结束，大家都回家了。其中一个留下来收尾的志愿者递给我一盒能量胶，里面有七十二包。我把它放进卡车里，然后回到了楼上。

尽管我的心情没有预想的那么沾沾自喜，但和迈卡、瑞秋吃饭时我依旧很开心，第二天早上我们开车回了家，告诉大家我有多幸运。假设我当时仍在前行，坚持和水疱带来的痛苦作抗争，逼迫自己继续比赛，但却因为主办方要终止比赛而不得不离开赛场。这不叫人抓狂吗?

或者说要是一开始我压根就没有水疱的困扰。到中午时分，我应该也和贝丝、安迪一样，能完成二十圈。也就是六十英里，还剩七个小时——天哪，要是有人那时候把我从场上拉下来，我一定会大发脾气的。甚至想杀人。

天气给整场赛事宣判了一个不够体面的结局，而对于我的情况来说，两件坏事最终变成了件好事；准备不够充分使得我提早离开了赛场，让我免受被雨淋透以及被迫退出之罪。

可为什么我没觉得幸运呢?

27

我打消了一切想要参加北卡罗来纳二十四小时赛的念头。我甚至没去看一眼纽约公路赛跑者协会的短程比赛。2007年剩下的日子里，我只有两场比赛——阿布奎基的劳动节马拉松，这个我已经报好名了，还有得克萨斯的二十四小时赛。

这场超级赛事中包括了很多的比赛，都在同一个周末的同一条赛道上举行。包括有六、十二、二十四和四十八小时赛，另外还有半程马拉松赛。在6月份的某段时间里，我受了安迪·凯布尔参加六日赛事的影响，曾认真考虑过要参加四十八小时赛，如果说韦克菲尔德我没能取得任何成就的话，那也至少抑制住了我这股疯狂的劲儿。

我花了点时间让水疱愈合，接着就出去沿着哈德逊河训练了，不过仅仅在开始的几天里。我找到了得克萨斯超级赛事的网站，报名参加了竞走组别的二十四小时赛。我一直在逃避一件事，就是，订去阿布奎基的机票，到了比赛那天，我发现自己并不想去参赛。尽管这是在我马拉松列表中添加新墨西哥州的绝好机会，尽管我能见见我的侄女詹妮弗，以及还未见面的侄女婿和双胞胎女儿。

但我不想上飞机，我不想在没训练好的情况下参加马拉松，已经上缴的参赛费似乎不足以成为参赛的动力。

改天吧，我想。接着在8月的最后几天里，我开始认真地为得克萨斯赛做起了训练。

8月的最后一个星期我一共走了五十英里。我还记得这些是因为我把每天走的距离都写在了日历上。周日六英里，周一四英里，周二走得很远，有十六英里，周三四英里，周四十二英里，周五和周六都是四英里。（这些距离都是估算的数字，我一般是算好时间，然后乘以每英里十五分钟的平均步速。）

大多数人写到竞走、赛跑，或者任何体育训练，都会强调训练记录的重要性。记录可以是简单的时间或者距离——或者，更常见的是，时间和距离——也可以是精心制作的日记，比如时间、天气、路线，而且，我猜，还会写上沿途看见的动植物。所有的这些数据大概只会对当初写下这些的人有用，而不会对没出生的下一代很重要。

好吧，也许会，但我更倾向于记录下自己的步数。我干吗非要知道，未来的某天一开始有可能会下雨，但走了三英里后太阳冲破了云层，当我以平均每英里 14 分 21 秒的速度前行时，突然看见了一只红喉蜂鸟？

不过，我觉得记录训练足迹还是很有用的，即便是极简主义风格，仅仅记录了训练时间。如果要参加比赛，那么我最好每周都要增加一定的里程数，到开赛的前几周再开始逐渐减少。训练记录会让这有迹可循。

但我注意到这么做还有另外一个作用，就是一旦我发现自己多走了一英里，那只要简简单单在记录上加一英里就行了。没人会要看那份记录，甚至我自己也不会再看——除非是现在，当然，当我写到这些时。

几年前我认识了一个身兼多职的家伙——图书编辑、滑雪教练，还有其他的我都记不得了。他曾提及自己正试图成为一名持证评估师，一个和他当时的生活没什么关系的职业。“我问了一个朋友这么做是否有意义，”他说，“而他告诉我应该去试一试。我不用花上太多的精力，他指出，很可能这工作本身就很有趣。‘帕特，’他说，‘这个职业很特别，能为你的讣告增色不少呢。’”

当我在为得克萨斯的超级比赛做训练时，我没去留意自己的记录——或者我的讣告，我只关注训练本身。第一个星期我完成了五十英里，并决心将每周的训练总数慢慢递增百分之十。我合理地切换长短训练，我的短程训练通常持续一个小时左右，接着逐渐延长至长距训练。因此第二周我走了五十六英里，接着六十二英里，七十英里，以及七十八英里——这就到了 9 月底了。星期二总是我走得最久的，月底的时候我周二的训练时间从四小时增加到了七小时。有一次周二下雨了，于是我在跑步机上走了五小时。这么做我一点问题也没有，包括那月最后的七小时。

二十八英里。“我走完了一个愚蠢的马拉松。”我对琳恩说。在此之前，我在河边走了七个小时，前四个小时不断地绕着两个码头打转，后三个小时向南走到曼哈顿边上，接着走到另一边再回来。

我感觉还不赖。脚也能坚持住，脚底像预想的那样坚韧。走完七个小时后我感到很累，但不是一点力气也没有；我的腿有点疼，但也不很剧烈。一切都在按计划进行，我要的做的就是坚持下来。

10 月的第一个星期我走了八十四英里，而周二的训练已经增加到了七个半小时。也就是三十英里，那时我就想，要是再多走十五分钟我就能完成五十公里了。

等到下周吧，我这么对自己说。

但到了下一周，我的日常生活给我的训练带来了一点小麻烦，我和人约了吃午饭，于是不得不对训练计划做出一些调整。因此那周我的长距离训练放在了周三，而且只走了六个半小时。不过，仍旧是个马拉松距离，或者说很接近马拉松的距离。接着，那周结束了，我一共走了二十三小时，也就是九十二英里。

九十二英里，离得克萨斯超级的赛事还有五个星期。我可以考虑逐渐减少训练了，每周少走一些路，赛前的一周则完全不训练。这样，当我到得克萨斯的时候，我的状态应该会不错。

八十英里似乎是可以办到的。当然赛场上一定会有意外发生，不管是我们在休斯敦碰到的那种雨、2006 年韦克菲尔德的酷热，还是能让比赛终止的雷电风暴。或者我自身也会出现问题：在亨廷顿海滩赛中突然脚痛，新奥尔良赛中脚痛又卷土重来，以及在明尼苏达赛中让我被迫离场的背部痉挛。

我会时不时地去健身房，试着锻炼自己中枢肌肉的力量，好防止背部的问题。我觉得这次脚趾应该不会再出现问题了，因为我做了一系列实验性手术——不是在我脚上，但愿不致如此，而是在我的鞋上。我把一双旧的新百伦鞋子的前部切掉了一点——这个主意是安迪·凯布尔出的，他在韦克菲尔德就是这么做的，他鞋子的前部被完美地切掉了，我一度认为它们出厂时就是这样的。我穿着这样残缺的鞋子去训练，结果我的脚趾一点也没痛。所以我可以把其中一个问题抛在脑后了，但这也不意味着其他问题不会发作。

管它呢。试着预测那些不可预知的事情毫无意义。如果有些地方注定要出问题，那么就出吧——还有别的比赛可以参加的。接着我就安心了，觉得自己已经为比赛做足了准备。我在赛场上的状态一定会很好。

我只要坚持训练就行了。

这就是我要做的，而且我都不用做这么久。只要四个星期，真的，因为别人都劝我最后一个星期不要训练。于是第四个星期我就开始简单地活络下腿脚，隔天出去走上个一小时左右。

三个星期的正式训练中，我逐渐减少了里程数。我已经完成了九十二英里，因此下一周我可以减少到比如说七十英里，接着降到六十，最后到五十。不要讲究速度，不要给自己压力，就简单地走走。

第一个星期，要走七十英里的那周，最后我休息了三天，那周结束时我才出去走了八个小时，总共三十二英里。

第二个星期变成五个小时，二十英里，不是原计划的六十。

到了第三周，我只在头一天出去走了一个小时。训练结束了。

怎么会这样？

我想不明白。我似乎没决定要故意怠工或者缩短训练。一开始，当我发现自己一天没训练时，我会告诫自己第二天一定要补回来。但久而久之，我就打消了这种想法。就我能回想起来的情况是，我甚至都没怎么去想它。我记录训练里程数的日历挂在了卫生间的钩子上，我每天刷牙、刮胡的时候都能看见它，但要是故意不去理它，也不难办到。

接着，11 月到了，我就能把日历翻过一页。

10 月的最后一周我本来计划着要走五十英里，但最终只走了一个小时。早前我和王家卫合作写过一部电影，他是一名才华横溢的香港导演，《蓝莓之夜》成为了戛纳电影节的开幕影片，但我得在它美国上映之前再写点话外音。我得在 11 月 1 号美国编剧大罢工之前把这事给搞定。不过我每天还剩余足够的时间能去河边走上一两个小时，这样的漫步能活跃思维，进而为写作服务。一天我向南闲逛到温斯坦公司在三角地[1]的办公室，开完会后我又走了回去。我想单程应该有一英里半，所以说那天我走了三英里路，但这不是竞走，所以我没把这个加到日历里去。

11 月的第一个星期，我待在了女儿吉尔在法尔岛上的家里，把那里当成了自己的“作家部落”。我的这本书正好写到横穿西班牙前，于是我打算在法尔岛上把这部分完成。每天从清晨到黄昏，我

1　曼哈顿运河街以南的地区。

大部分时间都在不停地打字，但还是能抽出一部分时间来训练，况且那儿的环境再好不过了。一个月前我就在那儿进行过长途训练，当时是周末，如今去训练更好，因为周围人更少了。我把训练的装备都带了过来，到达的那天就拿了出来，但之后我又重新装好，原封不动，带着回家。

嗯，最后两个星期里做什么都不会改变结局了，我一直这么提醒自己。想要通过训练创造佳绩已经太迟了，况且还会有受伤的风险。

当然，这是事实，高强度的赛前训练会起到反作用，还是谨慎为妙。不过，在最后的两周里每天都出去走一个小时应该是个不错的主意，而最后的三周里我也是这么做的。出去走走也许能让我的脚保持强健。它们在韦克菲尔德就很软弱，因此长了水疱，不过我在得克萨斯赛前的这个月里训练如此之少，恐怕同样的事情还会再发生。

我想到了这一点。但不指望它发生。

过早地结束训练让我能全身心地投入到赛前准备的另一个阶段。

积攒碳水化合物。

如果你是个很慢的赛跑手，那么赛前狼吞虎咽地吃东西完全没有意义，而对于一个每英里要花上十五分钟的步行者来说则更没意义。不过，仍旧有很多选手会在比赛前一天晚上吃一大份意大利面，不是为了要提高比赛的成绩，而是因为 (a) 传统，(b) 没坏处，(c) 好吃。但对于那些跑得很快的赛手来说，这么做就很有帮助，他们要在赛前一两天里迅速积攒体内的碳水化合物。

从 10 月中旬到比赛前，这变成了我的生活方式。我不是故意要这么做，但看上去似乎是有意的。我一直吃得太多，而当我意识到这点时，就会陷入深深的抑郁和自我厌恶，这会让我更饿。

我不知道自己在最后那个月里胖了多少，因为我不会蠢到把脚踩到秤上去，但是我的衣服变紧了，行动也变迟缓了。这从来就不是个受欢迎的状态，尤其是在比赛前。

额外的体重会妨碍比赛的表现。不管你是个缓慢的竞走者还是快速的赛跑手，越重行动起来就越慢，你每走上一英里花费的力气就越多。越重，你每走一步——对脚——对其他一切，冲击也越大。你越重，距离和时间也会越重地压在你身上。

那些没有跑或走很长距离的人们都公认运动是苗条的保证，不难猜出这种说法是从哪儿来的。多数成功的竞走、赛跑运动员确实都很瘦，大家自然就推断出赛跑使他们这样，从而进一步假定，任何一个经常训练或比赛的人，看起来应该也是那样。

即便是个更懂一点的人，也会时常不自觉地这么想。2006 年休斯敦的比赛中，我看了一眼参加四十八小时赛的选手名单，立马注意到有个家伙 T 恤要了 3XL。“天呐，”我对一个朋友说，“等他完成比赛估计要穿中号了。”

但事情不是这样的。那场比赛的食品补给区里，一名志愿者本身也是超级赛手，他承认自己每次参加完比赛都会胖上一两磅。不管你在赛道上坚持多久，把消耗的卡路里吃回来，可不是一件难事。

对我而言，只要把时间花在路上或者跑步机上，我就能保持自己要的身材。同时我也发现，这么做无法保证减掉的重量不会再回来。如果说运动是件了不起的事情，那么食欲则更了不起，就运动之于它的伤害，它予以更猛烈的回击。

运动所能提供的好处不单单是消耗卡路里，更能提供一种激励。2004 年的 8 月我踏上跑步机，是因为对自己身材的巨大不满。我开始利用走路减肥，结果——因为我还很留意饮食——非常成功。

我这么坚持了一段时间后，渐渐从健身转变成了训练，我发现自己走路不再是为了减肥，而是为了要走得更快。

当我开始为得克萨斯的超级赛事做准备时，不仅是为了要增加里程数或是让双腿变得更强健。我非常乐意带着自己最好的状态站到起跑线上，迎接那些等着我的严峻考验，同时还能甩掉几磅肥肉。所以我在 8 月的最后一周开始训练后，就一直在保持合理的饮食。我不能说这是在养生，但效果还不赖，能够应付高强度的训练，同时远离肥胖的困扰。

直到比赛前的最后一周，所有的事情一下子泡汤了。

我机票订好了，旅馆也订好了，参赛费也预先付掉了。

而我只想待在家里。

因为我很清楚，这次比赛我完全指望不了自己。我密集训练了整整两个月，可接着又使出浑身解数来切掉自己的脚趾来取消训练，致使自己无法参赛。

我觉得自己就像漫画里的那个女人："噢上帝啊，我忘了生孩子了！"只是我完全没意识到自己在做什么，或者说没做什么。我完全意识到自己在怠慢训练，而这样的怠慢是铁定要付出代价的。我，就自己所知，已经无力回天了。

所以为什么还要去呢？我明知道自己的表现会很差劲，而且我也深知自己不会享受比赛。也许订机票和旅馆的钱都拿不回来了，但我是不是还要继续浪费我的时间和精力呢？

为什么不待在家里看大学橄榄球赛呢？我一直在密切地关注着本赛季的赛况。我真的要在俄亥俄州对阵密歇根州时，在自己的脚上增加很多水疱吗？

我这么做了。这都怪维尔纳 · 海森堡。

不是因为这个人。而是他的理论。

我对他的理论不能说全然不懂，但也只能说一知半解。你应该还记得，我说到搜寻布法罗的时候曾提到过他。那些城镇就像亚原子粒子，一个简单的搜寻动作就能引发出无限存在的可能。

通过观察实验，我们就能更好地理解而不可避免地会影响结果。作为观察者的你，能改变结果。

那这为什么能驱使我在11月中旬赶去得克萨斯州的格雷普韦恩呢？因为，我不仅仅是个参赛选手，上帝啊，我还是名作家。

是这本书让我去的。

这本书，就是你现在读的这本，我在安克雷奇马拉松赛后、巡航旅游之前一直在写的这本书。我把它带上了船，又把它带回了家。我藏匿在法尔岛上女儿的家里，孜孜不倦地躲避训练，终日饱食三餐，零食不断，终于把横穿西班牙的伟大徒步给写完了。

如今这本书才写了一半，关于我自己的书。再过一两个月我就要开始写2004年我在跑步机上恢复训练并在新年伊始就回到赛场上的事儿了。于是我要做的，就是不断更新自己的故事，记录在FANS赛中逆境下的坚持，第三次去韦克菲尔德的失落，以及，最后在格雷普韦恩的超级赛事。这场比赛是我这年的重中之重，不管结果如何，我都应该在书中留下一笔。我所要做的，就是出现在赛上然后尽力而为，不管最终是打破纪录还是被比赛打败，我都能如实地写进书里做个了断。

所有的这一切，都要求我去趟得克萨斯。我可以到那儿参加一场意义非凡的比赛，像长了天使的翅膀一般飞过八十英里，并为这本书画上华丽的句号。或者，我也可以大胆地去试一试，然后被天气、水疱、胃痉挛或是牛皮癣杀个片甲不留，这本书就会在另一种结局中结束，但如果我能写得好，那么效果应该也不赖。

或者，嗯，这么写这么样？“最终，这个宿命般的星期五到了，我觉得让它见鬼去吧，于是待在了家里。我任由其他选手在赛场上比个你死我活，所以你永远无法知道我将会在场上的表现。就这样。全剧终。”

不可能。我没办法那么写。我得坐上那架该死的飞机，然后出现在那该死的赛场上。

是这本书逼我这么做的。

28

比赛和我预想的一样糟。

感恩节前的那个周五，我搭了辆的士去机场，登上了去达拉斯的飞机。飞机降落后，我取好行李，租了辆车，让 GPS 带我到了旅馆。我走进正在装修的大堂，里面被塑料和浓浓的烟雾所笼罩。办理好入住手续后我进到了自己的房间，发现里面也正在进行装修，站在桌子上的快乐小伙立马给我换了间房。他们还有很多空余的房间，这点不足为奇。

我开车去了比赛的地方，领了我的号码，并且去四周看了看。接着我又回到旅馆，点了份外卖披萨，吃完后就睡觉了。第二天早上我起床穿好比赛的装备，提早了很多时间到达了起跑线上。这次的竞走选手不多，其中有几个是冲着百夫长称号来的，里面我只认识欧利一个人，能再次见到他真好啊。

我告诉他我对这场比赛的表现并不抱太大希望，当我告诉他自己终止训练的鲁莽行为后，他为我感到惋惜。我们都觉得这次的天气应该不成问题，下雨的概率很小。正午的酷热是个负担，但晚上应该会变凉快些，总之不会有太大问题的。

赛道非常简单，而且相当平坦。你走上一英里后，转身，往回走。一圈是两英里整。走上五十圈，你就是百夫长了。就这么简单。

我深知自己不可能走完那五十圈，四十圈都不行。如果我能走上三十六圈，就能打破 FANS 的记录。三十五圈，就走完了自己的年龄。二十四圈，也能比 7 月在韦克菲尔德的失利多出一点点距离，可就连这个我恐怕也办不到。我的脚怎么可能坚持那么久？我怎么能寄希望于自己走上那么多路呢？

在决定退出比赛、打包回家之前，我究竟能坚持多久呢？

从第一圈开始，我的脚就感觉不对劲。但这种感觉无非是很平常的疼痛，我把它们放太大了。一点点的僵硬和疼痛，都将为我已经决定好了的事情服务——我不可能有好的表现，我肯定会被迫离场的，我只希望自己能体面地退赛。

电视里有个拳击解说员，他时常会评价某位参赛选手是在“努力让自己输掉”。他的意思是，那家伙所做的一切努力都不是为了要让自己赢得比赛，而是让大家看到他在努力罢了。我在赛场上绕着圈子，努力让自己早点退出。

有一段时间里，欧利和我走在了一块儿，我唱起了忧郁的布鲁斯歌曲，扼腕自己的竞走事业将止步于此。我早就认定自己不可能再在马拉松赛场上进步了，能在新奥尔良取得 5 小时 17 分的成绩让我一次次地感到幸运。如今随着年龄的增长我只会越走越慢了。

我边走边想，是什么让我认为自己能超越 FANS 的 70.24 英里呢？我这辈子都不可能成为百夫长，哪怕是八十英里我也完不成。我已经为这个目标奋斗过好几次了，在 FANS 和韦克菲尔德，但每次都会出问题，我想未来问题只会越来越多。

欧利告诉我，我的脚有完成八十英里的潜力。年龄或许会让我的速度不断减缓，我也许真的不可能打破自己的马拉松最佳成绩，但我参加的那么多场二十四小时赛中，必定会有一场，我将不受水疱、背痛、下雨或日晒的阻挠，坚持到最后。也许我无法走完一百英里，但八十英里是绝对没问题的。也许不是这次，但在未来总有那么一次，一切都会很顺利，换句话说，没出现什么问题。

好吧，也许，我同意。但不是今天。

走完两三圈后，我开始乐观地认为今天或许也不赖。我看了下自己每圈的平均用时，在心里做了个简单的算术，看看自己能不能得出一个体面的总数。也许我还是能创造一个新纪录，也许我还能试一试八十英里，也许——

但同样的，也许不会。

当我走到第六圈时，我的脚底开始不安分了。感觉很烫，水疱就要出来了。这次，我吸取了上次在韦克菲尔德的教训，这圈结束后我直接走到车里，里面有我的急救物品。我在脚底贴了几块绒布垫，接着回到了赛场上。

这让我又坚持了两圈，但我不打算再撑很久。烈日当空，越来越热，我的脚很痛，不管有没有那几块绒布垫。走完第八圈我倒在了椅子上，和格伦·米泽攀谈了起来，自 2 月份一起征战新奥尔良赛后，我们还没见过面呢。他就住在附近，一会儿要参加六小时赛。

我强迫自己回到了赛道上，想看看自己究竟什么时候放弃。

就在刚才，为了写这段，我到网上查了查自己得克萨斯赛的每圈用时。我一开始速度就很慢，每英里用时 15 分 32 秒，随着比赛的进行我越走越慢。到第十圈的时候我几乎是在散步了，我花了 5 小时 38 分才走完二十英里。我的脚在第七和第八圈的时候又发作了，我是硬逼着自己完成了第九和第十圈，等到完成了第十圈，情况还是一样。

我告诉欧利这是我的最后一圈，同样我还告诉了四个百夫长裁判之一的戴夫·格温。他们都指出，这是场二十四小时赛，如果我哪儿痛了，大可去好好休息，回头再继续好了。他们为什么要告诉我这些？我真的不明白，他们凭什么认为我还想回到赛场上？

我坐进车里，回到了旅馆。我在大堂的自动贩卖机里买了两瓶一升装的可口可乐，接着回房间打电话给达美乐，在等他们把披萨送来时我喝掉了一整瓶可乐，还有一瓶打算留在吃披萨的时候喝。我打开电视机，开始看橄榄球赛。

过了一会儿，我脱下鞋子和袜子想看看脚的情况。我觉得它们看起来不算太糟糕。并且我十分确信，当我一离开赛场，它们就不痛了。

29

那年的得克萨斯赛中，有六名选手获得了美国百夫长的称号，三位来自荷兰，一位来自澳大利亚，还有两位是美国本土选手。第七名是比利时人，完成了六十二英里；接下来是位美国选手，完成了六十英里，接下来的两位中，其中一个就是欧利，他走了五十八英里。唯一一名女竞走选手是位美国同胞，她总在本土和欧洲赢取这样的赛事；这次她似乎打算也给自己放个假，只走了十八英里就退赛了。

我回到家里，把脏衣服都扔到洗衣篮里，然后把这次比赛的纪念运动衫挂了起来。这件衣服非常像样，还有个帽子，相比其他的

T恤而言，换了种风格，但是我找不出任何理由要去穿上它。我不需要任何东西来帮助记住这场比赛。相反如果能帮我忘掉它就好了。

不过，首先，我要把它写下来，省得回头我真的忘记了，于是我花了几个上午在电脑前琢磨。之前我写到了——就是说，这本书写到了——去圣地亚哥的朝圣之旅结束后一点点，现在我准备跳过中间一大段，开始写我刚才结束的比赛。写这个没什么劲，几天后我敲打出几千个字，对于比赛本身我提得少之又少，反倒在无休止地惋惜自己荒废掉的训练。我提醒自己，后来我还是回去比了一会儿的，但紧接着我开始怀疑这是不是真的。也许我是厌倦了。

也许我对竞走已经厌倦了。

看来事情似乎就是这样。我无法接受这个想法，却又挥之不去。当我在写自己的赛前准备时——或者，更确切地说，我赛前准备的不足——我被自己这种蓄意的（或者说无意识的）怠工所震惊了。经过几周的密集训练，每周的里程数能达到马拉松长度甚至更长，接着我突然停止了训练，确保自己以最坏的状态走上起跑线。我在走完这二十英里前，一直在找机会退赛，而那几个星期的怠工，使得这样的机会必定会出现。

当我回首这一年时，似乎只看到了伤痛、沮丧和失败。我可以认为在亨廷顿沙滩和新奥尔良的比赛中，自己的表现相当英勇，因为我忍住了伤痛坚持到了最后。这是看待事情的一种方式，但同时这两场比赛都非常艰辛，充满痛苦的比赛，唯一的乐趣是它们终于结束了。韦克菲尔德也是场灾难，我只能说，在它因雨取消前离开赛道真是太走运了。至于得克萨斯，嗯，是场彻头彻尾的失败，甚至在开赛前我就感到了失望。

我从2005年的1月开始重新回到了赛场，这三年来我参加了五十二场比赛，包括十一场马拉松还有七场二十四小时赛。我跑过马拉松或二十四小时赛的州达到了十四个，外加英国、西班牙还有加拿大。

也许已经足够了。

反正，这不是我第一次停止比赛了。我的热情总是来势凶猛，但往往却非常短暂。我把自己投身于激情之中，让它去赛跑，直到有一天它把我甩在一边。我该为这样的性格感到愧疚，有时我确实会，但似乎我这个人就是这样。

毕竟，很多年前我就是个赛跑手、竞走者，我曾进行残酷的训练，也曾着魔般地参加比赛。接着我将一切停止，适时地将热情和决心补足，好再次投身于这项运动。如果我的狂热慢慢冷却，我就停下来；等到时机来临，我再继续开始。

哦，真的吗？再休整二十五年，我得到九十四岁再穿上索康尼[1]了。好消息是，我认为自己能在同年龄段的老头中脱颖而出。或许我还能记得如何走路。

2007年剩余的日子里，我都在静静地看着时间流淌。我没在写这本书，我什么事都没干。我没去哈德逊河边散步，也没去健身房锻炼。

当我有感觉时，我感到一阵深深的悲哀，还带有一丝丝恐惧。大量减少长途步行不足以让我惊恐，可是它激起了令人不安的连锁反应。我预见到自己其他的一些兴趣爱好也在渐渐地失去乐趣。其中有一些不是光凭热情来去就能取舍的。它们是一种终生的乐趣，

---

1 Saucony，全球四大慢跑鞋品牌之一，在美国享有“运动鞋中的劳斯莱斯”美誉。

可是最近开始变得越来越无聊了。

比如说，阅读。我阅读的时间应该和走路的时间差不多长，而我对小说的强烈反应让我走上了写作的道路。在过去的十年里，我发现阅读也对自己不起作用了。

半个世纪以来，我一直在做的事情渐渐带来了负担。你要是整天在烤香肠，那么你对香肠也会渐渐失去胃口。对于遣词造句、情节铺垫的技巧我已经再熟悉不过了，于是能吸引我的故事也越来越少。

同样，年龄也会削减对虚构事物的热情。年轻的时候，我读小说是为了更好地了解世界；但随着年龄的增长，我越来越不需要透过小说来看世界，对于爱荷华作家工坊里新鲜出炉的世界观，我也一律拒绝接受。

我仍然会时不时地沉浸在某本书里，但这些书的作者往往是我追随多年了的，在我活动空间受限——被困在旅馆的房间或船舱内，也就是说，手头上有大把的时间不知道该怎么花时，书本总能慷慨地给予我帮助。大多数时候，我拿起一本书读了几章就会失去兴趣。我很清楚这个作者在玩什么把戏，就没有理由再让它陪我了。或者我读到一半时放了下来，想着过会儿继续，但后来发现自己一点也不想再把它拿起来。

我对写作也不再那么狂热了。

我还在写。先前在新奥尔良写的《杀手亡命》几乎把我榨干了，读者们的反响比以往都要强烈。事实上，我对自己近期的作品都相当满意，而我的读者似乎也是这样。

但不知怎么的，我似乎厌倦了。我一直在坚持写作，是因为这毕竟是我的职业——而且，我势必要维持生计。如果我不再需要钱了，那还会继续写作吗？也许，但也许不会。这点我不可能会知道。

我的作品清单已经无法列在一页上了，很明显，我早就把要讲的东西都讲了，把内心深处对写作的渴望都化成一本本书。我的马修·斯卡德系列出了十六本，看来是时候辍笔让他舒服地退休去了。伯尼·罗登巴尔，我的雅贼，可能还会再写下去，反正他每本书里的年龄和样子都不会变，我只要在量身为他定做的历险中不断地重复就行了——事实上，我在上两本书里已经这么做了。伊凡·谭纳，那位失眠的秘密间谍，他的第八次登场较上一次隔了二十八年，我想这家伙的生命周期就跟蝉一样，所以再等二十八年出现也不要紧。

近期我一直迷恋写凯勒，我有种感觉，《杀手亡命》将很难被超越。很明显，我的这些角色都已做好了退场的准备。

也许，他们正在试图告诉我点什么。

自从遇见琳恩后，我俩就一直热衷于旅行。但这样的激情也正在消逝。我们没有任何旅行计划，那些旅行线路的介绍册子，我匆匆看上一眼就扔掉了。

我想了几点原因。坐飞机会感到越来越不舒服了，这是一点。另外，我们已经去了一百三十五个国家，剩下的那些我们还没有急切的欲望要去。最后，我们近期连着的三趟旅行，不管处于何种原因，都让人失望透顶。我们不是要把行李箱当掉，也不是要坐等护照过期，我们只觉得旅行在未来的生活中不再那么重要了。

还有其他的一些娱乐活动也不再能提供乐趣。剧院我们也去得少了，每去一次就感觉是在受罪。其实不过是看部电影罢了。作为作家协会的会员，我会收到没完没了的电影邀请函，等到了奥斯卡颁奖典礼前，美国东部作家协会会员卡能让我去各大影剧院看免费电影。但我几乎一部也没去看，也没带着会员卡去电影院。待在家里更省力。在电视上找点东西看看更容易。

前不久我们参加了一个派对。和往常一样，派对总是非常不错。我们和几个相当有意思的人聊了会儿天，接着设法早早离场。从地铁出口走回家的路上，我转身对琳恩说 ："我得记住，千万别再离开家了。"

当然，我只是开开玩笑罢了。

我的担忧超出了竞走的范围。"当一个人厌倦了伦敦，"塞缪尔·约翰逊曾说过，"他就厌倦了生活。"我似乎对竞走产生了倦怠——还有阅读，还有写作，还有漫游。如果小说中有这么个人物也有同样的症状，那么我猜他将不久于人世了。他就这样——在家中徘徊，关上电灯。静静地，等待一切的结束。

我现在的状态也是这样吗?

这样的想法让我感到悲哀。一直以来我都希望自己能活得长点，哪怕只为了知道未来会发生什么。但如果我不打算翻到书的下一页看看接下的故事，对自己的人生之书也没有类似的想法，那也许我只能让这毕生的好奇心自生自灭了。

有时我会告诉自己，我的生命还没终止，只是换了个方向，这种情况的发生，对于我的年龄来说也不算太过分。我仍旧有自己的爱好和乐趣，甚至说热情。只是它们已不再和之前一样了。

琳恩送了《火线》前两季的 DVD 给我作圣诞礼物。我之前看过这部连续剧，但始终没能跟上复杂的剧情以及角色的对白。如今，我一集紧接着一集看，配的字幕让对话更清楚了，于是我终于看明白了。我花了两个星期就把这两季全看完了，并且预定了第三、四季的 DVD。

我依旧喜欢集邮。就像凯勒，我那位永不满足的杀手，我在孩提时代就开始收集邮票，并把这个兴趣一直延续到了成年之后。当我第一段婚姻宣告破裂后，我把手头的邮票都给卖了，继而把这事忘个精光，直到九十年代中期，我才找回了昔日的爱好。

我能坐在拍卖行里，花上好几个小时钻研价格表和分类表，充盈我的收藏。我完完全全地被这给吸引住了。

至于凯勒，他是在思考要不要收手时才开始集邮的，他没有特殊要求，只是在搜集 1840 年至 1940 年间全世界的邮票。（这个爱好花了他不少的“退休金”，于是他只能继续“工作”。）我的收藏品也是如此，但更差一点；我没有他那么多可自由支配的收入。

难道收集邮票不是我之前执迷旅行的替代品吗？对于那些遥远的国度，这难道不是种既休闲又轻松的收藏方式吗？

这是看事情的一种方式。也可以说，如今我的乐趣都变成不折腾、安静又居家的。我不参加比赛，让生活节奏慢下来。我不去旅行，转而待在家里。我不去锻炼，就看看年轻人打橄榄球。我也不看书，不写作，就在电视机前看连续剧。

太棒了。

我很郁闷，显然，我知道闲着无所事事会致使抑郁不散——但我觉得自己不属于这种情况。

新年的第一天，我告诉自己，我要强迫自己起来动动了。首先，我回到了健身房。你坐在电视机前看再激烈的橄榄球赛，看贩毒或者射杀对方，都不会让你燃烧更多的卡路里。同样，坐在桌前忘情地往集邮本里塞邮票也不会让你变瘦。既然这些变成了我的消遣，况且我在餐桌上的表现像个十足的攻击型前锋在刻苦训练，那么，我还是得做点什么——我决定在新年伊始就开始改变。我回到了跑步机上，开始燃烧卡路里。

我需要锻炼，因为我的衣服穿不下了。我得开始写点东西了，因为我们快没钱了。我没等到1月份就坐到了电脑前开始创作。先前我答应出一本短篇小说选集，出版商提前给我了一半的钱，这些爱控制别人的混蛋，我只能乖乖写这该死的东西。不过花几天就能完成的东西总比花几个月的要强。

我花了一个星期就写完了一篇，感觉还不错。这很鼓舞人心，我告诉自己那些神经还能运作，需要时还能正常工作。

1月份到了，1月2号的早上，我出门走了一个半街区到我的健身房。不可思议的是，我还记得哪个是自己的储物箱，还记得自己的密码。那天早上我都在训练，接着第二天的早上，还有第三天的早上。

然后我又停住了。

嗯，我告诉自己，我明显还没准备好。还没到时候。另外，训练要花时间和精力，而我正需要好好写作呢。于是我又回到了电脑前，开始写我其中一个系列角色的新故事。我想了个开头，然后开始打字，接着我想起几年前出现在脑海里的一段情节，于是我融入了故事当中，字数开始慢慢累加。没过几周，我就写了两万字左右。

对于这个故事我并不太喜欢。而且我不确定下一步该怎样发展。所以我停了下来，等我想好了再继续。

也许，我在想，可以再写一个短篇。也许我该写篇自己确定能写完的东西。我的回忆录已经写了七万五千字，但我一点写下去的兴致也没有。如今我还有篇两万字的推理小说，但似乎气数已尽。我得写完一样东西，我催促自己，然后卖给某个人，带点美元回家。

于是我开始写短篇。我写了几千字，第二天又写了几百字。几天后，我发现这篇东西根本不是什么短篇故事，而是和我那些系列角色有关的长篇小说开头。

它离碰壁还有多远？

我问自己这个问题，并且认真思索了起来，但到了第二天早上要开始工作时，我决定不去多想了。

我一直期待 1 月的到来，然后它来了，又走了。抑郁，这几年来我意识到，是一种自我限制的综合征，它依照惯例慢慢侵蚀你，但这次它自我更新了，延伸到了其他地方。

我不再去健身房。写了点东西但又停滞不前，我还找不出任何要继续的理由。我有一本两万字的书毫无进展，而另一本才两三千字。它们都缺乏生命力的悸动。

另外，似乎还有本完成了三分之二的回忆录，但我不知道写它的目的何在。这项工作完全没有意义。反正也有过先例。这不是我第一次放弃写回忆录了。

接着发生了一件事。

30

2 月 10 号星期天大概中午的时候，我和十几个人坐在离家几个街区外的一个房间里。三十年前我戒了酒，开始和一群志同道合的人一起参加戒酒会，多年来这种周日的聚会渐渐变成了每周的惯例。除非我不在纽约——或者在中央公园参加比赛——一般情况下我都会在那里出现。

会间的某个时刻，我开始神游——这不是什么稀罕事——我发现自己在沉思那些想做、要做，但又做不了的事情。我得回到健身房。我得坚持阿特金斯饮食法。我得重新开始写作，我得找点东西来写。

这可不是什么新鲜事。我每天都要把这三句话在心里重复好几遍，日复一日，似乎我能做的就是这么发发牢骚。日子一天天溜走，什么事儿也没发生。我坐在家里无所事事，但同时又觉得没时间去做这些事。

直到有天灵光一闪——这种事情时不时会发生。我记得自己曾在类似的会上听到过这么一句话，就在这样的房间里，大概三十年前。“如果你需要找到某种方法来为要做的事情腾出时间，”某人说道，“那就来多参加些聚会。”

这听上去有悖常理不是吗？当我听到这段智慧的言语后，我立马想到一则古老的故事，关于一名男子向犹太教士抱怨自己拥挤的生活环境。他、他的妻子、他们的四个孩子、他妻子的父母，以及他的外祖母都住在一个只有两个房间的小棚屋里。家里完全没空间了，这让他十分抓狂。

“嗯，”教士说道，“你家有鸡吗？把鸡带到家里和你们一起生活。”

几天后这名男子又去找教士，说家里有了鸡后情况更加糟糕了。“是吗？嗯。你家有羊吗？再把羊也带到家里吧。”

他又照办了。我记得后面还有一只动物。我十分确定那不是猪。是狗？还是牛？不管了。

那名男子又回去找教士，说情况不可能再糟了，家里连转身的空间都没有，最重要的是那些动物身上的味道。“嗯，”教士说道，“回家把动物们都挪走吧。”

男子照做了，接着喜气洋洋地回来。“教士，”他说，“您是位天才。我家里空间忽然大得像座城堡！”

所以。参加更多的聚会？当然，为什么不呢？当你停下来的时候，就能有大把的空余时间了。

不过聚会的效果不在于此。参加更多的聚会，不断地参加聚会，会让你有更多的成就感。我不知道这是什么原理。(我也无法理解欧几里得几何学以外的事情。我是指，两条平行线怎么可能相遇呢?如果它们相遇了，是不是就不平行了？)

很久很久以前，我所学到的知识就是这样子的。我不清楚这些原理是怎么形成，又是怎么运作的，我完全不了解电学，但照样能把灯开亮。

从明天开始，我告诉自己，我要六点起床然后去健身房。锻炼完后就去参加九点的戒酒会。接着回家到电脑前工作两小时。同时，哦耶，我还要用阿特金斯博士都点头称道的饮食法好好吃饭。

这就是我要做的。

星期一我在跑步机上锻炼了一个小时，结果让人非常泄气。我设定的是曾经轻而易举的步速，一小时四英里，也就是说每英里十五分钟，但发现自己无法轻松适应。我得把速度调得更慢。一小时快结束时，我的步子赶上了每英里十五分钟的速度。我花了十到十五分钟举重，接着冲了个澡，喝了杯咖啡，出发去戒酒会。十点钟我回到家里，坐在了电脑面前。

第二天我也这么做了，第三天也是。我一直坚持到了星期五，我改变了锻炼的时长，但都不会超过一个小时，有时限定在四十五分钟之内。每天早上我都会从健身房到戒酒会，接着回到电脑前，试图把那则短篇故事变成长篇小说。

一切进展得不紧不慢。前三天我写了点东西，但周四我打了会儿盹。星期五从戒酒会回到家时，正好搭上一辆的士去机场；琳恩和我打算周末去佛罗里达州看望敏舅妈。

敏是我上一辈亲戚中唯一还活着的，海舅舅几年前去世了，上一次见到她时他还健在。去年秋天，得克萨斯灾难前我就计划去佛罗里达，那里有场小型的AIA马拉松，比赛的起点和终点都设在劳德代尔堡，途中会经过敏舅妈在庞帕诺比奇的公寓楼。我既没有报名，也没有参赛。而是选了表哥皮特也在的时候去，可正巧是马拉松的那个周末。（赛道果然从敏的楼前经过，甚至还从几英里外我们住的旅馆前经过，我们想着也许能出去看看比赛。但等我们吃完早饭，选手们都已经往劳德代尔跑了。）

我没在佛罗里达参加戒酒会。旅馆里的跑步机只用了一次，旅馆和舅妈家之间的往返步行就足够达到每天的训练量了。我坚持阿特金斯饮食法，享受着和舅妈、表哥在一起的时光，同时还思考了点事情。

我意识到自己需要做出点改变。所有的部件都在，只是顺序出了错。每当我坐到电脑前时，都觉得很累。这种疲劳不会让我心情不好，但会削减我写出好作品的锐气。如果我先写东西，再去参加聚会，那么，当我到健身房时脑子应该会很累，但又怎么样呢？活跃的思维和丰富的言语在跑步机上只是种浪费。

周末快结束时，我还意识到了另外一件事。我需要完成一本书，而且手头上有这么一本——就是这本——比其他写都要多。为什么不开始写回忆录呢？

如果我能每个上午都写上两小时，那么一两个月后这本书就能完成了。其他的几本我要花的时间会更长。更重要的是，其他的书会妨碍我做真正需要做的正事，也就是写完这本回忆录。自从我将它搁置，他就成了房间里的大象。我要么把它搞定，要么啥都别干了。

周二下午我们飞回了家。第二天早上我做的第一件事就是去健身房，接着参加戒酒会，然后花了一下午时间重新看了下之前写的回忆录，并让自己做好写下去的准备。那天晚上我特意把闹钟调早了一个小时，第二天早上五点我就跳起来准备工作。六点我坐到了电脑桌前，八点半我到达了聚会场所，不过我的回忆录已经多了一千个字。

再次融入书中一点问题也没有。之前我写到法尔岛的那段停留，也就是西班牙朝圣之旅后一点点。我才思泉涌地继续写着，甚至怀疑自己当初为什么会停笔。

这不是在炫耀，我花了好几天才慢慢发现，自己重新踏上跑步机和重新写一个竞走者的回忆录之间似乎有某种程度上的联系。这其实很明显，不是吗？

我一直坚持着这样的转变。每天早上五点起床，六点坐在书桌前。至少敲打一千个字后去参加戒酒会，最后去健身馆。

我时不时地想，一周休息上一天应该不会死。我不排斥这样的想法，但又不想贸然改变这样的规律。这个方法很有效，我很喜欢每天的生活节奏，整个下午和晚上的时间都任由我支配。因此一周七天下来也没觉得很紧张。我大可一直坚持到这本书写完。

我在跑步机上的训练大概都维持在一小时，但一星期里有那么一两次我只走四十五分钟，仅仅是为了有点变化。天气很冷，所以我没考虑过要出门训练，况且我还没厌倦跑步机呢。速度训练和轻松漫步我交替着进行，时不时地还增加一些额外的训练。

就这样过了几周后，我发现自己在想比赛了。中央公园里有很多纽约公路赛跑者协会举办的赛事，一直如此，而布鲁克林半程马拉松赛马上就要开始了。也许我能在中央公园里走完五英里，或者在布鲁克林街区走完 13.1 英里，但与此同时，我立马想到自己之前为什么要停止参加短程比赛。是因为时间，我的比赛用时不会再提升了，我多拿件 T 恤有什么用？

我可以再去试试 FANS 赛。

这个想法来得很唐突，我很乐意这么做，但对前景不抱太大的期望。我是疯了吗？我真的能逆时针沿着诺科米斯湖无休无止地绕圈吗？中途还有一段诺科米斯山的上下坡呢。嗯，也许我可以。噢，真的吗？难道我忘记自己在最后那几圈里背有多痛了吗？嗯，没有，但同样我也没忘记自己在赛后的感觉，一个新的纪录，70.24 英里。

嗯。

FANS 的宣传页早在 1 月份就寄到了我的邮箱里，我想都没想就直接扔掉了。因为我已经决心放弃竞走，很明显是永远的，而且那周我已经定好了要去布达佩斯，为我那些书的匈牙利版做宣传。

如今我却在认真考虑参赛，计算着自己还有三个月的时间来恢复体型。想着想着，我的布达佩斯行就泡汤了。

日期是定了。但是我有足够的时间来准备吗？

我找到了一个检验的方法。我可以在 4 月底参加一场马拉松赛。要是结果不令人满意，那么我就能放弃参加 FANS 的念想了。

我上网找到了 4 月 19 号的盐湖城马拉松赛。比赛的各个方面都非常合我心意，我还能把犹他州加到我的马拉松列表中。正当我准备参赛时，出乎意料地，我收到一封西班牙出版商的邀请，要我去莱昂参加一个文学会议。在之前的朝圣徒步中，琳恩和我在莱昂待过几天，印象当中是座迷人的城市，值得再去一次。会议比马拉松早两天开始，因此我只能选择其一。

我接受了会议邀请，但有两个条件：带上琳恩，飞机要是商务舱。（参加这样的活动我拿不到一分钱，所以要是不舒服点儿，我干吗要去呢？）出版商立马给我回了邮件说没问题，于是我又上网看了看有没有下一周的比赛。我找到一个，在华盛顿州的温哥华。

接着我又收到西班牙那边的邮件，说赞助会议的大学不愿意出商务舱的机票钱。失望的同时我感到很轻松；一方面我去不了莱昂，但另一方面我也不必去了。现在我只要在犹他和华盛顿之间做个选择就行了。

就在我衡量这两场比赛的优缺点时，我的表亲迈卡来到了纽约。自从那次因雨而取消的韦克菲尔德赛后，我们就一直没碰过面，1月份我就在邮件中告诉他，我准备放弃竞走，而现在，我可以在晚餐桌上正式宣布，我决意放弃这项运动的念头似乎太夸张了，就像描述马克·吐温之死的那些版本一样。

“我真心觉得自己是厌倦了。”我说，然后还解释说自己的热情总是非常剧烈但又十分短暂。迈卡本身也是这样的人，于是提出了一种假设。我会不会是训练过度了？我说我在得克萨斯赛前密集训练时也考虑过这个问题，但身体上没出现任何过度训练的症状。

“过度训练是件很有意思的事情，”他说，“在西方世界，我们都认为这是个生理上的定义。应力性骨折[1]就是其中一种表现形式，同时还会伴有其他身体上的衰竭。但东欧人却不这么认为。那里的人们认为过度训练的症状是体现在心理和态度上的。当一名运动员失去了锐气，他就对这项运动死心了。”

我们又聊了点其他东西——迈卡的写作，如何把心都沉浸在这个游戏当中，而不要被其他事情打扰。之后我开始思考迈卡刚才讲的那些话，看来我10月到11月那段时间里的努力训练确实是在自毁。我没有应力性骨折，也没有足底筋膜炎[2]。走路的时候没有莫名

1 一种过度使用造成的骨骼应力性骨折损伤，当肌肉过度使用疲劳后，不能及时吸收反复碰撞所产生的震动，将应力传导至骨骼，可引起小的骨裂或骨折。

2 足底的肌肉受到冲击或长时间的步行，局部肌肉劳损导致局部筋膜发炎。

其妙的疼痛，肌肉也没有不听话。身体上没有任何问题。但我心里却发生了一些变化，那些让我在赛道上坚持、驱使我前进的意志突然一下子都消失了。

无论如何，这本该死的书让我去了得克萨斯。要不是它，我肯定不会参赛，甚至不会参加阿布奎基的马拉松赛。这本书让我站到了起跑线上，让我绕着两英里的赛道走了十圈。不过它只能做到这些，我也只能做到这些。

盐湖城马拉松一直是非常传统的赛事，而且看上去运营得很棒。而和波特兰隔河相望的温哥华马拉松则是另一番风味，他们在三天的赛程里安排了各种距离的比赛。那里的竞走选手不是在真正的比赛，当然也有人想要尽快地跨过终点线。但大部分人只是过来享受步行的过程，赞助商称他们为大众军团（Volksmarch）。

不过，其中就有一场全程马拉松赛。不管他们为不为选手计时，但终点线的地方总会有钟的吧，况且，该死的，我会戴个手表，不是吗？

也许这会是个有趣的经历。我将会和一群完全不在乎比赛时间的人一同比赛——比如，在安克雷奇穿紫色T恤的人——但我从来没参加过压根不像比赛的比赛。所有的参赛选手都是竞走者而非赛跑手，而绝大部分的竞走者只是过来闲逛的，我也许还能走在队伍的最前面呢，而不是像往常那样走在最后那一堆人里。

我能感觉到，有种想法正像烟雾般慢慢飘来，我想把它赶走，希望它能赶紧消失，但效果就跟驱散烟雾一样。

为什么不两个都参加呢？

嗯，为什么不呢？从逻辑上来看，这也有几分道理。我可以飞到盐湖城参加马拉松，接着去拉斯维加斯和表哥待上几天，然后到波特兰。最后愉快地回家，带着胜利，或者就只带着愉悦的心情。

但是从其他方面来看，这行得通吗？嗯，也许吧。或许我能在下一届盐湖城马拉松开赛时做好准备，除非我打算在 6 月份参加 FANS 二十四小时赛——那么这正好给 FANS 练练腿。

在盐湖城，我大可不必迫使自己走很快。我只要寻求用舒服的速度完成比赛就行。主办方会让竞走者先比，所以我不用担心他们会在我走到终点线前把它撤走。

如果我真打算轻松上阵，那这场比赛应该不会太消耗体力。损失体力的不单单是距离。我曾参加过几场短程比赛，结果却比长距比赛累多了，五英里和十公里的比赛比有的马拉松难多了。

“这听上去很疯狂。”我对琳恩说，接着我告诉了她刚才脑子里的想法。就这么说吧，当你一心想要听到理性的声音时，却咨询了一个跟你同样疯狂的人，这会是多么混乱啊。其实我早该想到的。就是这个女人，你们应该还记得吧，因为我仅仅提议说可以去搜寻几个布法罗出来，结果她毫不含糊地宣布要把它们全都找出来。

“我觉得这个主意棒极了，”她说，“如果你打算轻松应对，那为什么不都参加呢，况且它们中间还隔开一周。很多人一直都在这么做，不是吗？”

“那些我在密西西比碰到的傻瓜，”我记得，“第二天就要去参加莫比尔赛了。刚比完一场马拉松，才过了二十四小时他们就又要比一场。”

“我不确定你是否也要这么做，”她说，“但我觉得隔开一周比较合理。”——合理！——“你还能在拉斯维加斯和佩蒂玩几天。况且，要是你觉得自己无法胜任第二场比赛的话——”

“那就去他妈的。”

“就是。”

“如果真能把两场比赛都完成，那说明我能在 6 月去明尼苏达州了。如果其中一场失利，我就不需要报名参加 FANS 了。你知道吗？不管结果怎么样，我都得去试一试。”

她想了一会儿，然后点了点头。“为你自己，”她说，“不是为了那本书。”

31

4 月 17 日，星期四，我飞到了盐湖城，周日上午我出现在了马拉松的赛场上。我报名参加的是最早的那组，于是早上六点十二分我们就出发了，紧跟在自行车后面。那些自行车手不是在比赛，他们有最小和最大的速度限制，我不知道他们怎么会上这儿来，不过我也确定自己为什么要来。

出发时天气很凉爽，但也没太凉，同时还很干燥，伴有阵阵强风。比赛是点到点的赛道，有大量的向下陡坡，不过自然也有不少上坡来补足。我时不时地看表，我的步速还算稳定；我在第一个小时里走了四英里，接下来每个小时都是这样，除了最后一个，当时我发现自己还有不少体力，于是加快了速度。我不知道当时逆风有多厉害——好几个精英赛跑手都在抱怨这个，他们的成绩都相当普通。我也不知道这海拔的上上下下对比赛有多少影响。我只知道自己完成这段距离一点问题也没有，最终花了 6 小时 26 分走到了终点。

没有任何地方感到疼痛。我坐 TRAX 轻轨回了旅馆，当晚出去吃了顿比目鱼大餐，接着回到旅馆看 HBO 电台乔 · 卡尔扎合对阵伯纳德·霍普金斯[1]。

第二天早上我到旅馆的健身房在跑步机上练了半个小时。接下来的一天也是这样，第四天我飞到了拉斯维加斯，表哥佩蒂到机场来接我。我在他家待了三个晚上，每天早上我都会在没铺好的街道上训练。它们最近才浇上了沥青，走起来像是在橡胶跑道上一样。每天早上我都会走上一个小时，为温哥华的比赛做准备。

到了星期四，我在考虑要不要放弃第二场比赛，然后直接飞回家。我还没报名参赛，因为这场比赛不需要提前报名，如果我愿意，大可签票、退房。但我感觉还不赖，如果说盐湖城赛大量消耗了我身体的某个方面，那至少我还没察觉出少了什么。周四下午佩蒂开车送我去了机场，我飞回盐湖城接着到了波特兰，打车穿过哥伦比亚河，来到了华盛顿州的温哥华，第二天早上我在跑步机上又练了半个小时。

我在周六要参加的是一场马拉松，但它却不是一场比赛。整个周末被宣扬为竞走者的节日，有一大堆不是比赛的混合赛事，选手可以按照自己的步速参加多种距离的比赛。你可以到窗口处随便选一个项目，当你走完了就算结束了，没人在那里给你计时。

为了防止选手们迷路，他们还在出发时给你张地图，还有一张详细的说明，告诉你哪儿该转弯，穿过哪些街道要倍加小心。比赛没有交通管制，有时你得在路口等个红绿灯。

大众军团，他们是这么叫的。这本是个德语，但从字面上就能猜出它的意思。与其说这是场比赛，不如说是趟徒步旅行，不过你还是可以努力让自己尽快走完这段路程，因为一旦结束，那么，你就可以去干别的事了。

1　两位都是著名的拳击赛手。

有点意思。

我能猜到会发生什么，也知道自己要做什么，我报名参加了周五下午的五公里赛。也有十公里赛，但我觉得在马拉松之前一天走这么长路有点太多了。他们在我的卡上盖了章——你得随身带着这张黄色卡片，在沿途各个检查点出示该卡片，以证明你确实走完了这些路，而不是把这一两个小时花在了酒吧里——我出发了，在途中的某一处，五公里选手要往一个方向走，而十公里选手要往另一个方向走。于是我发现前面的人都是十公里赛手，至于我，唉，走了和预计相反的那条道，结果走了整整十公里。

我知道这很愚蠢，但参加两场只隔一周的马拉松也同样愚蠢，所以管他呢。我看了看这座城市——美国的温哥华，当地人这么叫它——发现自己很喜欢它。第二天早上我穿上盐湖城赛的 T 恤出现在起跑线上，给我的黄色卡片敲了个章。

这是一次奇怪的经历，一场马拉松，但又不是比赛，还有和定向越野赛一样的指导。我使用了一些竞走的小技巧，以自己最舒服的速度开始了比赛，但却羞辱地发现许多穿着休闲服、背着背包的人，用最普通、非比赛的速度都能轻而易举地超过我。他们就是在走路，天呐，居然都让我望尘莫及。

主办方为我们设计的是一条长二十一公里的环形赛道。如果你只打算参加二十一公里赛，那么你沿着赛道走上一圈，比赛就结束了。如果是马拉松，那你得走上两圈。

当我在走第一圈的时候，突然萌生了一个念头，也许走一圈也就够了。每过几个街区我就得看看手里的方向指南，每过几英里就得从腰包里掏出黄色卡片给检查点的员工做标记，我的速度完全提不上去。另外，方向的指示也不是很明确，树上和灯柱上时不时会有小型的标识，一块长方形的橙色硬纸板，上面画了一个箭头。

记忆深处有东西在涌动，我走了几英里才意识到那是什么。Flechas！[1] 橙色的箭头！我又回到了通往圣地亚哥的朝圣之路上，而且，我敢肯定，我会在某处迷路然后绕着圈走。啊！Perdido！

我真的迷路了，在走过中点的时候，我开始打算走完二十一公里就撤了。内心深处有个声音在劝告我不要犯傻。我想知道，有哪种蠢货会为了一场半程马拉松而横穿整个国家呢？

也许没有那个打算走完全程马拉松的家伙傻。我知道自己是不会停下来的。除非我的腿不行了，除非长了很厉害的水疱，除非有别的事情发生迫使我退出比赛。或者说退出徒步。也或者说退出大众军团。不管它叫什么。

什么事都没发生。我花了三个半小时回到了旅馆，接着发现自己开始怀念比赛中的那些傻事——查看地图，寻宝一样的过程。我把通行证——就是那张黄色卡片，交给他们敲章，接着又出发了，第二圈的时候赛道就变得熟悉多了。这次我没迷路，尽管有那么一两次险些走错路，但总的来说，我走得非常轻松，呼吸着新鲜的空气，欣赏着美丽的景色。这次我戴着眼镜——如果想看清路标的话，我就得这么做——结果，比起平常的训练和比赛，这次的风景我看得更清楚了。

没有伤痛，没有水疱，整个 26.2 英里中没有值得一提的身体损伤。结束时我状态很好，未录入的成绩是差十或十五分钟七小时。你不能把这个时间和正式比赛的相比较，实际上不能和任何东西相比较，但是我很满足。我完成了仅有一周之隔的两场马拉松赛，没有受伤，甚至当晚和第二天都没感觉到有明显的疼痛。

---

1 见第十五章，Flechas 在西班牙语里是“箭头”的意思。

周日上午我去了健身房，在跑步机上慢悠悠地走了半个小时。盐湖城赛后我去了个戒酒会，同样在温哥华我也找到了一个，当我九点回到旅馆后，发现自己还能参加最后一场比赛。有六公里赛和十一公里赛，我最终选择了六公里，并在分道扬镳的时候转对了方向。我认为这点距离的简单步行能消除腿上余留的疼痛，最后证明我确实想对了。

事情怎么会进展得如此顺利？

我也不知道是怎么回事。当我走到盐湖城赛的起跑线上时，都不太确定自己是否准备充分了。十个星期来我每天都在训练，可每一步都是在跑步机上完成的，而且没有哪一周的训练长度能让自己胜任马拉松赛。我今天两小时，明天一个半小时，同时每天还要参加一个小时左右的戒酒会。我没再记录训练——不做记录成了我训练的新纪律——不过我十分确信没有一周是超过二十英里的。

这么看来，这点训练就足够了。

那么是鞋子？那天我穿的索康尼是和去年6月份在诺科米斯湖比赛时穿的同一双。不是，我觉得不是鞋子的问题。

那么是态度？我没有试图去创造一个新的个人纪录。不管是在盐湖城还是在温哥华，我都会想到自己在新奥尔良创造的5小时17分纪录。如今这个成就对我而言就像是在前世创造的辉煌历史。是的，我曾经办到了，但那是在1798年，我是一名韦克斯福德叛军，追随着来自基兰的那位男孩，凯利，所以当时的情况很不一样。[1]

甩掉压力就行了？嗯，也许，不过我依旧在尽全力往终点线赶，每圈的用时都在不断减少，每场比赛的后半程都要比前半程快一些。

1　指1798年爱尔兰起义。

管它呢。不管是什么原因，我的身体和精神都很喜欢这样的备赛方式——每天训练，不低于半小时，很少超过一小时。这么做以后效果很好，所以我打算继续保持下去。

这本书一开始是在回顾一整年的比赛，但事情一件接一件地发生。它比我预想的耗时更长，篇幅也更长，就像一场标识不明确的比赛，时不时地让人越走越远。我从没想过会在书中提到自己的童年和青年时代。

坐在安克雷奇的旅馆房间里，我想好了该怎么结束整本书——去得克萨斯的格雷普韦恩参加二十四小时赛。我希望自己能再破纪录，再次凯旋；如果不能，那我也能接受这苦涩的甜蜜。

去了就知道。而不是止步不前。

而且，对我来说，这似乎是应该做的。因为重要的是一直走下去，而不是时间和距离。也不是奖牌、奖杯或 T 恤。

你必须前进。我无法前进。但最终我会前进。

的确如此。